Cyril Scott: Der Eingeweihte

Cyril Scott

Der Eingeweihte

Eindrücke einer großen Seele
von seinem Schüler

Band 1

Aus dem Englischen
von
Karl Friedrich Hörner

Aquamarin Verlag

1. Auflage 2007
© Aquamarin Verlag GmbH
Voglherd 1 • D-85567 Grafing
www.aquamarin-verlag.de

Titel der Originalausgabe »The Initiate«
© Desmond Scott

Umschlaggestaltung: Annette Wagner

ISBN13   978-3-89427-371-2
Druck: Bercker • Kevelaer

Inhalt

Einführung 9

TEIL 1
Justin Moreward Haig 15
1 Einführung des Titelhelden 15
2 Ein naiver Weiser 21
3 Enthüllungen im Park 27
4 Eine ganz normale Mutter 33
5 Auf einer Gartenparty 39
6 Die Gestalt im Zimmer 45
7 Eine Abfuhr für Daisy Templemore 57
8 Ein liebevoller, pflichtbewusster Vater 65
9 Sterbehilfe 75
10 Das Eheproblem des Major Buckingham 83
11 Der bessere Weg 97
12 Rollenwechsel 105
13 Ein lesenswerter Brief 115
14 Eine ungelöste Aufgabe 121
15 Im selbst gebauten Gefängnis 133
16 Eine ungewöhnliche Bekehrung 145
17 Vorspiel zu einer Geschichte 155
18 Wie sich Justin Moreward Haig verabschiedete 165

TEIL II
Eine lange Reise und das Ziel 173

Jener großen Seele,
deren wahre Identität verborgen wurde
hinter dem Namen JUSTIN MOREWARD HAIG,
sind diese Eindrücke
in Dankbarkeit und Liebe gewidmet.

Editorischer Hinweis

1920 wurde The Initiate (*Der Eingeweihte*) in England veröffentlicht. 1927 folgte *The Initiate in the New World* und fünf Jahre später *The Initiate in the Dark Cycle*.

Alle drei Bände erlebten seit ihrem Erscheinen zahlreiche Neuauflagen. Obwohl der Leser einige Szenenschilderungen des Englands um die Jahrhundertwende als Bilder aus einer anderen Zeit belächeln wird, und obwohl das esoterische Buchangebot scheinbar überquillt von »aktuellen« Beiträgen, hat *Der Eingeweihte* nichts von seiner Wahrhaftigkeit, Toleranz und Botschaft der Liebe eingebüßt. Im Gegenteil! Die Andersartigkeit äußerer Staffage lässt den Kern ewiger Wahrheit in kristallklarer Weise hervortreten.

Obwohl alle drei Bände bei Erscheinen unter dem Pseudonym »his pupil« veröffentlicht wurden, um den Leser und Interessenten nicht durch die damalige Bekanntheit des Autors zu beeinflussen, dürfen wir doch heute darauf hinweisen, dass sich der Autor, Cyrill Scott, in seinem autobiografischen Werk *The Bone of Contention* zur *Initiate*-Trilogie bekannt hat. Er verbrachte etliche Jahre in Deutschland und machte sich nicht nur als Schriftsteller, sondern auch als Maler und Komponist einen Namen. Sympathien empfand er für das Werk von Alice Bailey und zeitweise für die Aktivitäten der Theosophischen Gesellschaft. Wie seine Werke beweisen, ließ er sich aber niemals von Doktrinen einengen. Aus seiner Feder stammen u. a.: *Der Junge mit den lichten Augen, Musik – Ihr geheimer Einfluss durch die Jahrhunderte, Outline of Modern Occultism* und *Vision of the Nazarene*.

Gerhard Riemann

Einführung

Über Eingeweihte, Adepten und Meister

Die Geschichte – falls man sie so nennen kann – von Justin Moreward Haig ist insofern wahr, als es diesen Menschen tatsächlich gibt, obschon ich mich – was später noch erklärt werden soll – aus vielen Gründen genötigt sehe, seine Identität zu verschweigen. Ich betone die Tatsache seiner Existenz deshalb, weil es viele Leute gibt, die bezweifeln, dass ein Mensch zu einem solchen Grade der Vollkommenheit gelangt – wie er sich ohne Zweifel bei ihm offenbart –, und mir somit unterstellen, ich würde einen Roman niederschreiben, anstatt Tatsachen aufzuzeichnen. Und doch steht Justin Moreward Haig keinesfalls allein auf dieser Stufe der spirituellen Entwicklung, denn es gibt außer ihm nicht nur viele andere, die in der heutigen Zeit und unter uns leben, sondern – wenn man der Weltgeschichte Glauben schenken kann – es hat schon hunderte Derartige von noch größerem Format in der Vergangenheit gegeben. Die sogenannte Aufgeklärtheit unserer Wissenschaft des 20. Jahrhunderts versucht, die ungewöhnlichen Kräfte dieser Menschen zu ignorieren und wegzudisputieren, tiefer Denkende jedoch, die sich bemühen, hinter den Schleier oberflächlichen Wissens zu dringen, kommen zu dem Schluss, dass die alte Binsenweisheit »Wo Rauch ist, muss auch Feuer sein« auch im vorliegenden Falle gilt und alles Leugnen und Vom-Tisch-Argumentieren seitens der sogenannten Wissenschaft nicht etwa das Resultat echten Wissens ist, sondern das von Ignoranz. Wir dürfen in diesem Zusammenhang auch nicht übersehen, wie viele Beiträge die Literatur seit ältesten Zeiten geleistet hat – vom Schaffen Kalidasas bis hin zu den jüngsten Werken der Romanliteratur, die in diesem Jahr veröffentlicht werden: Wir haben Romane, Erzählungen und

Dramen, die von geheimnisvollen und wunderbaren Wesen handeln, die etwa so weit über dem gewöhnlichen »Mann von der Straße« stehen, wie eine menschliche Seele über einem Tier steht. Sind wir denn – so gesehen – in der Tat nicht geradezu gezwungen, die durchaus berechtigte Frage zu stellen, ob die Fantasie jedes schöpferischen Geistes nicht immer ihre Wurzel in wirklichen Begebenheiten hat? Können alle diese Dichter, Dramatiker und Schriftsteller wirklich nur an einem Maschenwerk aus Einbildung und reiner Erfindung häkeln, ohne dass etwas dahinter ist? Und dies immer noch trotz des Spottes der Wissenschaft? Oder könnten sie dann weiterhin dem Denken ihrer Leser Falsches und Unwirkliches zumuten? Die Antwort auf diese Fragen ist: Bewusst oder unbewusst offenbaren sie Realitäten und Wahrheiten. Ihre subjektive Erfahrung weiß um Tatsachen, die ihr objektives Wissen nicht kennt. Jene Adepten, Weisen und Meister gibt es wirklich, und wer zu suchen versteht, der kann sie finden und sich von ihrer Realität ein für allemal überzeugen.

Nun, wenn ich schon andeutete, dass der Roman, was seinen Stoff angeht, korrekt ist, so sind die Details doch häufig verändert oder jedenfalls irreführend, da hier Tatsachen und ausschmückende Elemente miteinander verwoben werden, ohne dass man die Trennungslinie zwischen dem Einen und dem Anderen zu erkennen vermag. Zunächst einmal sind die großen Adepten der geistigen Wissenschaft nicht ganz so geheimnisvoll, wie es uns die Verfasser von Romanen oder sogar angebliche Tatsachenberichte weismachen wollen. Obgleich ich mir darüber im Klaren bin, dass zwei solche Meister (oder Mahatmas, wie sie auch oft genannt werden) an den abgeschiedensten Orten Tibets leben, ist doch die Annahme, auch die übrigen seien dort anzutreffen, ein Trugschluss, denn ich weiß, dass mehrere dieser Meister in der heutigen Zeit in England wohnen, ebenso leben solche in Amerika und fast allen Ländern der Erde. Sie bleiben auch nicht an einem Ort, sondern reisen ebenso oft umher, wie es gewöhnliche Sterbliche tun, das heißt, dem äußeren Anschein nach sind sie Durchschnittsmenschen, also völlig normal. Weder segeln sie auf einer herrlichen Jacht um die Welt, wie Marie Corelli uns glauben machen will (falls sie das wirklich will), noch sind sie »vertrocknete Moral-Mumien«, wie Bulwer-Lytton die Gestalt des Mejnour skizziert, der wir in *Zanoni*, seinem okkulten Roman, begegnen. Wie der Roman sich übrigens selbst zugesteht, können wir – neben der natürlichen Freiheit des Fabulierens – von seinen Schreibern nicht mehr Genauigkeit erwarten als von impressionistischen Malern.

Ich habe schon betont, dass jene Adepten dem *äußeren* Anschein nach völlig normal, ja völlig menschlich sind. Aber dies ist eben nur der äußere Anschein. Beim näheren Bekanntwerden mit ihnen wächst das Erfahren ihres tiefen Wissens, ihrer ungewöhnlichen Fähigkeiten. Abgesehen von einer allem Anschein nach erstaunlichen Gesundheit, Ruhe, Würde und Kraft, gibt es, bei nur gelegentlicher Bekanntschaft, nichts, das den Verdacht erwecken könnte, man hätte es hier mit gänzlich ungewöhnlichen Kräften zu tun. Diese Menschen sind weder in seltsame Gewänder gehüllt noch leben sie in von Gespenstern heimgesuchten Spukschlössern. Sie sind weit davon entfernt, die Neugierde oder Bewunderung ihrer Mitmenschen zu erwecken oder gar auf sich zu ziehen, sondern trachten danach, sich dem beiläufigen Beobachter so normal zu geben, wie sie irgend können. Viele von ihnen nehmen sogar harmlose Laster ihrer Zeitgenossen an – wie zum Beispiel das Rauchen –, um in den Augen der Welt noch weniger aufzufallen. Aber das ist wirklich nur für die Welt, denn wer zu ihnen kommt, um mit den entsprechenden Qualifikationen geheime Weisheit aus ihrer Quelle zu schöpfen, erhält einen ganz anderen Eindruck, einen Einblick in ihre wunderbare Persönlichkeit, der den anderen sorgfältig verwehrt wird. Es ist absolut unumgänglich, dass wir wissen, wie wir suchen müssen, um zu finden. Nur wer dem Erfordernis dieser Maxime folgt, kann die Wahrheit entdecken, die die eigentliche Quintessenz der wirklichen Geschichte ist. Mit anderen Worten: Die äußere Welt, die nicht weiß, wonach sie suchen sollte, findet auch nichts – oder bestenfalls sehr wenig. Deshalb müssen wir uns für jede Darstellung eines Adepten oder Eingeweihten notwendigerweise an seinen Schüler oder Jünger halten, und nur an ihn; denn durch seinen Durst nach geheimer Weisheit hat er das Recht erworben, die Meister kennenzulernen, wie sie mit all ihren göttlichen Möglichkeiten wirklich sind.

Wir wollen nun versuchen, uns ein menschliches Wesen vorzustellen, das frei ist von den Schwächen und Schattenseiten des gewöhnlichen Sterblichen, einen Menschen, der gänzlich frei ist von Gefühlen wie Egoismus, Eitelkeit, Eifersucht, Ärger, Hass und anderen »Fehlern« ähnlicher Couleur. Darüber hinaus muss dieser Mensch ein Bewusstsein besitzen, das so tief, so unendlich lebendig ist, dass hier schon eher der Begriff *Über*bewusstsein am Platze wäre als *Leben*. Dieses Überbewusstsein umfasst notwendigerweise ein dauerndes Empfinden unbedingter Glückseligkeit und uneingeschränkter Liebe, verbunden mit höchster Weisheit und Vollmacht. Was letzteres betrifft, so ist der Adept, der ein Wissen über die Natur und ihre Gesetze besitzt, wie es der übrigen Menschheit noch nicht enthüllt ist, in der Lage, die Kräfte der Natur in einer Weise zu beherrschen, die sich der Unwissende noch nicht einmal vorzustellen, geschweige denn zu erklären vermag. Sollte der Adept seine Fähigkeiten im Umgang mit jenen Kräften tatsächlich einem Uneingeweihten vorführen (was er jedoch niemals täte), so würde dieser in völligem Unglauben und Unwissenheit die ganze Demonstration als einen Trick abtun und den Adepten gar als einen Betrüger bezeichnen. Mit einem Wort: Zeige den Menschen, was sie nicht verstehen können, und sie werden es sofort einer Ursache zuschreiben, die sie verstehen – denn dazu neigt die Ignoranz zu allen Zeiten.

Damit haben wir versucht, eine Beschreibung des inneren Menschen zu geben, und wollen uns nun mit dem äußeren Aspekt befassen, der sichtbaren Seite des Adepten. Zunächst wäre festzustellen, dass er eine beständige Gesundheit hat, und in vielen Fällen auch ewige Jugend, oder – besser ausgedrückt – sich allezeit in der Blüte seiner Jahre befindet. Da er sich vorgenommen hat, unermüdlich für das Gute und zum Wohle der Menschheit zu wirken, bedeutete ein alternder Körper ein Hindernis auf diesem Wege, und so bringt er sein geistiges Wissen zur praktischen Anwendung in den Molekülen seines Körpers und verhindert damit jene Veränderung, die gemeinhin als Altern bekannt ist. Schließlich stirbt er, wenn er es für richtig hält, und nicht eher. Auch einen anderen Gesichtspunkt dürfen wir nicht außer Acht lassen, mit dem die Jugendlichkeit und Gesundheit des Adepten in Verbindung steht, nämlich sein absolutes Freisein von Sorgen, seine gänzliche Immunität gegenüber all jenen disharmonischen Emotionen, die den Körper aus dem Gleichgewicht und der Harmonie bringen und daher altern lassen. Da sein Denken im Urgrund ewigen Friedens ruht, erscheinen dem Adepten die Ärgernisse und Schwierigkeiten des menschlichen Lebens als kleinlich und bedeutungslos – so unbedeutend etwa, wie einem Erwachsenen die Probleme des Kindes erscheinen. Und doch ist er erfüllt von vollkommener Liebe und kann mit anderen empfinden wie eine Mutter, die ihr Kind liebt und mit ihm fühlt, auch bei den Kümmernissen, aus denen es, wie sie weiß, eines Tages herauswachsen wird. Denn echtes Mitgefühl muss frei sein von Angst, um wirklich wertvoll zu sein – sonst könnte es unmöglich wirklich helfen und trösten –, so ist daher das angstfreie Mitfühlen eines Meisters das Wertvollste und Hilfreichste, das man auf Erden empfangen kann. Hinter dieser gänzlichen Furchtlosigkeit steht das Wissen, das immer als die einzig wirkliche Grundlage und Voraussetzung allen Trostes ist, der Balsam, der die blutenden Herzen der unwissenden, leidenden Menschheit heilt.

Diese unvollkommene Beschreibung des Adepten habe ich zu geben versucht, damit mein Leser leichter die Wahrhaftigkeit des in diesem Buche Aufgezeichneten verstehen kann, mich nicht verurteilt oder unter die große Zahl der Märchenerzähler reiht; denn wahrlich, nach meinem Dafürhalten ist »Wahrheit fantastischer als Erfindung«, sei sie nun fabelhafter oder nicht. Sollte es mir auf den folgenden Seiten wirklich gelingen, nur etwas von der Faszination zu vermitteln, die von der Persönlichkeit meines Lehrers ausstrahlt, dann habe ich nicht völlig versagt; mehr ist es nicht, was ich bei einer solch schwierigen Aufgabe erhoffen kann. Ich habe bei ihrer Erfüllung mit Vielem zu ringen – aus dem einfachen Grunde, weil es mir nicht erlaubt ist, die szenische und rituelle Ausschmückung zu übernehmen, die der Roman zu Hilfe nimmt. Ein Adept oder hoher Eingeweihter ist in seiner Bedeutung völlig anders als ein gewöhnlicher großer Mensch; er selbst ist so zurückhaltend, wenn es um den äußeren Ruhm und all seinen Glanz geht, dass es wirklich nur einen Weg gibt, ihn kennenzulernen, nämlich den engen, persönlichen Kontakt. Der Adept ist frei von jeder Eitelkeit und fühlt sich deshalb durch jegliche Neugier der Menschen belästigt; er trachtet in jeder nur möglichen Weise, alle Aufmerksamkeit von sich weg zu lenken statt umgekehrt. Wenn er also »weg von der Welt« lebt, so geschieht das, um sich in der Einsamkeit zu verbergen; und wenn er mitten in der Welt lebt, so ist es, um sich in der Menge zu verbergen.

Teil I

Justin Moreward Haig

1 · Einführung des Titelhelden

Ich stehe vor der faszinierenden Aufgabe, meine Eindrücke von einem Manne niederzuschreiben, der in der spirituellen Entwicklung seinen Mitmenschen so weit voraus ist, dass man ihn fast als lebendiges Gegenbeispiel für das Wort »Keiner ist vollkommen« ansehen könnte. In Wirklichkeit ist diese Behauptung – was für viele Schlagworte gilt – so unzutreffend, dass man den Versuch, dies zu beweisen, als eine weitere Absicht dieses Buches betrachten kann.

Ob Justin Moreward Haig (seinen wirklichen Namen zu enthüllen, ist mir nicht gestattet) das war, was die Okkultisten einen Adepten nennen, kann ich nicht sagen, denn, in aller Bescheidenheit, ich weiß es nicht, und zwar aus dem Grunde, weil er in allem, was ihn selbst betraf, außergewöhnlich zurückhaltend war. Aber ich weiß: Wäre es möglich, all die unbefriedigenden Assoziationen auszulöschen, die mit dem Wort »heilig« verbunden sind, und in gleicher Weise den Begriff »Übermensch« seiner ebenso störenden Gedankenverbindungen zu entledigen, könnte man Justin Moreward Haig (ich pflegte ihn Moreward zu nennen) mit völligem Recht eines von beiden – oder beides zugleich – nennen. Der Umgang mit diesem wirklich wunderbaren Menschen zeigte mir, dass ein Heiliger leben kann, ohne ein besonders frommes Wesen zur Schau zu stellen, das fast einen widerlichen Beigeschmack hätte, und ebenso, dass ein Übermensch existieren kann ohne jede Arroganz und Herrschsucht, die so charakteristisch ist für das Nietzsche'sche Ideal. Einen Aspekt gibt es immerhin, ohne den keiner ein Heiliger oder ein Übermensch sein könnte, und das ist eine angeborene Spiritualität. Obgleich die hohe Weisheit und Religiosität Moreward Haigs so völlig verschieden war von der Frömmigkeit des Durchschnittsmenschen, wie das Genie verschieden ist von einem Menschen mit spärlicher Intelligenz, so bedeutete es jedoch, eine wesentliche Seite dieser fast einzigartigen Persönlichkeit zu entstellen, wenn man ihm Religion überhaupt abspräche.

Gleichviel dürfen wir nicht vergessen, wenn wir über Religion und Vollkommenheit sprechen: Es gibt gewisse gedankenlose Leute, die der Ansicht sind, vollkommen zu sein, bedeutete notwendigerweise auch, langweilig zu sein; sie scheinen einfach nicht erkennen zu können, dass Langweiligkeit eher ein Attribut der Unvollkommenheit ist als der Vollkommenheit. Ebenso wenig könnten sie behaupten, dass man, um weiß zu sein, unbedingt schwarz sein müsste, oder dass, im Nirvana ewiger Glückseligkeit zu leben, hieße, in einer Hölle ewiger Langeweile zu vegetieren. Wenn es eine Eigenschaft gibt, die Moreward nicht besaß, so ist es die, langweilig zu sein. Dieses Attribut passte überhaupt nicht; dazu war er zu spontan in seinen Äußerungen und den meisten seiner Handlungen. Er war nicht ein Mann, der lediglich Poesie sprach (echte Poesie hat immer ein Element des Unerwarteten, sonst ist sie banal), sondern sein Leben selbst war ein immerwährendes Kunstwerk, ein Gedicht, wie es ein Menschenleben nach den höchsten ethischen Maßstäben sein sollte, jedoch sogar im außergewöhnlichsten Falle nur ganz selten diesem Anspruch gerecht wird. Einer solchen Forderung nämlich zu entsprechen – und zwar völlig mühelos – bedeutet, die verblüffendsten Dinge auf Erden zu tun.

Die Geschichte – falls man sie so nennen kann – von Justin Moreward Haig ist also insofern wahr, als es diesen Menschen tatsächlich gibt, obschon ich mich – was später noch erklärt werden soll – aus vielen Gründen genötigt sehe, seine Identität zu verschweigen. Ich muss die Tatsache seiner Existenz betonen, weil es viele Leute gibt, die es bezweifeln, dass ein Mensch zu einem solchen Grade der Vollkommenheit gelangt – wie er sich bei ihm zweifellos offenbarte –, und den hier Beschriebenen nur als eine weitere unglaubhafte Romanfigur betrachten, die der freien Erfindung eines Schreibers entsprang. Wie wirklich und lebendig Justin Moreward Haig auch immer sein mag, so muss ich meine Leser zu Beginn doch darüber in Kenntnis setzen, dass ich für meinen Teil weder eine Art Boswell für einen heutigen Dr.

Johnson noch ein Dr. Watson für einen neuen Sherlock Holmes bin. Ich habe nie mit Moreward im selben Hause gewohnt – außer hin und wieder für ein oder zwei Tage –, und so konnte ich ihm nicht bei all seinen Abenteuern folgen (falls es solche gegeben hat), um diese hinterher zu berichten. Alles, was ich mir hier vornehme, ist eine Wiedergabe seiner Äußerungen und der Art, wie er diese mit Leben erfüllte, soweit ich selbst Zeuge gewesen bin, und nichts weiter. Ich kann nicht die Geschichte seines Lebens schreiben; ich kann nur vermuten, dass es ein sehr ungewöhnliches Leben war, und das ist schon alles.

Doch nun zur Beschreibung des Mannes selbst: Was die äußere Erscheinung seiner Person angeht, so wurde ich gebeten, nicht zu viele Einzelheiten anzugeben. Auch abgesehen von dieser Bitte, halte ich es für geraten, der Fantasie des Lesers noch freien Raum zu lassen, mit anderen Worten: Er soll sich aus dem Eindruck von Reden und Tun ein eigenes Porträt dieses bemerkenswerten Menschen malen. Sympathie und Antipathie hängen oft an körperlichen Merkmalen, und schon mancher Romanheld wurde von bestimmten Lesern abgelehnt, weil die Beschreibung seiner Physiognomie ihnen zufällig nicht gefiel. So gedenke ich, diese bei unserem Helden geradezu zu vermeiden, und obgleich ich zugeben muss, dass eine solche Verfahrensweise nicht gerade üblich ist, möchte ich mich damit verteidigen, dass das Zweckmäßige schwerer wiegt als die Konvention. Es ist nicht allzu schwierig, eine Verbindung herzustellen zwischen dem, was ein Mensch ist, und dem, wie er aussieht. Wenn ich einen Menschen vorstelle, der nie der Torheit erlag, sich Sorgen zu machen, und der in allen Dingen maßvoll war, so wäre die erste Vermutung, die man anstellte, dass er ein Bild vollkommener Gesundheit bieten müsse. Wenn ich weiterhin noch sage, dass ich ihn während der Jahre, die ich ihn kennen durfte, kein einziges Mal bekümmert gesehen habe – wenn man von dem freundlichen, milden Kummer vollkommenen Mitfühlens einmal absieht –, so ist es auch nicht schwierig, sich vorzustellen, dass sein Antlitz Heiterkeit und Glück widerspiegelte und seine Züge voll Harmonie und Schönheit waren, wie dies mit einem solchen ausgeglichenen Geisteszustand einherzugehen pflegt. Was die außergewöhnlichen Fähigkeiten dieses Menschen betrifft, so sollten sich jene, die meinen, mediale Gaben gäbe es nicht ohne die unerfreuliche Begleiterscheinung der Hysterie mit all ihren äußeren Zeichen und Symptomen, von ihrer grundfalschen Vorstellung frei machen. Mediale Fähigkeiten müssen – abgesehen von sehr seltenen Ausnahmefällen – mit einer vollkommenen Gesundheit einhergehen, und mit nichts Geringerem, sonst können sie nicht rein und zuverlässig sein.

Schließlich möchte ich hinzufügen, dass Justin Moreward Haig vor über zwanzig Jahren in mein Leben trat und ungefähr zehn Jahre danach meinem Gesichtskreis wieder entschwand wegen einiger Aufgaben in einem anderen Erdteil. Ich erhielt zwar seine Erlaubnis, meine Eindrücke niederzuschreiben, aber er bat mich doch zugleich, auf jegliche Beschreibung zu verzichten, die seine Identität enthüllen könnte und diejenige derer, mit denen er verkehrte. Was letztere anbelangt, so kann ich kaum anders, da zweifellos viele von ihnen noch leben; und meine Anspielungen auf einige ihrer Schwächen würden wahrscheinlich nicht ganz ihren Wünschen entsprechen. Durch die Beschränkung im ersten Punkte muss ich es meinen Lesern überlassen, zu raten, wer diese außergewöhnliche Persönlichkeit ist, wenn sie im Laufe ihrer Erdenwanderungen je einem Menschen begegnen sollten, der ihm an Weisheit und Liebe gleicht.

Ich möchte noch ein Wort anfügen, das erklären soll, wie es dazu kam, dass diese Eindrücke aufgezeichnet wurden. Würde ich dies unterlassen, müssten mir die Leser ein vollkommenes Gedächtnis zuschreiben; das jedoch kann ich nicht beanspruchen. Als ich erkannte, dass ich mit einem Menschen von wirklich außerordentlicher Weisheit zusammengekommen war – zumindest war er dies nach meinem Einschätzungsvermögen –, machte ich Gebrauch von meiner Kenntnis der Kurzschrift; wann immer sich die Gelegenheit dazu bot, schrieb ich rasch seine Reden auf. Natürlich war ich sehr oft auch gezwungen, mich auf meine Erinnerung zu verlassen, da ich in der Gegenwart anderer kein Notizbuch hervorholen konnte, aber die Belastung für mein Gedächtnisvermögen war immer nur gering, denn da ich schon eine Reihe von Jahren Tagebuch zu führen pflegte, war es mir zur Gewohnheit geworden, die Geschehnisse eines jeden Tages am Abend vor dem Schlafengehen niederzuschreiben. Schließlich seien meine Leser auch darüber informiert, dass mich bei bestimmten Gelegenheiten meine Erinnerung getäuscht haben und die Aufzeichnung sich dann als ungenau erweisen könnte; in diesen Fällen habe ich möglicherweise Justin Moreward Haig Worte in den Mund gelegt, die er nie gesprochen hat. Wo das der Fall ist, liegt der Fehler bei mir, nicht bei ihm, und deshalb spreche ich im Untertitel des Buches von »Eindrücken«.

In Bezug auf die Anonymität des Verfassers[1] brauche ich mich wohl nicht zu entschuldigen; würde ich nämlich meine eigene Identität enthüllen, bestünde die Gefahr, die Identität des »Helden« ebenfalls preiszugeben. Darüber hinaus ist bei Büchern moralphilosophischer Art das Persönliche nicht nur uninteressant, sondern kann sich oft als Hindernis erweisen, da wohl kaum ein menschliches Wesen auf Erden ganz ohne Feinde ist. Oft habe ich sagen hören: »Wenn dieses Buch von *jenem* Mann ist, werde ich es bestimmt nicht lesen!«. Wenn eine erklärte Urheberschaft solche Überlegungen auslösen kann, so erkennt man, wie unvorteilhaft das persönliche Element ist. Der Mann, der nur für seine Freunde schreibt und nicht auch für seine Feinde, ist kein echter Philosoph, weil alle wirkliche Philosophie ihr Ziel verfehlt hat, solange sie uns keinen Frieden bringt.

Der Verfasser

---

[1] Diese Aussage ist überholt. Siehe „Editorischer Hinweis" auf Seite 8.

2 · Ein naiver Weiser

Es ist durchaus ein Fehler, zu glauben, dass eine Geschichte nur durch die Verknüpfung völlig übereinstimmender Umstände überzeugen kann, denn es gibt eine Art von Roman, die aus dem gänzlich Unerwarteten gewoben ist. Dass ein großer Weiser in einsamer Bergeshöhe lebt, wäre das *offensichtlich* Überzeugende in einem Roman; einen großen Weisen aber im allerirdischsten der Londoner Salons zu treffen, hieße, das Unerwartete zu finden. Die Bergeseinsamkeit dient als Rahmen um ein Bild, der oberflächliche Londoner Salon dagegen als Hintergrund – das ist der einzige Unterschied.

Wie es dazu kam, dass Justin Moreward Haig sich im Salon einer der mondänsten Damen Londons aufhielt, ist ein Geheimnis, das ich an späterer Stelle im Laufe dieser Geschichte enthüllen werde; vorläufig möge es genügen, dass ich selbst Lady Eddisfields Gastfreundschaft die wertvollste Freundschaft meines Lebens verdanke. Jede Einzelheit dieser seltsamen Begegnung hat sich in mein Gedächtnis eingeprägt: So kann ich mich erinnern, wie ich am Ende der unmusikalischsten aller Musikdarbietungen von einer Tischdame aufgehalten wurde, die mir alles andere als sympathisch war. Dieses Unglück traf mich als Resultat jener Sitte, nach der Gastgeber Menschen zusammenspannen, ohne Rücksicht darauf zu nehmen, ob man zueinander passt oder nicht. So fanden wir uns denn an einer runden Dinnertafel in einer Gruppe von vier anderen Gästen: der Mann, den ich in dieser Episode den »naiven Weisen« nenne, und drei Frauen, die mir in Erinnerung blieben, weil sie mir seinerzeit als eine Art Kleeblatt von Superlativen auffielen. Die eine dürfte die korpulenteste Frau sein, die mir je vor Augen gekommen ist, die andere die größte, und die dritte war die dunkelste – abgesehen von den Angehörigen der braunen und der schwarzen Menschenrasse.

Er sprach, was die drei Damen, die sich mit Begeisterung und Neugierde ihm zuwandten, für eine außergewöhnliche Weisheit zu halten schienen; was mich betrifft, so hielt ich es wohl auch für etwas Außergewöhnliches, aber nicht gerade für Weisheit.

»Eine bestimmte Einstellung«, sprach er, »ist ein Prophylaktikum gegen allen Kummer« (es entging mir nicht, dass eine der Damen das Wort »Prophylaktikum« noch nie zuvor gehört hatte), »und die richtige Einstellung zu finden«, fuhr er fort, »ist das Ziel allen reifen Denkens. Da das so ist, offenbart seelischer Schmerz immer eine gewisse Kindlichkeit; eine erwachsene, reife Seele würde nicht unter dem leiden, worüber sie gesprochen haben, ebenso wenig, wie ein erwachsener Mensch über eine zerbrochene Puppe weint.«

»Sie meinen – so nehme ich an – mit einer erwachsenen Seele«, fragte die beleibte Dame, »einen Philosophen?«

»Genau: Ich meine einen Weisen oder einen Heiligen oder einen Philosophen«, war seine Antwort; »mit anderen Worten: einen Menschen, der sein Denken mit jener uneingeschränkten Glückseligkeit identifiziert hat, die *im Inneren* ist als das Geburtsrecht jeder menschlichen Seele.«

Ich spitzte die Ohren und warf einen vielsagenden Blick zu meiner Tischdame, dann stellte ich eine Frage: »Sie behaupten«, sagte ich, »aller seelische Schmerz sei eine Form von Kindlichkeit; warum ist dann Glück nicht das Gleiche?«

Er wandte mir seinen seltsam sanften und doch starken Blick zu: »Schmerz«, antwortete er, »gehört zu den illusorischen Dingen im Leben, und es ist ein Charakteristikum der Kinder, dass sie Illusionen lieben: Selbst ihre Spiele bestehen aus dem So-tun-als-ob sie Könige, Soldaten oder was nicht alles wären. Zufriedenheit hingegen ist eine der Eigenschaften der Reife, und ...«

»Ich kann nicht sehen«, unterbrach ihn eine der Damen, »wo da die Illusion ist, wenn Wilfrids Frau ihn nicht mehr liebt und sich in einen anderen Mann verliebt hat.«

»Die Illusion ist«, entgegnete er ruhig lächelnd, »sich darüber aufzuregen.«

»So, wirklich?«, stieß die beleibte Dame hervor.

»Eifersucht«, fuhr er fort, »ist natürlich ebenso eine Form von Kindlichkeit.«

»Aber Wilfrid *war* nie eifersüchtig!«, beharrte die erste Dame.

Er lächelte ihr sehr freundlich zu. »Eifersucht gibt es in zwei Formen«, erklärte er. »Erstens, wenn es keinen Anlass für sie gibt, und zweitens, wenn es wirklich einen gibt. Nur wer sich nicht erregt, wenn es wirklich einen Grund zur Eifersucht gibt, ist in Wahrheit ein eifersuchtsloser Mensch.«

»Ich könnte es nicht aushalten, mit einem Mann verheiratet zu sein, der auch nicht *ein bisschen* eifersüchtig ist«, meinte meine Tischdame etwas erregt, mir zugewandt.

»Ja«, sagte er und schickte sein wohlwollendes Lächeln in ihre Richtung, »und es gibt viele Frauen, die das Gleiche sagen. Sehen Sie, sie meinen, die Eifersucht sei ein Kompliment für sie, aber auch das wiederum ist nur eine Illusion. Ein wirkliches Kompliment wäre es nur, wenn ein Mann seine Frau so liebte, dass er ihr Glück allezeit über sein eigenes stellte.«

»Ich glaube kaum, dass es viele Ehemänner dieser Art gibt«, wagte ich zu zweifeln.

»Und wenn es sie gäbe«, drängte meine Gesellschafterin, »so wären sie doch mehr Fische als Ehemänner. Auf jeden Fall könnte ich nie einen von dieser Sorte ertragen!«

»Das ist nur, weil Sie vielleicht noch nie näher darüber nachgedacht haben«, entgegnete er beschwichtigend. »Sehen Sie«, fuhr er mit einem Anflug von Ritterlichkeit fort, »eine edle Frau wünscht nicht, dass ihr Mann Kummer durch eine ebenso schmerzliche wie bedauernswerte Emotion bekommt, nur um ihre Eitelkeit zu befriedigen.«

An diesem Punkt nahm meine Tischdame ihre Zuflucht zum Lachen. »Auf jeden Fall sind Sie sehr gescheit«, meinte sie.

Er wehrte das Kompliment mit einer höflichen Geste ab. »Ich bin nur eines jener glücklichen oder unglücklichen Geschöpfe, die nicht anders können, als die Dinge genau so zu sehen, wie sie sind«, war seine Antwort.

»Dann fehlt Ihnen alles Künstlerische«, meinte eine der Damen. »Sie können nicht – wie es ein moderner Maler kann – einen Fabrikschlot so sehen, als ob er ein alter Burgturm wäre.«

»Leider! Vielleicht haben Sie damit den Nagel auf den Kopf getroffen!«, gestand er. »Tatsächlich bin ich von einer solchen Naivität geplagt, dass es mir unverständlich ist, wie Menschen Dinge glauben können, die doch offensichtlich unwahr sind.«

»Zum Beispiel?,« fragte ich.

»Nun, beispielsweise, dass ein Mann nie richtig lieben könnte, wenn er nicht eifersüchtig sein kann ...«

»Woraus zu schließen ist, dass Sie selbst nicht verheiratet sind«, warf ich etwas anzüglich ein.

»Ich *war* verheiratet«, kam seine zögernde Antwort. (Für den Bruchteil eines Augenblicks kam mir das Wort »geschieden« in den Sinn, zugleich der Gedanke: »Jetzt bin ich ins Fettnäpfchen getreten«, aber er fuhr fort:) »Ich bin Witwer.« (Darauf tauschten wir alle hastige Blicke.) »Da dem so ist«, sprach er weiter, wie um unsere Befangenheit wieder zu zerstreuen, »sind meine Vorstellungen von der Ehe nicht notwendigerweise bloße Theorie.«

»Sie waren«, sagte eine der Damen, »sicher ein hochherziger Gatte.«

Wieder wehrte er das Kompliment ab. »Ich war nur ein praktischer Ehemann, weil ich immer das Gefühl hatte, dass es sich nie auszahlt, etwas anderes zu sein, als was Sie sehr wohlwollend ›hochherzig‹ nannten. Außerdem«, fügte er hinzu, »das Gefühl des Besitzes ist wieder ein kindliches Attribut.«

»Was meinen Sie damit?«, fragte meine Tischdame.

»Nun, dass Sie ebenso gut versuchen könnten, den Mond zu besitzen, wie Sie versuchen, einen anderen Menschen zu besitzen. Jede menschliche Seele gehört sich selbst, und nur sich selbst.«

»Warum dann überhaupt heiraten?«, fragte ich.

»Damit sie mit dem Menschen leben können, den sie lieben, ohne Schande über ihn zu bringen«, kam die Antwort bereitwillig.

Hier unterbrach mich – etwas zu meinem Ärger – die Stimme eines Dieners, der mir flüsternd mitteilte, die Gastgeberin wünsche meine Anwesenheit zur Vervollständigung eines Bridgequartetts. Ich erhob mich mit den üblichen Entschuldigungen und ging.

Erst als ich zu später Stunde in der Halle stand und auf eine Droschke wartete, wurde meine nun erwachte Neugier einigermaßen befriedigt, denn eine der drei Damen stand mit der gleichen Absicht auch dort.

»Wer in aller Welt war dieser außergewöhnliche junge Mann?«, fragte ich sie halblaut.

»Jung?«, fragte sie zurück. »Zufällig weiß ich, dass er wohl mindestens fünfundfünfzig sein dürfte.«

»Das macht ihn nicht weniger außergewöhnlich – aber, so sagen Sie schon, wer ist er denn?«

»Nun, sein Name ist Justin Moreward Haig. Er kam vor zwei Monaten aus Rom, und das ist alles, was ich über ihn weiß«, war ihre Antwort.

Doch diese spärliche Information befriedigte mich nicht, und ich hatte das Gefühl, dass diese korpulente Dame, die bei ihrem Aussehen wohl kaum erwartete, dass man völlig gleichgültig an ihr vorüberging, mir etwas vorenthielt, nämlich: was die Leute sagen, oder was *man* sagt, wie es gewöhnlich heißt. Ein so auffallender Mann kann kaum auf einer Reihe von Partys der Londoner Gesellschaft – wo alles Gerede sich wie ein Lauffeuer verbreitete – gesehen und noch weniger gehört werden, ohne dass zumindest einige Geschichten über ihn kursieren. Vermutlich wären sie mehr oder weniger falsch, übertrieben oder unglaubwürdig, aber dennoch müsste doch irgendjemand einige »Informationen« zu dem ständigen Plätschern gesellschaftlichen Klatsches gegeben haben; etwas anderes wäre undenkbar. Überdies hatte diese Dame mit den so mächtigen Dimensionen die Formulierung »zufällig weiß ich« verwendet, als ich sie nach seinem Alter gefragt hatte, und das war ein Indiz für mehr! Ich hatte diesen Mann nur höchstens zwanzig Minuten gesehen, und zudem miterlebt, wie er einigen unserer kostbarsten Vorurteile einen großen Teil ihrer Reize nahm (eine Angelegenheit, die mir seinerzeit fast komisch vorkam). Aber dennoch war eine Anziehungskraft, eine Güte und Ausstrahlung um seine Persönlichkeit, die mich in einer Weise gefangen nahm, dass ich nicht mehr von ihm fortzukommen glaubte. Selbst, wenn man anderer Meinung war über die Dinge, über die er sprach, schien es, als ob er sehr weise wäre, aber zugleich – und zwar durch das, was er beim Essen und noch dazu vor drei völlig Fremden gesagt hatte –, als ob er eine merkwürdig kindliche Einfalt besäße. Es kam mir sogar in den Sinn – auch später wieder, bei unserer nächsten Begegnung –, er könnte ein bisschen verrückt sein: Er hatte genau jene Naivität, die schon ein Kennzeichen des Narren ist. Denn es sind doch wirklich nur Narren, die mit absoluter Naivität die unerhörtesten Behauptungen aufstellen und dabei als Einzige davon überzeugt sind, dass das, was sie sagen, absolut wahr ist.

Solche Gedanken beschäftigten mich natürlich, während ich noch der korpulenten Dame gegenüberstand, die inzwischen Konversation machte, so dass ich es für überflüssig hielt, ihr dabei zu sehr zu folgen. Denn in Wirklichkeit wartete ich auf das Ende dieser Art von »Unterhaltung um jeden Preis« (während sie darüber klagte, sie könnte doch nicht von einer Party zur anderen Einladung *fliegen* oder auf Knopfdruck von einem Ort zum anderen gelangen – alles Gerede, um dieses unerquickliche Herumstehen und Warten zu überbrücken), um vielleicht doch noch irgendwelche vertraulichen Mitteilungen über jenes seltsame Wesen zu erhalten, von dem sie »zufällig wusste«, dass es »wohl mindestens fünfundfünfzig sein dürfte«.

»Aber, um auf diesen Mann zurückzukommen«, fragte ich deshalb, »woher wissen Sie, dass er *so* alt ist?«

»Er hat eine Tochter, die mindestens wie achtunddreißig aussieht«, war ihre Antwort.

»War sie heute Abend hier?«

»Sie fuhr vor zirka vierzehn Tagen nach Rom zurück.«

»Aber sind Sie sicher, dass sie seine Tochter war?«, fragte ich weiter.

»Er stellte sie als solche vor – aber man kann natürlich nie sicher sein …«, fügte sie unbarmherzig hinzu, »zumindest nicht bei Beziehungen.«

»Der Wagen für Mrs. Jameson!«, rief eine Stimme von draußen, und damit endete das Verhör und auch die Episode meiner ersten Begegnung mit dem Mann, den ich paradoxerweise den »naiven Weisen« genannt habe; bei jenem Treffen – und dem folgenden – beeindruckte er mich als die Verkörperung dieser beiden Gegensätze.

3 · Enthüllungen im Park

Mit einer Hartnäckigkeit und Häufigkeit, die in meiner Gedankenwelt sonst selten waren, dachte ich noch einige Tage nach dieser ersten Begegnung an jene Abendgesellschaft zurück und an den Menschen, der für mich in ihrem Mittelpunkt stand. Abgesehen von der unbeantworteten Frage nach seiner Identität (denn sein Name sagte mir im Grunde gar nichts) kam mir eine Reihe weiterer Fragen immer wieder in den Sinn, die zu beantworten trotz intensiven Nachdenkens aus Mangel an Anhaltspunkten nicht möglich war. Auch die wenigen Bekannten, die ich auf ihn ansprach, halfen mir nicht mehr als die stattliche Dame, die ich am ersten Abend in der Vorhalle befragt hatte: Die Antworten, die sie gaben, waren ebenso wenig ergiebig wie ihre.

Ich möchte mich in diesen Impressionen über dieses seltsame und edle Wesen so wenig wie möglich aufdrängen, aber es gibt da doch gewisse Dinge, bei denen ich dazu neigen könnte, ihn falsch darzustellen, wenn ich ein oder zwei meiner eigenen Gedanken vorenthielte. Durch die Art zum Beispiel, wie er mit dem Begriff »Kindlichkeit« jonglierte, kam ich zuerst auf den Gedanken, ob er nicht vielleicht an einer ganz beachtlichen Einbildung kranke, aber je mehr ich darüber nachdachte, um so mehr erkannte ich, dass er dieses Wort so leidenschaftslos und ohne jede persönliche Spitze gebraucht hatte, wie ein anderer von einer Wolke am Himmel spräche, und so verbannte ich den Gedanken an Einbildung deshalb wieder aus meinen Erwägungen.

Dann trafen wir uns eines Tages zufällig in den Kensington Gardens, und auf diese Begegnung gründete sich eine Freundschaft, die diese und viele weitere Fragen überflüssig machte.

Ich saß in Gedanken versunken an jenem Teil der Serpentine, wo sie aussieht wie ein ländlicher Fluss, der durch friedlich grüne Wiesen fließt; da kam er zu meiner Überraschung ganz plötzlich auf mich zu und setzte sich neben mich.

»Wir sind dafür bestimmt, Freunde zu sein«, begann er und legte seine Hand einen Augenblick auf meinen Arm. »Da das so ist, ist es um so besser, je früher wir unsere Freundschaft beginnen.«

Ich murmelte irgendetwas dahingehend, dass ich mich geehrt und erfreut fühle. Seine Bemerkung machte mir Vergnügen, wenngleich ich sie doch etwas ungewöhnlich fand.

»Wir wollen unseren Atem nicht durch einleitende Nebensächlichkeiten verschwenden«, fuhr er fort, »sondern gleich zur Sache kommen, wie Sie sehen werden. Zu reden nur um des Redens willen, ist selten ratsam.«

Ich stimmte ihm zu, dass die Leute generell zu viel redeten, fragte mich aber selbst, was das »wir« bedeutete – das schien mir doch noch nicht angebracht zu sein.

»Ich erinnere mich«, sprach er weiter, »als ich mich vor gut zweitausend Jahren in Ägypten unter recht tragischen Umständen von Ihnen verabschiedete, versuchte ich Sie mit der Versicherung zu trösten, dass wir uns unter weit glücklicheren Bedingungen wiedersehen würden. Damals waren Sie übrigens eine Frau!«

»Oh, tatsächlich!«, sagte ich mit einer Geistesgegenwart, die ich bei mir nicht für möglich gehalten hätte, und dabei durchzuckte mich der Gedanke, ich könnte mich in der Gesellschaft eines Irren befinden. Manche Irren konnten schließlich auch nett sein. Er sah zu mir herüber und zwinkerte mir freundlich zu.

»Erinnern sie sich an Ihre Tante – sie wurde Tante Jane gerufen –, ihr Nachname war Mrs. Wibley?«, fragte er nun.

Ich bejahte; jene Tante galt als der Kauz in der Familie.

»Ich kenne sie«, behauptete er.

»Sie kennen sie?«, wiederholte ich fragend. »Wie denn das? Sie ist jetzt schon zwanzig Jahre tot!«

»Das steht unserer Bekanntschaft nicht im Wege«, kam die Antwort.

»Hören Sie«, meinte ich lachend, wenn auch insgeheim leicht gereizt. »Sie scherzen doch?«

»Ich verzeihe Ihnen, dass Sie mir derartig misstrauen«, erwiderte er, ebenfalls lachend, »aber warten Sie ab. – Erinnern Sie sich«, fuhr er fort, »dass Ihre Tante Gegenstand eines nicht gerade freundlichen Gespötts wegen ihrer spiritistischen Tendenzen war?«

Ich erinnerte mich.

»Erinnern Sie sich weiterhin, dass sie einmal nach einer Diskussion im Familienkreise schwor, ihre Gegner eines Tages zu überzeugen, indem sie ihnen eine Botschaft von drüben zukommen lassen würde?«

Ich erinnerte mich nur zu wohl.

»Sehr schön. – Nun, dann hat sie jene Botschaft ja geschickt.«

»Und wie lautet sie?«, fragte ich, alles andere als leichtgläubig.

Er teilte es mir mit. Ich muss zugeben, es war überzeugend, denn es spielte auf eine Sache an, die niemand anderen als mich selbst betraf.

»Wie sind Sie an diese Botschaft gelangt?«, fragte ich.

Er erzählte es mir ziemlich ausführlich. »Ich nehme an, Sie sind selbst auch ein Spiritist?«, fragte ich ihn im Anschluss an seinen Bericht.

»Wohl kaum so, wie Sie es verstehen«, erwiderte er. »Ich bin alles, oder – wenn sie so wollen, nichts. In eine bestimmte Konfession hineingeboren zu werden, ist gut – darin zu sterben, ist bedauerlich. Glaubensbekenntnisse sind die Krücken, mit deren Hilfe manche Leute der Wahrheit entgegenhinken; wenn man dort ankommt, wirft man die Krücken fort. Viele fromme Schwärmer glauben, aber zu glauben heißt nicht zugleich, auch zu *wissen*; nur der wahre Esoteriker *weiß*.«

»Dann sind Sie also ein Esoteriker?«

»Ja, ich denke, man könnte mich so nennen«, antwortete er bescheiden.

»Sagen Sie«, fragte ich in einer Anwandlung von Neugier, »wie ist es möglich, dass ein Mann wie Sie auch nur das geringste Vergnügen daran finden kann, die ermüdende Runde durch Londons Gesellschaft zu machen?«

Er lachte. »Eine Sache ist öde oder angenehm, je nachdem, was man selbst einbringt«, antwortete er. »Wenn Sie es wirklich wissen wollen: Ich bin auf der Suche nach spirituellen Abenteuern.«

Ich konnte nicht genau verstehen, was er damit meinte, und sagte ihm das.

»Ich gebe zu, der Satz war zweideutig«, erläuterte er, »aber es ist schwierig, dies in einem kurzen Satz anders auszudrücken.«

»Ich bin aber wirklich interessiert und würde es zu gerne wissen«, drängte ich ihn.

»Nun gut, es ist so: Ich habe ein Hobby. Es mag Ihnen seltsam erscheinen, aber ich mache mich daran, die Einstellung der Leute zu verändern, um ihre Schwierigkeiten in Ordnung zu bringen. Wenn sie mich mit einem passenden Etikett versehen wollen, dann könnten sie mich als eine Art Philanthrop bezeichnen – einen Verteiler moralischer Liebesgaben.«

Allmählich begann es in mir zu dämmern.

»Ich rechne mir das nicht als Verdienst an«, fuhr er fort. »Es ist ein Zeitvertreib wie jeder andere, aber er hat einen großen Vorteil: Man tut jemand anderem etwas Gutes. Viele Sportler fügen anderen Lebewesen Schmerzen und Leid zu, um selbst Vergnügen zu haben; der ideale Sport ist, das eigene Vergnügen darin zu finden, andere Menschen vom Schmerz zu befreien.«

»Sie vertreten also die Lehre vom Geben?«, unterbrach ich ihn.

»Ja«, stimmte er zu, »aber es gibt zwei Arten des Gebens: Die eine Gabe ist vergänglich, die andere ist von Dauer.«

Ich konnte ihm nicht ganz folgen.

»Wenn Sie einem hungrigen und faulen Landstreicher einen Groschen geben«, erläuterte er, »so ist er nach einer Stunde, wenn er den Groschen ausgegeben hat, wieder hungrig. Wenn Sie ihn aber sozusagen mit einer neuen Einstellung beschenken, die in ihm ein echtes Verlangen nach Arbeit erweckt, so haben Sie ihm etwas von unschätzbarem Wert gegeben.«

Diese Philosophie, seinen Mitmenschen zur rechten Einstellung und damit zur Lösung ihrer Probleme und einer echten Befreiung zu verhelfen, beeindruckte mich tief. Ich sagte es ihm.

»Nun«, fuhr er fort, »es gibt viele Menschen, die in die Slums gehen und monetäre Liebesgaben verteilen; aber wer geht gleichsam in die Slums der Gesellschaft und tröstet die verlassenen Ehefrauen, die liebeskranken Mädchen und Liebhaber, denen der Laufpass gegeben wurde, die trauernden Witwen und die Vielzahl anderer unglücklicher Sterblicher, von denen die Gesellschaft geradezu wimmelt?«

»Offensichtlich tun Sie es.«

»Auf jeden Fall versuche ich es«, meinte er lächelnd.

Ich nahm meine Zigarettendose heraus und bot ihm eine Zigarette an, die er annahm. Doch dann stellte ich fest, dass ich meine Streichhölzer vergessen hatte. Er zog eine kleine goldene Schachtel aus der Tasche. Ein frischer Frühlingswind strich durch den Park, und jedes Hölzchen, das er anriss, ging ärgerlicherweise wieder aus. Ich sah ihm etwas belustigt zu, denn Ungeduld schien ihm völlig fremd zu sein, was mir wirklich phänomenal vorkam.

»Verlieren Sie denn nie die Geduld?«, fragte ich ihn schließlich.

»Die Geduld verlieren?«, fragte er zurück. »Warum sollte ich? Ich habe eine Ewigkeit vor mir.«

Dann zündete er meine Zigarette mit dem letzten Hölzchen an, das in der Schachtel war.

»Nun wissen Sie also – um auf Ihre Frage zurückzukommen –, warum ich die Runde durch die Londoner Gesellschaft mache«, meinte er.

»Und der Gesellschaft wird dadurch geholfen«, ergänzte ich.

Er wehrte das Kompliment ab, wie er es immer tat.

»Aber da ist noch etwas anderes, was Sie nicht wissen«, fügte er hinzu.

Ich fragte ihn, was das sei.

»Sie wissen nicht, dass ich es nicht liebe, über mich selbst zu sprechen.« Nach dieser Bemerkung erhob er sich, um zu gehen.

Ich lachte und sagte, als ich mich zum Verabschieden erhob: »Übrigens glaube ich nicht, dass Sie meinen Namen kennen; wir wurden einander nie vorgestellt.«

»Sie vergessen Ihre Tante«, sagte er mit einem Zwinkern.

Wieder musste ich lachen; dies war sicherlich ein Novum auf dem Gebiete des Bekanntmachens.

»Wir sehen uns bei Mrs. Darnley am Mittwoch«, rief er noch im Gehen.

»Aber ich bin nicht eingeladen«, rief ich zurück. »Außerdem habe ich eine andere Verabredung an jenem Abend.«

»Gleichviel, wir sehen uns dort«, und er ging zum Weg.

»Ich mag diesen Mann«, dachte ich bei mir, als ich ihm noch nachsah, bis er meinen Blicken entschwand. Als ich zu Hause ankam, fand ich eine Benachrichtigung über eine Verschiebung meiner Mittwochsverabredung, und die nächste Post brachte mir eine Einladung von Mrs. Darnley.

4 · Eine ganz normale Mutter

Bald fand ich heraus, dass J. M. H. die harmlose Eigenart hatte, die Menschen quasi auf seine eigenen Kosten zu schockieren. Die meisten Menschen verbergen ihre Überraschung gegenüber Unerwartetem; sehen sie sich aber einmal dazu gezwungen, sie einzugestehen, so leiten sie ihre Äußerungen mit einem solchen Überfluss an Entschuldigungen ein, dass das Unerwartete schließlich und endlich berechenbar und erwartet wird.

Nun, mein Freund verfolgte zwei Ziele, wenn er verbale Bomben in das oberflächliche Geschnatter der konventionellen Gesellschaft warf: Einerseits amüsierte er sich selbst dabei ganz offensichtlich, andererseits brachte er auf diese Weise die Leute zum Denken. »Es gibt zwei Wege«, erklärte er mir einmal, »Menschen zum Nachdenken zu bringen: Der eine ist, zu schreien – was selten willkommen ist –, der andere ist, eine verborgene Wahrheit so zu bringen, als spräche man über die selbstverständlichste Sache auf Erden.« Diese Methode zeigte offensichtlich Erfolge, denn ich kann sagen, dass ich mich an jedes Wort unseres Gesprächs in den Kensington Gardens erinnerte, was auch für die meisten anderen seiner (darf ich sagen?) Vorträge gilt. Doch eines gab es, was er sich nie gestattete: Nie sagte er etwas Überraschendes nur um des Effektes willen. Von allem, was er sprach, glaubte er, dass es wahr sei, und er brachte es mit einer überzeugenden Einfachheit, denn er wusste, dass seine Zuhörer es dann ebenso als Wahrheit annehmen würden.

Das führte schließlich dazu, dass seine Persönlichkeit von einem Hauch reiner, geradezu kindlicher Einfalt umgeben war, die einen zwangsläufig fesseln und überzeugen musste, wenn man mit ihm zusammenkam. Und wenn Menschen wirklich einmal schockiert waren, so waren sie angenehm schockiert, nie aber in einer Weise, dass man dabei den leisesten Verdacht haben konnte, sie seien verletzt. Es konnte auch gar nicht anders sein, denn niemals griff er mit der Waffe der Lächerlichkeit ihre heiligen Glaubensüberzeugungen an. Seine Methode, Irrtum aufzudecken, lag selten darin, den Menschen zu zeigen, dass sie sich irrten, sondern er zeigte ihnen, dass etwas anderes richtig ist. Es gab nur eine Ausnahme, und diese Ausnahme bezog sich auf die Menschen, die er die modernen Pharisäer nannte. »Hier«, erläuterte er einmal, »muss ich leider den Hammer nehmen, um die falschen Götzenbilder zu zerschlagen.«

Mrs. Darnley war eine alte Bekannte von mir, deren Gastfreundschaft sehr häufig die Gestalt kleiner Dinner-Partys annahm. Als ich an jenem Abend dort ankam, überraschte es mich also nicht, sondern freute mich, außer Moreward Haig und mir selbst keine weiteren Gäste vorzufinden.

So bestand unsere kleine Gesellschaft aus Mrs. Darnley, ihrer recht jungen und attraktiven Tochter Sylvia und uns beiden. Doch dabei blieb es nicht. Nach dem Essen brach Sylvia zu einer Einladung auf. Sie verabschiedete sich von uns, weil sie annahm, sie käme erst lange nach unserem Aufbruch wieder nach Hause.

Mrs. Darnley gab ihrer Tochter einen Gutenachtkuss mit einer Zuneigung, die fatalerweise mehr nach Konvention als nach Liebe aussah, und blickte ihr sinnend nach; was sie dabei dachte, sprach sie dann auch gleich aus.

»Das Mädchen macht mir Sorgen«, meinte sie nachdenklich. »Mir gefällt nicht immer, was sie jeweils gerade vorhat.«

Wir beide zeigten ihr unser Verständnis und fragten sie nach dem Kern ihres Problems.

»Das Problem ist zurzeit ein Poet«, kam die Antwort.

Wir lachten. »Eine Freundschaft mit einem Dichter?«, fragte Haig.

»Freundschaft? – Das haben *Sie* gesagt!«, erwiderte Mrs. Darnley. »Ich glaube nicht an Freundschaften zwischen jungen Männern und Frauen.«

Wir hielten unser Lachen zurück, um ihr Mitteilungsbedürfnis nicht zu dämpfen.

»Aber hören Sie«, meinte ich. »Freundschaft ist doch das einzige passende Wort, wenn eine Frau nicht die Gattin eines Mannes ist, noch seine Verlobte oder seine ...«

»Sprechen Sie dieses Wort bitte nicht aus!«, unterbrach sie mich hastig, »Sie würden mich schrecklich schockieren. *Selbstverständlich ist Sylvia keines davon.*«

»Freundschaft«, sagte nun Moreward und lächelte ihr zu, »ist ein schönes Wort und eine noch schönere Sache; warum sollte man das in Frage stellen?«

»Ich habe nichts gegen Freundschaft am rechten Ort und unter den richtigen Leuten, aber Sylvia ist so sentimental«, bemerkte sie etwas verstimmt, »um nicht zu sagen, gefühlsduselig.«

»Gefühlsduselei ist also in Ihrem Wortschatz ein Synonym für Liebe?«, fragte ich.

»Sie wissen sehr wohl, was ich meine.«

»Ja, aber sind Sie sicher, dass *Sie* wissen, was Sie meinen?«, beharrte ich.

»Wie hartnäckig Sie doch sind«, meinte sie. »Wirklich, *ich* sollte es doch wissen!«

»Wenn jedoch Gefühl zur Freundschaft hinzukommt«, sagte Moreward nach diesem kleinen Wortwechsel, »ist es ein höchst günstiges Element: Es macht die Freundschaft vollkommener. Sind Sie nicht froh, dass Ihre Tochter etwas fühlen sollte, was ihre Freundschaft noch vertieft?«

»Ich denke nicht, dass es ihrem Glück zuträglich ist«, entgegnete sie; »außerdem halte ich es nicht für schicklich.«

»Dann halten Sie es nicht für schicklich für Ihre Tochter, jemals jemand anderes als Sie gern zu haben – und sich selbst?«, fragte ich schmunzelnd.

»Werden Sie nicht anzüglich, Broadbent«, bremste sie mich und lachte unwillkürlich.

»Nun, darauf läuft es doch hinaus«, beharrte ich.

»Ist es also Ihre Meinung«, fragte Moreward, aber ohne den leisesten Hauch von Sarkasmus, »dass ein Mensch *nur* seine Feinde lieben sollte?«

»Nun, natürlich nicht!«

»Ich habe von einem Gebot gehört ›Liebe deinen Nächsten‹«, bemerkte ich augenzwinkernd. »Ich bin sicher, dass Sie es befolgen.«

»Ich versuche es«, antwortete sie mit einem Anflug von frommer Pose.

»Aber Sie sind nicht der Ansicht, dass Ihre Tochter *ihren* Nächsten lieben sollte, besonders, wenn es ein Mann ist, und ganz besonders, wenn es ein Dichter ist?«, drängte ich weiter, mit dem gleichen Zwinkern.

»Sie wissen ganz genau«, zog sie den Kürzeren, »dass damit nicht jede Art von Liebe gemeint ist.«

»Ist das nicht genau der Punkt, wo Sie einen Fehler machen?«, fragte Moreward sanft, aber ernst. »In Wirklichkeit gibt es nur eine Art von Liebe, und der Unterschied, den Sie sehen – und auch andere Leute, die vermutlich niemals tiefer darüber nachgedacht haben –, ist ein Unterschied der Intensität, nicht der Art.«

Sie warf mir einen Blick zu, als wollte sie sagen: »*Dem* Mann kann ich zuhören, weil er sich jedenfalls nicht über mich lustig macht.«

»Sie sagen, Sie könnten an platonische Liebe nicht glauben«, fuhr er fort, »jedenfalls schließe ich das aus dem Gesagten. Wenn Sie aber daran glauben könnten, wären wir über ihren Wert wohl gleicher Meinung.«

»Vielleicht«, willigte sie nachdenklich ein.

»Sehr gut, aber was ist dann platonische Liebe? Es ist einfach eine Verbindung von mentaler Sympathie und physischer Antipathie.«

»Die beste Definition, die ich je gehört habe«, warf ich ein.

»Ich fürchte, ich bin nicht intelligent genug, Ihnen hier zu folgen«, bedauerte Mrs. Darnley mit nicht ganz echter Bescheidenheit.

»Nun, es heißt«, erklärte ich, »dass ein Mann sich (solange er am anderen Ende des Sofas sitzen bleiben kann) der Konversation mit einer Frau erfreut, weil ihm ihr Denken gefällt, aber er könnte sich nicht vorstellen, näher zu ihr hinüberzurücken, weil ihr Körper ihm nicht gefällt. – Ist es nicht so?«, fragte ich, zu Moreward gewandt.

»Etwas derb ausgedrückt – aber korrekt«, bestätigte er lachend.

»Ich finde nicht, dass das sehr nett klingt«, bemerkte Mrs. Darnley.

»Es ist etwas billig«, meinte ich darauf schadenfroh.

»Und doch«, fuhr Moreward nach dieser Unterbrechung fort, »verstand Platon es nie in diesem Sinne. Er sprach lediglich von einer Art Selbstkontrolle: eine Liebe, die darauf verzichtet, der physischen Leidenschaft uneingeschränkt Luft zu machen.«

»Oh, wirklich!«, rief Mrs. Darnley aus, unsicher, ob sie nun schockiert sein sollte oder nicht. »Das habe ich noch nicht gehört!«

»Wie so vieles andere«, bemerkte ich, »haben die Pharisäer die ursprüngliche Bedeutung verdreht, um ihren hübschen Konventionen gerecht zu werden.«

»Pharisäer?«, wiederholte sie. »Sie meinen doch nicht, dass es die heute noch gibt?«

Es lag mir schon auf der Zunge, ihr zu sagen, dass ich sie für einen solchen hielte, aber ich verzichtete darauf.

»Meinen Sie nicht, dass es gerade die modernen Pharisäer sind«, sagte Moreward, »die Sie vielleicht hypnotisiert haben, so dass Sie glauben, es sei unschicklich (was mit anderen Worten ausgedrückt ›nicht korrekt‹ bedeutet), dass Ihre Tochter diesen Mann liebhat? Von einer höheren Warte aus betrachtet, wäre es unrecht, wenn sie ihn *nicht* liebte.«

»Also wirklich, Mr. Haig«, entrüstete sie sich, »Sie verdrehen die Dinge ja ganz schön!«

»Sicherlich ist es der Pharisäer, der die Dinge verdreht«, entgegnete ich, »denn er sagt: ›Du sollst *nicht* deinen Nächsten lieben‹.«

Sie lachte hilflos.

» Möchten Sie, dass Ihre Tochter ein liebloses Herz hat?«, fragte Moreward sie ruhig und einfach.

»Ich hätte es gern, wenn sie eines Tages jemanden liebt – den *Richtigen* natürlich«, kam die Antwort.

»Richtig vom finanziellen Standpunkt aus?«, fragte ich.

»Richtig von *jedem* Standpunkt aus«, korrigierte sie.

»Des einen Brot mag des anderen Tod sein«, bemerkte ich.

Sie tat, als ob sie nicht verstanden hätte, doch in Wirklichkeit verstand sie sehr wohl.

»Ist Ihnen nie aufgefallen, Mrs. Darnley«, fragte Moreward vorsichtig, »warum es so viele unglückliche Ehen gibt?«

»Nun, ich habe eigentlich nie darüber nachgedacht«, gab sie zu.

»Könnte das nicht daran liegen, weil zu viele Mütter alle Freundschaften unter dem Blickwinkel einer späteren Heirat ansehen? Was meinen Sie dazu?«

»Vielleicht – aber gerade das tue ich ja nicht.«

»Verzeihen Sie bitte«, sagte er höflich und mit bittender Gebärde, »aber das ist es doch gerade, was Sie tun. Sie fürchten zugleich das, was Sie wollen.«

Sie sah sehr überrascht aus und sagte es auch.

»Ich meine«, erklärte er, »dass Sie sich fürchten, Ihre Tochter könnte diesen Mann heiraten wollen, und zugleich fürchten Sie, sie könnte ihn *nicht* heiraten wollen. Kurz gesagt, Ihre Vorstellung von Liebe ist, entweder Ehe oder gar nichts. Wegen dieser Einstellung, werte Freundin, scheitern die meisten Ehen. Junge Leute heiraten Bekannte, die nicht zu ihnen passen, statt wahrer Freunde.«

»Das ist alles ganz schön und gut, wie Sie es so darstellen«, erwiderte sie nicht überzeugt, »aber ich kann doch nicht zulassen, dass meine Tochter eine Reihe von ›Affären‹ hat. Was sollen denn die Leute denken?«

»Sich über das Gerede anderer Gedanken zu machen, ist Eitelkeit«, sagte er sanft. »Sich über das Glück seiner Tochter Gedanken zu machen, ist Liebe. Ich bin sicher, dass Sie sich für das Letztere entscheiden werden«, fügte er noch hinzu und legte seine Hand auf ihren Arm.

»Schön, schön«, meinte sie, erfreut über das Kompliment, aber offensichtlich im Zweifel darüber, ob es gerechtfertigt war. »Schön, schön – wir werden sehen.«

Und damit endete die Unterhaltung, denn zu unserer Überraschung kam Miss Sylvia selbst wieder in den Raum.

»Solch eine Einladung mache ich nicht noch einmal mit«, stöhnte sie. »Es war so unaussprechlich langweilig – deshalb bin ich nach Hause gekommen.«

Bald darauf gingen *wir* nach Hause.

5 · Auf einer Gartenparty

Zehn Tage später trafen wir uns bei einer Gartenparty bei Lady Appleyard wieder. Ich hatte J. M. H. in der Zwischenzeit mehrere Male in seinem eigenen Hause und anderswo gesehen, und er hatte mir gesagt, dass er, wenn es möglich wäre, Miss Sylvia gerne einen kleinen Dienst erwiese.

»Ihre Aura zeigt feine Eigenschaften«, meinte er, »und wenn man ihr nur erlaubte, ein bisschen zu lieben und zu leben, würde sie große Fortschritte in dieser Inkarnation machen.«

Bei dieser Gelegenheit möchte ich einflechten, dass mir solche und andere sensitive Beobachtungen nicht mehr ungewöhnlich oder gar aufregend vorkamen. Ich hatte in der Zwischenzeit durch unsere Gespräche über esoterisches Wissen und geistige Erkenntnisse viel dazugelernt, so dass ich schon einiges Verständnis für dieses interessante Thema erworben hatte.

Wir hatten Mrs. Darnley im Gespräch etwas von der Gesellschaft gelöst und sie zu einem schattigen Platz in einer Ecke von Lady Appleyards geschmackvollem und ausgedehntem Garten gelenkt. Konventionsgebunden, wie sie war, bewunderte und schätzte sie offensichtlich meinen weisen Freund weit mehr als die meisten anderen Leute. Mich dagegen – nun, ich könnte sagen: Ich amüsierte sie günstigstenfalls.

»Was macht die poetische Freundschaft Ihrer Tochter?«, fragte er. »Ich nehme an, Sie legen ihr keine Hindernisse in den Weg?«

»Welche Hindernisse könnte ich ihr denn in den Weg legen?«, fragte sie zurück.

»Mangelnde Sympathie, Verständnis«, meinte Moreward.

»Man kann doch wohl kaum von mir erwarten, mit einer Sache zu sympathisieren, der ich nicht zustimme.«

»Die wirkliche Sympathie sympathisiert mit den Dingen, die man nicht billigt«, erwiderte er freundlich, aber ernst, »Sympathie um ihrer selbst willen – Sympathie um der Liebe willen.«

»Vielleicht lieben Sie Ihre Tochter nicht«, stichelte ich ein klein wenig.

»Wie *können* Sie nur!«, fuhr sie mich an.

»Sie haben mit diesem Dichter wohl schon korrespondiert, nehme ich an?«, fragte Moreward, nachdem er mir einen Blick zugeworfen hatte, der mir zu verstehen gab, dass wir fürs Erste ernst bleiben müssten. Mrs. Darnley machte ein wirklich überraschtes Gesicht.

»Wie können Sie das nur wissen?«, fragte sie. »Nicht einmal Sylvia weiß davon!«

»Es gibt viele Möglichkeiten, Dinge zu wissen, ohne dass sie einem erzählt werden«, antwortete er lächelnd. »Sie haben doch, nehme ich an, einen seiner Briefe in Ihrer Tasche?«

Nun war sie noch mehr überrascht.

»Darf ich diesen Brief einmal in die Hand nehmen? Ich werde ihn selbstverständlich nicht lesen.«

Mrs. Darnley öffnete ihre Tasche sehr erstaunt und gab ihm den Brief.

»Danke. Und nun«, fuhr er fort, »nehmen wir an, ich sollte Ihnen jenen Mann und seinen Charakter beschreiben, und nehmen wir an, der wäre gut – würden Sie dann Ihre Einstellung ändern?«

»Ich weiß nicht«, meinte sie zweifelnd.

»Nun, wir wollen sehen«, fuhr er fort und betastete behutsam den Brief zwischen Daumen und Zeigefinger. »Er ist ein großer, dunkelhaariger Mann, sauber rasiert, mit asketischem, aber gesundem Gesicht, das Haar gerade nach hinten gekämmt, einem offenen und forschenden Blick und graugrünen Augen. Das stimmt doch, nicht wahr?«

»Völlig richtig. Aber…«

Er ignorierte ihr Erstaunen.

»Sein Charakter stimmt mit seinem Gesicht überein. Ein feiner Geist, selbstloses Naturell, alles in allem eine sympathische und anziehende Erscheinung. Ich gratuliere Ihnen, Mrs. Darnley, zu dieser Freundschaft Ihrer Tochter.«

Wieder überging er ihr noch größer gewordenes Erstaunen.

»Doch nun wollen wir sehen, was die Zukunft für ihn bereithält.« Er dachte einen Augenblick nach. »Ihre Tochter wird diesen Mann nicht heiraten«, sagte er langsam. »Wenn Sie sie jedoch gegen diese Freundschaft zu beeinflussen versuchen, werden sie sich heftig ineinander verlieben, und das bedeutete Schwierigkeiten für Sie alle drei. Gestatten Sie ihnen, dass sie sich treffen, so oft sie wollen, so wird sich alles zu Ihrer Zufriedenheit entwickeln.«

Erstaunen und Eitelkeit in Mrs. Darnley hatten ein Tauziehen in ihr begonnen, in dem die Eitelkeit schließlich die Oberhand behielt.

»Aber wenn ich Ihren Rat annehme«, fragte sie endlich, »wie kann ich die Leute davon abhalten zu reden?«

»Sich aufzuregen über das Geplapper einiger Papageien«, sagte er ohne Intoleranz, »ist eine Form von Unreife, von der ich kaum annehme, dass man Sie ihrer bezichtigen könnte.«

Dann entstand eine Pause, in der Mrs. Darnley (dessen war ich mir sicher) erkannte, dass man sie *doch* bezichtigen könnte, obschon sie sich natürlich nicht unreif finden würde.

»Lieben Sie Poesie?«, fragte er und wechselte damit leicht das Thema, wobei er den Brief wieder zurückgab.

»Ja, leidenschaftlich«, stimmte sie begeistert zu.

»Aber nicht die Poeten?«, fragte ich. »Ein Poet wird allgemein verehrt – nur nicht in einer Familie mit schönen Töchtern.«

»Können Sie ihm nicht beibringen, ernst zu bleiben?«, beschwerte sie sich, zu Moreward gewandt.

»Er ist nun einmal so«, erwiderte dieser großmütig. »Er serviert Ihnen apart zubereitet eine tiefe Wahrheit.«

»Ach, leider ist das so bei den Männern«, stellte sie fest, »die halten doch immer zusammen – ganz anders als wir Frauen.«

»Eben deswegen bitte ich um Vergebung, wenn ich mich jetzt sogar für einen Poeten einsetze«, sagte Moreward sanft.

Mrs. Darnley sah aus, als wünschte sie, die Erschaffung von Poesie könnte durch eine Art Parthenogenese erreicht werden, nämlich ohne den Poeten.

»Werden Sie meinen Rat annehmen?«, fragte Moreward nach einer kleinen Pause.

»Das ist alles ganz schön und gut, wie Sie es so sagen«, erwiderte sie. »Sie haben keine Tochter; hätten Sie eine, würden Sie zweifellos anders denken.«

»Verzeihung«, sagte er lächelnd, »aber ich habe eine Tochter.«

Mrs. Darnley war überrascht. »Aber sie ist bestimmt noch nicht erwachsen«, mutmaßte sie.

»O ja, sie ist erwachsen.«

»Und Sie haben mir nie von ihr erzählt?«, tadelte Mrs. Darnley mit wachsendem Erstaunen. »Wie unfreundlich von Ihnen, sie nicht hierher mitgebracht zu haben. – Du liebe Zeit«, fügte sie hinzu, »in welchem Alter haben Sie wohl geheiratet?«

»Nicht allzu jung«, antwortete er, amüsiert über ihr Erstaunen. »Im Grunde ist eine jugendliche Erscheinung doch lediglich eine Sache einer ruhigen Seele, verbunden mit der richtigen Ernährung. Ich glaube, ein antiker Ethiker sagte einst: ›Ein liebefähiges Herz schafft einen jugendlichen Körper‹.«

»Wirklich gut!«, rief Mrs. Darnley aus. »Der Wunder ist kein Ende!«

»Die Wunder nehmen kein Ende, weil es sie nie gab«, verbesserte er freundlich. »Was dem einen Menschen als Wunder erscheint, kann für einen anderen alltägliches Geschehen sein. Ich habe Sie vor einigen Augenblicken durch eine kleine Vorführung von Psychometrie[2] erstaunt, weil Sie noch nie davon gehört hatten, und doch ist nichts natürlicher für die, die eine solche Fähigkeit besitzen.«

»Die einzige wirkliche Sünde im Leben«, sagte ich mit scheinbarer Strenge, »ist Unwissenheit.«

»Das ist wirklich wahr«, stimmte Moreward bereitwillig zu.

»Oje, oje! Ich wünschte in der Tat, ich wäre klüger!«, seufzte Mrs. Darnley, erhob sich von ihrem Stuhl und teilte uns mit, sie müsse nun gehen.

Wir standen ebenfalls auf, um uns zu verabschieden.

---

2 »Psychometrie«, – die Fähigkeit, mittels seherischer Gabe aus der Berührung eines Gegenstandes Aussagen über denselben zu machen.

»Sie werden meinen Rat nicht vergessen?«, bat Moreward sie und tätschelte ihr die Hand.

»Wir werden sehen«, antwortete sie mit weiblichem Eigensinn.

Er verbeugte sich höflich und blickte ihr nach, bis sie aus der Sicht entschwand.

»Puuuhhhh!«, seufzte er wohlgelaunt, als sie nicht mehr zu sehen war. »Ich gebe zu, die Atmosphäre eines Pharisäers ist besonders erstickend – ihr Abgang ist wie das Abziehen einer schweren Gewitterwolke.«

Ich lachte.

»Wirklich«, fuhr er fort, »die Pharisäer sind weit entfernt vom Himmelreich. In allen harmlosen und schönen Dingen immer gleich etwas Unschickliches zu suchen, bedeutet, in einer Art Hölle auf Erden zu leben.«

»Ich nehme an, Sylvia und ihr Poet lieben sich nun wirklich«, bemerkte ich, »obwohl Sie sie nicht bloßgestellt haben?«

»Ja«, sagte er, »und eine vorzügliche Sache ist es außerdem: Er braucht sie, um seine schöpferischen Fähigkeiten anzuregen, und sie braucht ihn, um ihre latenten Eigenschaften zu entfalten. Die Leidenschaft dabei wird früher oder später wieder vergehen, aber die Freundschaft wird bestehen bleiben.«

»Sie meinen, die Mutter wird sich als lästig erweisen?«, fragte ich weiter.

»Eine Zeit lang, ja. Die Konvention ist eine der schlimmsten Formen der Eitelkeit, weil sie so heimtückisch ist. Mrs. Darnley, das arme Geschöpf, ist feige aufgrund ihrer Eitelkeit; ihre einzige Furcht im Leben ist, was die anderen denken könnten. Sie lebt nicht in der großen Welt der Liebe, sondern in einem Gefängnis. – Übrigens«, fügte er hinzu, »Sie sehen Miss Sylvia öfter als ich. Wenn sie Schwierigkeiten bekommt, lassen Sie es mich bitte wissen?«

»Das werde ich«, versicherte ich ihm.

6 · Die Gestalt im Zimmer

Aus dem vorangegangenen Kapitel konnte man schließen, dass Justin Moreward Haig bestimmte Kräfte besaß, die jedenfalls bei der Mehrzahl der Menschen nicht anzutreffen sind, obgleich man ihnen heute häufiger begegnen kann als zu der Zeit, von der ich schreibe. Dass sie mich überrascht haben, war nicht anders zu erwarten, und ebenso wenig, dass ich gerne Näheres und mehr bei Haig darüber wissen wollte; ob ich ihn aber dazu bewegen sollte, Proben seiner Fähigkeiten mir oder anderen vorzuführen, nur um ihre Existenz zu beweisen, war etwas ganz anderes. Zumal er mich sogar bat, Stillschweigen darüber zu bewahren, dass er irgendwelche ungewöhnlichen Fähigkeiten besitze. Wie er mir darüber hinaus sagte, war ihm das Gerede, das immer darauf folgte, wenn er sich aufgerufen fühlte, die eine oder andere dieser Fähigkeiten einzusetzen, um einem Mitmenschen zu helfen, alles andere als erwünscht und angenehm, und deshalb läge ihm ganz besonders daran, dass es sich nicht unnötig vermehrte.

»Die großen Wissenden auf dieser Erde«, sagte er, als wir darüber sprachen, »würden nicht einmal in der harmlosen Weise, wie ich es gelegentlich tue, von ihren Kräften Gebrauch machen; doch was die Psychometrie angeht, so ist das beispielsweise nicht weniger ungewöhnlich, als etwa mit einiger Geläufigkeit Klavier zu spielen oder eine gute Ansprache zu halten. In Wirklichkeit sind diese Kräfte – und noch weit größere dazu – lediglich Stufen oder Trittsteine, auf denen der Schüler der geheimen Wissenschaft lernt, Vertrauen und Glauben zu erlangen. Ich meine damit die besondere Form des Glaubens, die dem Jünger den Mut gibt, seinen Weg weiter zu beschreiten, über viele Schwierigkeiten hinweg bis zur endgültigen Befreiung. Ein Adept der geheimen Wissenschaft wird aus diesem Grunde seine Schüler einige dieser sogenannten Wunderkräfte lehren; was aber deren Demonstration vor ahnungslosen Menschen angeht, so würde er nie auch nur daran denken, solches zu tun. Das wäre weder ethisch noch weise oder ungefährlich, denn die Menschen sind dafür noch nicht reif.«

Eines Tages, als wir – zusammen mit einigen anderen interessierten Schülern – Moreward wieder einmal baten, uns näheren Einblick zu geben in die Gesetze seiner okkulten Wissenschaft, kam die Frage auch auf die Fähigkeit, die Gedanken anderer Menschen zu lesen, und ob es zulässig sei, sie zu gebrauchen, wenn man sie beherrscht. Als Antwort auf diese Frage erzählte Moreward uns eine Begebenheit, die wir wegen ihrer extremen Niederträchtigkeit kaum geglaubt hätten, wenn wir sie aus dem Munde eines anderen vernommen hätten.

»Ich muss natürlich erfundene Namen verwenden«, begann er seine Erzählung, »da die eine oder andere beteiligte Person vermutlich noch am Leben ist; mit Sicherheit ist der Hauptdarsteller in der Geschichte – ein Schüler von mir – nicht nur noch am Leben, sondern er lebt sogar auch zurzeit hier in London.

Diese Begebenheit ereignete sich, als dieser Schüler auf der Entwicklungsstufe war, die wir als ›Erwachen‹ kennen, das heißt also, seine latenten medialen Fähigkeiten begannen sich zu zeigen, aber er hatte bis zu diesem Zeitpunkt noch nicht gelernt, sie in rechter Weise unter Kontrolle zu halten. Wir wollen ihn in unserer Geschichte Sinclair nennen. Er war ein Mann von sehr kräftigem Körperbau, ungefähr achtunddreißig Jahre alt. Die anderen Personen, die in unserem kleinen Drama mitspielen – es sind drei an der Zahl –, sind zwei Brüder, die wir Henry und Charles Thompson nennen wollen, und eine Frau, die Ethel Thompson heißen soll, weil sie Henrys Frau ist.

Henry war alles andere als glücklich verheiratet, und alle Welt, wie man so sagt, wusste das sehr wohl, denn weder er noch Ethel besaßen die Fähigkeit, sich in Anwesenheit anderer Leute weiter als bis zu einer äußerst kühlen Höflichkeit zueinander zu verstellen; ja, diese Höflichkeit war noch viel entlarvender für ihr Verhältnis, als ein gelegentlicher offener Streit es gewesen wäre. Hinzu kam, dass bekannt war, dass Henry Drogen nahm. Wie man behauptete, hätte die ständige Unzufriedenheit und Launenhaftigkeit seiner Frau ihn dazu getrieben; doch ich glaube, in Wirklichkeit war dies wohl eher auf sein eigenes neurotisches Temperament zurückzuführen als auf ihr Verhalten.

Henry war der ältere Bruder, und er verfügte nach dem letzten Willen seines Vaters über ein beträchtliches Vermögen, das einen herrlichen Landsitz einschloss, ein großes Haus in der Stadt und dazu noch eine große Menge Bargeld. All dies sollte nach dem Willen des Vaters im Falle von Henrys Tod auf den jüngeren Bruder übergehen. Warum seiner Frau unter diesen Umständen nicht an einer Scheidung gelegen war, ist natürlich nicht allzu schwer zu raten, denn selbst nach Aussage ihrer sogenannten Freunde hatte sie Henry seines Geldes wegen geheiratet, und es war kaum anzunehmen, dass sie sich von ihm trennen und damit dieses erreichte Ziel ihrer Heirat wieder verlieren wollte. Es gab aber noch einen anderen Grund, warum sie eine Scheidung vermied, denn dieser Mann mit all seinem Wohlstand war erbärmlich geizig, und sie wusste wohl, dass, von ihm getrennt zu leben, auch bedeutete, nicht nur von seinen Reichtümern getrennt, sondern auch auf seine Unterhaltszahlungen angewiesen zu sein, die alles andere als großzügig ausfallen würden. Henry seinerseits war in seiner Knauserigkeit gänzlich abgeneigt, in eine Scheidung einzuwilligen, und zog es vor, sich mit seiner Frau und ihren Wutanfällen abzufinden, statt zuzulassen, dass sie mit seinem Geld einen Haushalt führte, an dem er nicht teilhätte. So ist es mit dem Geld nun einmal: Eher kauft man sich Elend mit dem Geld, als dass man nichts davon hat.

Was Charles Thompson nun betrifft, so fühlte er jene Art von Geringschätzung für seinen Bruder, die ein Mann von athletischem Körperbau – verbunden mit starken physischen Wünschen und Begierden – für einen Schwächling übrig hat. Er betrachtete seinen neurotischen Bruder als den Schandfleck in der Familie, und – da er gleichzeitig neidisch auf die Erbschaft war – hasste und verachtete er ihn von ganzem Herzen, aber er hielt es aus begreiflichen Gründen für vorteilhafter, gut Freund mit ihm zu bleiben.

Diese Gründe brauchen wir nicht lange zu suchen, denn solange er freundschaftliche Beziehungen mit seinem Bruder aufrechterhielt, konnte Charles von Zeit zu Zeit Luxus und Vergnügungen (Schießen, Reiten, Jagen usw.) genießen, die man sich mit Wohlstand und Vermögen leisten kann.

Sinclairs Interesse an dieser Familie war rein altruistisch und ging auf eine alte Kameradschaft mit Henry zurück; sie waren zuerst Klassenkameraden in der Schule und später Kommilitonen in Oxford gewesen. Henry hatte Sinclair wirklich so gerne, wie es einem Mann mit solch schäbigem Charakter überhaupt möglich ist, jemanden zu mögen, und Sinclair, der hoffte, das eine oder andere Arme-Witwen-Scherflein von ihm zu erlangen, pflegte die Freundschaft, statt sie sterben zu lassen, was man ›eines natürlichen Todes‹ genannt hätte.

Der höchst schurkische Vorfall, den ich berichten möchte, trug sich auf dem Landsitz der Thompsons zu, während Sinclair und Charles Thompson dort zu Gast waren. Sie waren damals die einzigen Gäste, da die Begleiterscheinungen von Henrys Drogenkonsum immer offensichtlicher wurden; seine Frau war sehr zurückhaltend mit der Einladung von Gästen geworden, damit sie nicht Zeugen dieses unwürdigen Schauspiels würden. So waren Charles Thompson und Sinclair die meiste Zeit allein zusammen – sie machten Spaziergänge, ritten aus oder saßen lesend beim Kaminfeuer –, denn Ethel war selbst zu beschäftigt, um bei ihnen zu sein, und Henry wollte sich aus leiblichem oder geistigem Unbehagen der Gesellschaft anderer nicht aussetzen.

Schließlich sah sich Sinclair mit einem recht seltsamen Gefühl konfrontiert: Immer, wenn er mit Charles allein war und sie sich nicht gerade miteinander unterhielten, entstand vor seinen Augen das gleiche Bild – und noch dazu ein sehr schreckliches. Zuerst waren die Umrisse und Details zwar noch recht verschwommen, was ihn veranlasste, das Ganze als Hirngespinst abzutun, wie einen jener dummen Tagträume, die gerne Zugang in unser Bewusstsein suchen, wenn wir mehr negativen Gedanken nachhängen. Aber als es im Laufe der Zeit nicht nachließ, sondern sogar noch genauer und schärfer zu erkennen war, drängte sich ihm immer stärker der Gedanke an die Möglichkeit auf, dass dieses Bild eine ganz bestimmte, ja sogar schlimme Vorbedeutung haben musste. Er bemerkte auch etwas anderes, das hiermit in Verbindung stehen könnte: nämlich dass jedes Mal, wenn ihm dieses Gedankenbild intensiv bewusst wurde, Charles besonders geistesabwesend wirkte oder mit einem auffallend konzentrierten Gesichtsausdruck in die Luft starrte. Darüber hinaus kam ihm noch ein weiterer Faktor immer klarer ins Bewusstsein: ein Gefühl von intensivem Hass und Arglist, das er, ganz gleich, was er auch versuchte, nicht aus seinem Empfinden verbannen konnte.«

»Aber dieses Bild«, fragten wir, und unterbrachen damit die Geschichte, »was war das?«

»Es war das Bild, wie Charles Thompson an Ethels Bett stand, sie mit einem Kissen erstickte und ihr dann den Inhalt einer kleinen blauen Flasche in die Kehle goss.«

Wir waren bestürzt bei dieser Vorstellung.

»Doch das war erst ein Teil des Bildes«, fuhr er fort. »Den Rest werden Sie etwas später erfahren, denn würde ich ihn jetzt erzählen, wäre die ganze Spannung der Geschichte verdorben.

Nun, es vergingen drei Tage, in denen sich dieses grässliche Mordbild immer öfter und intensiver in Sinclairs Bewusstsein einschlich, bis es ihm schon fast wie eine Besessenheit erschien, die ihn schließlich zu der Überzeugung brachte, dass er es hier nicht nur mit einem bloßen Gedanken, sondern mit einem höchst diabolischen Plan zu tun hatte. Aber was sollte er unternehmen? Das war das Problem, das ihn am meisten beschäftigte, denn diesen Mann zu beschuldigen, dass er seine Schwägerin zu ermorden beabsichtigte, war kaum möglich, um nicht zu sagen alles andere als ratsam. Doch, was Sie sich wohl auch fragen werden: Welche Absicht könnte dieser Mann mit der Ermordung Ethels verfolgen? Denn wie schon gesagt, würde die Hauptmasse des Vermögens beim Tod seines Bruders ja nicht ihr, sondern ohnehin ihm selbst zufallen. Weiterhin hatte niemand auch nur den geringsten Anlass anzunehmen, dass zwischen Charles und Ethel irgendwelche Unstimmigkeiten bestanden hätten; vielmehr ging das Gerücht, dass Charles in letzter Zeit eher dazu neigte, ihr etwas mehr Aufmerksamkeit zu schenken, als es sich für einen Schwager geziemte.

Doch eine Möglichkeit hatte Sinclair, die er nutzen wollte. Er könnte Ethel warnen: Er habe eine schreckliche Vorahnung, die sie beträfe, und er bäte sie, ganz besonders auf der Hut zu sein oder – noch besser – unter irgendeinem Vorwand sofort nach London zurückzukehren. Aber unglücklicherweise hatte er es hier nicht nur mit einer sehr nüchternen Frau zu tun, die allen okkulten Wahrnehmungen die milde Verachtung entgegenbrachte, die nur aus der völligen Ahnungslosigkeit auf diesem Gebiete erwachsen kann, sondern auch mit einer Frau von ausgeprägtem Eigensinn. In dem Augenblick, in dem er eine Andeutung in jene Richtung machte, wurde sie zum Opfer gutmütigen Spöttelns, und ihm selbst wurde vorgeworfen, altjüngferlichen Aberglauben und längst veraltete Fantasien zu hegen. So sah er kaum eine Chance, dass sie den Rat, den er ihr anbieten wollte, annähme, so dass er sein Vorhaben wieder aufgab und die Sache ruhen ließ.

Eines jedoch erreichte er, als er Ethel gegenüber das Thema anschnitt, nämlich eine tiefere Bestätigung jener ruchlosen Absichten Charles Thompsons; denn Ethel brachte, wie um Sinclair zu necken, die Sache beim gemeinsamen Abendessen zur Sprache, wobei er genau wahrnehmen konnte, welche Wirkung sie damit erzielte. Diese war gerade so, wie er erwartet hatte. Natürlich fiel den nichtsahnenden Blicken von Ethel und Henry nichts auf, aus dem einfachen Grunde, da sie auch auf nichts achteten; aber dem wachsamen Auge Sinclairs entging nicht, wie ungemütlich Charles sich fühlte.

Ich habe Ihnen schon erzählt, dass Ethel und Henry nicht auf gutem Fuß miteinander standen, und so werden Sie nicht allzu überrascht sein zu erfahren, dass sie getrennte Zimmer bewohnten, noch dazu Räume, die nicht nur nicht aneinander grenzten, sondern fast so weit voneinander entfernt waren, wie es innerhalb des Hauses überhaupt möglich war. Es hatte sich ergeben, dass Sinclairs Zimmer neben dem von Mrs. Thompson war und Charles' Raum auf halbem Wege zwischen ihrem und dem Zimmer ihres Mannes lag; alle Zimmer befanden sich auf dem gleichen Stockwerk und lagen an einem langen Korridor. Dass Sinclair, dessen Überzeugung, dass ein Mord drohte, immer mehr wuchs, Mrs. Thompson dazu bringen könnte, nachts ihre Zimmertür zu verschließen, kam natürlich nicht in Frage, wenn man in Betracht zog, wie sie schon auf seine nur vorsichtig angedeuteten Vorahnungen reagiert hatte; er wusste, dass es keinen Zweck hatte, wegen dieser kleinen Sicherheitsmaßnahme zu verhandeln. Statt dessen tat er etwas, das Ihnen an diesem Punkt der Geschichte wohl sehr eigenartig und unverständlich vorkommen wird: Er begann sich den Kopf darüber zu zerbrechen, wie er Henry Thompson veranlassen könnte, das Haus zu verlassen, und zwar gleich für mehrere Tage hintereinander.«

»Aber Henry Thompsons Leben war doch gar nicht in Gefahr!«, warfen einige aus unserem Kreise ein.

»Das ist ja das Eigenartige an der Geschichte«, war seine freundliche wie erstaunliche Antwort, »doch warten Sie ab. – Die erste Idee, die sich anbot, war, von einem Freund in London ein Schwindel-Telegramm schicken zu lassen, das Henrys sofortige Abreise aus dem einen oder anderen Vorwand erforderlich erscheinen ließ, und zwar aus einem, der ihn für längere Zeit in London festhielte – aber begreiflicherweise war ein solcher Vorwand nur sehr schwer zu finden, so dass Sinclair diese Idee bald aus seinen Überlegungen ausschließen musste. Was das unfruchtbare Unterfangen anging, Henry zu beschwören, das Haus zu verlassen, weil er eine Gefahr für ihn vorausahnte, so wäre dies bei Henry ebenso nutzlos wie im Falle seiner Frau gewesen; das wusste Sinclair. Am Ende blieb tatsächlich nur eins, was er wirklich tun konnte, und das war, einfach zu warten und aufzupassen, und das hieß natürlich auch, völlig schlaflose Nächte an der angelehnten Tür zu verbringen und auf Charles' heimlich schleichende Schritte in Richtung Ethels Zimmer zu lauschen.

Doch obgleich er das tat, sah er immer noch eine Gefahr für Ethels Leben: Sollte es ihm gelingen, Charles am Betreten ihres Zimmers zu hindern – was natürlich nicht schwierig sein würde –, hätte er doch keinen glaubhaften Beweis für den Vorwurf mörderischer Absichten. Ließe er Charles in Ethels Zimmer eindringen, um ihn erst zu ergreifen, wenn er schon seine Schwägerin würgte, so könnte Charles die Tür hinter sich abschließen oder, wenn er bei seinem Vorhaben gestört würde, sich hinter dem geringeren Übel angeblichen Ehebruchs verstecken.

Nun, drei Nächte lang verbrachte Sinclair lange Stunden in ihm endlos erscheinender Nachtwache, und nichts geschah. Er hatte seinen Sessel an die Tür gestellt, die er so weit anlehnte, dass jedermann vom Korridor aus annehmen musste, sie wäre geschlossen. Dann setzte er sich so, dass er – mit dem Ohr am Türspalt – das geringste Geräusch hören konnte, das von draußen kam.

Es war in der vierten Nacht, als er, aus Schlafmangel gänzlich erschöpft, in eine Art von Dösen gefallen sein musste (wie er es ausdrückt), als er etwas wie eine Stimme wahrnahm, die in seinem Kopf sprach und doch in eigenartiger Weise wie von außerhalb kam. Mit gebieterischem Ton sagte sie: ›Wache auf und handle!‹ Als er die Augen aufschlug, entsetzt bei dem Gedanken, sein Versehen könnte Ethel das Leben gekostet haben, blickte er auf und sah eine Gestalt vor sich stehen, die Gestalt eines ihm bekannten Freundes. ›Du musst alle drei retten!‹, schien sie ihm zu befehlen. ›Schleiche in ihr Zimmer und lege dich, von der Tür aus unsichtbar, hinter das Bett, dann warte ab! Schließe deine und ihre Zimmertür! Handle rasch, aber leise!‹

Es war die Angelegenheit einer Minute, diesem Geheiß Folge zu leisten. Als er Ethels Zimmer betrat, konnte er an ihrem Atem hören, dass sie arglos in tiefstem Schlaf lag. Glücklicherweise war Vollmond, und er konnte alle Gegenstände im Zimmer gut erkennen, ohne Gefahr zu laufen, gegen einen Stuhl oder Tisch zu stoßen und sie dadurch aufzuwecken. So schlich er heimlich hinter das Bett, wie ihm geheißen war, legte sich dort auf den Boden nieder und wartete.

Es mögen fünf oder zehn Minuten vergangen sein, die er dort lag und auf das lauschte, was billige Romane das Pochen seines Herzens gegen die eigene Brust genannt hätten, dann hörte er schließlich, wie die Tür sehr leise geöffnet und wieder geschlossen wurde, wie sich Schritte von der anderen Seite dem Bett näherten, und dann den dumpfen Aufschlag eines Daunenkissens auf ihr Gesicht.

In wenigen Sekunden war er aufgesprungen, um das Bett herumgeeilt und stürzte sich von hinten auf Charles, schlug ihm das kleine blaue Fläschchen aus der Hand auf den Fußboden, als Ethel sich schon das Kissen vom Gesicht riss, sich plötzlich im Bett aufsetzte, völlig verwirrt unter der Wirkung des Schocks. An das, was unmittelbar darauf genau geschah, kann sich Sinclair nur mit Schwierigkeiten erinnern, denn er war körperlich wie auch verbal in einen Kampf verwickelt. Zuerst wollte er Charles daran hindern, aus dem Zimmer zu stürzen, bevor Ethel erkennen konnte, wer er war. Woran er sich jedoch erinnerte, war ein wirres Durcheinander von drei Stimmen, die alle zur gleichen Zeit dieselbe Frage stellten, und Ethel sprang aus dem Bett und schaltete das Licht an. Dann ließ Sinclair von Charles ab, stellte sich mit dem Rücken zur Tür und beschwor beide, ihre Stimmen zu dämpfen, um nicht die Dienstboten zu wecken und einen Skandal zu verursachen.

Nun, Sie können sich vorstellen, was folgte. Charles, der sich in die Enge getrieben sah, versuchte zu bluffen, doch es gelang ihm nur schlecht. Als Ethel empört wissen wollte, was das alles bedeutete – das Kissen, mit dem jemand versucht hatte, sie zu ersticken, und das Fläschchen Opiumtinktur am Boden –, wandte er sich sofort gegen Sinclair und beschuldigte ihn des Mordversuches; er selbst hätte ein Geräusch gehört, dachte, es wären Diebe im Haus, und sei hinaus auf den Flur gegangen, um gerade noch zu sehen, wie Sinclair sich in Ethels Zimmer schlich, und sei ihm gefolgt; diese Lüge wollte er ihr aufdrängen. Aber Sinclair war der Situation gewachsen. Er griff eilends nach dem Kissen, das auf den Boden gefallen war, und hielt es hoch. ›So funktioniert das nicht!‹, rief er. ›Dieses Kissen ist aus dem roten Zimmer – dem Zimmer von Charles –, und das steht auch auf dem Bezug; das Fläschchen ist aus Henrys Zimmer, das Ihrem am nächsten liegt, und Sie haben es von seinem Nachttisch gestohlen; leugnen Sie, wenn Sie es können. Wir könnten leicht Henry rufen, der uns dies bestätigt.‹

Dann versuchte Charles wieder zu bluffen. ›Herrgott, Mann!‹, rief er, ›warum in aller Welt sollte ich meine Schwägerin umbringen? Glauben Sie denn, auch nur ein Richter würde auf Ihren verdammten Unsinn hören?‹

›Sie haben *mich* noch vor wenigen Augenblicken des Mordversuches an Ihrer Schwägerin beschuldigt, doch *ich* hätte wirklich nicht den geringsten Grund dafür: Das Familienvermögen ginge nach ihrem Tode gewisslich nicht auf mich über‹, antwortete Sinclair ruhig.

›Meinen Sie etwa, ich bekäme es, Sie Narr?‹, stieß Charles wütend hervor. ›Wenn ich schon jemanden wegen seines Geldes ermorden wollte, dann wäre dies mein Bruder!‹

›Es *war* Ihr Bruder‹, antwortete Sinclair sehr langsam. ›Sie wollten Ihre Schwägerin töten, damit Ihr Bruder dafür gehängt würde.‹

Da brach Charles zusammen.«

Moreward machte eine kleine Pause, wie um sich auf den Rest der Geschichte zu besinnen, falls es einen solchen gab.

»Aber, ich verstehe nicht recht«, fragte einer von uns, »warum Kissen *und* Opiumtinktur –?«

»Sie werden es verstehen, wenn ich erzähle, was danach geschehen ist«, erwiderte Moreward lächelnd. »Ethel war keine emotionale Frau (solche heiraten Männer nicht wegen ihres Geldes), im Gegenteil, sie war eine kalte und harte Vertreterin ihres Geschlechts, und so wurde sie weder hysterisch noch hatte sie Zeichen besonderer Angst gezeigt. Sie war lediglich wütend, voller Wut aus sogenannter berechtigter Empörung. Sie wollte Gerechtigkeit, aber sie wollte nicht Rache nehmen, denn die Vorstellung, es könnte bekannt werden, dass sie irgendwelche Beziehungen mit einem Mörder hatte, war ihr sehr zuwider. Es war ihr völlig klar, dass sich Charles einer jedenfalls besonders heimtückischen Tat schuldig gemacht hatte, denn der Gegensatz der beiden Männer in ihrem Schlafzimmer war zu augenfällig, um dies zu übersehen; aber sie war erst überzeugt von der ruchlosen Gemeinheit ihres Schwagers, nachdem Sinclair ihr die ganze Vorgeschichte unheimlicher Umstände erzählt hatte, die ihn dazu brachte, so zu handeln, wie er es getan hatte, um ihr Leben zu retten.

Die Szene, wie sie Sinclair vollständig gesehen hatte (denn Sie werden sich erinnern, dass ich Ihnen nur einen Teil davon geschildert habe), zeigte Folgendes: Charles schleicht sich in das Zimmer Henrys, der gerade in tiefem Schlaf liegt, wie er nur von Drogen herrühren kann, nimmt das Laudanum-Fläschchen weg, geht dann hinüber, erstickt Ethel mit einem Kissen und schüttet ihr schließlich das Gift in die Kehle. Das war der erste Teil jenes Bildes; der zweite spielte vor dem Gericht: Henry sitzt auf der Anklagebank, wird des Mordes an seiner Frau angeklagt und schließlich erhängt. Ob die Geschichte wirklich so ausgegangen und ein Unschuldiger statt des wirklichen Verbrechers hingerichtet worden wäre, ist schwer zu sagen – jedenfalls war es allgemein bekannt, dass Henry und Ethel in offenem Streit miteinander lebten, Charles hatte sich in letzter Zeit auffällig um Ethel bemüht, um weiteren Anlass für Henry zu schaffen, sie zu töten – nämlich aus Eifersucht –, und so wäre es mehr als wahrscheinlich, dass eine der schrecklichen Tragödien der modernen Zeit die Folge gewesen wäre, wenn Sinclair nicht eingegriffen hätte.

Was jedoch geschah, war zum Glück ganz anders: Sinclair überzeugte sowohl Ethel als auch Henry von Charles' Schuld. Dieser wurde schließlich überredet, das Land zu verlassen, gegen das Versprechen, dass nichts gegen ihn unternommen würde; und das ist das Ende meiner Geschichte vom versuchten Mord an zwei unschuldigen Menschen aus Besitzgier, dieser Mutter so vieler Tragödien.«

»Und doch ist die Geschichte noch nicht ganz zu Ende«, meinte einer von uns, »denn Sie haben uns nicht gesagt, wer die Gestalt im Zimmer war, die Sinclair nachts erschien«.

»Die Gestalt im Zimmer«, sagte Moreward nachdenklich, »das, denke ich, ist von geringer Bedeutung«.

»Aber, du meine Güte, das ist doch die halbe Geschichte!«

»Kann ich mich auf Ihre Diskretion verlassen?«, fragte er ernst.

Wir versicherten es ihm.

»Nun denn – ich war die Gestalt im Zimmer.«

7 · Eine Abfuhr für Daisy Templemore

Daisy Templemore kenne ich seit ihrem zehnten Lebensjahr, und schon damals hatte ich (und auch andere) vorausgesagt, dass sie zu einer sehr munteren Flirterin heranwachsen würde – und das tat sie auch. Etwa seit ihrem siebzehnten Jahr bis zum Zeitpunkt dieser Geschichte, zehn Jahre später, erfreute sie sich einer Reihe sogenannter »heftiger Amouren«, denen ihre Verlobung mit einem anglo-indischen Offizier (mit sechsundzwanzig) keinesfalls ein Ende bereitete.

Er kam aus Indien, gewann ihre Hand (wie man es früher in den Romanen lesen konnte) und einen winzigen Zipfel ihres Herzens, kehrte dann dorthin, von wo er gekommen war, und ließ sie unbeschwert von seiner Gegenwart zurück – zur Fortsetzung ihres pikanten Lebenswandels.

Obgleich ich gut zwölf Jahre älter bin als Daisy, bestand trotz ihrer sonstigen Frivolität zwischen uns eine gute Freundschaft; wir waren das, was man gewöhnlich Kumpel nennt. Ich möchte hinzufügen, dass ich einer der sehr wenigen Männer war, die sie mit einem echten Kompliment beglückte, indem sie mir ihr Vertrauen schenkte und die große Ehre erwies, *nicht* mit mir zu flirten.

Da sie in einem bestimmten Kreis der Londoner Gesellschaft sehr gefragt war (denn keiner hätte bestreiten können, dass sie hübsch und witzig war), war es nicht gänzlich auszuschließen, dass Daisy auch mit meinem großherzigen Freund Bekanntschaft schließen würde, sobald sich die Gelegenheit dazu bot. So war ich nicht überrascht, als ich erfuhr, dass sie ihre Fäden schon gesponnen hatte, um auch diese sehr begehrte, aber ebenso schwer zu fassende Persönlichkeit in ihren Bannkreis zu ziehen.

Ich muss hier einige Worte über seine Einstellung zu Frauen einfügen. Könnte man sich vorstellen, dass eine wunderschöne Landschaft mit menschlichen Fähigkeiten begabt wäre, sprechen, sich freuen und leiden könnte und einfach Schönheit ausstrahlte; könnte man sich weiterhin vorstellen, wie ein Betrachter sie bewundert, mit ihr fühlt, aber nie ein Verlangen verspürt, sie zu besitzen – mit anderen Worten: nie etwas von der Landschaft möchte, als dass sie einfach sie selbst ist –, bekäme man eine Ahnung von der Einstellung dieses Mannes zum anderen Geschlecht, ja, ich möchte sagen: zu jedem und allem. Was er für die Menschheit empfand, war eine solch große Güte, die man eigentlich nur Liebe nennen kann. Von den Menschen, mit denen er in Berührung kam, wollte er nichts weiter, als dass sie sie selbst seien, außer in den Fällen, in denen die Beziehung gleichsam die von Lehrer und Schüler war, denn hier verlangte er (mit phänomenaler Geduld und Toleranz) bestimmte Eigenschaften – nicht sich selbst zur Freude, sondern zu deren Heil.

Und hier versuchte Daisy Templemore also – sehr zu meiner Entrüstung –, ihn auf schäbige Weise auszunutzen. Da ihre eindeutigen Signale, wie sie bald herausfand, mit der gleichen liebevollen Güte erwidert wurden, die er allen anderen Geschlechtsgenossinnen zeigte, und sie mit einer so unterschiedslosen Haltung nicht zufrieden war, griff sie zu der fragwürdigen Methode, sich als seine Schülerin zu melden, und bat ihn, sie okkulte Weisheit zu lehren. Ihr völliges Versagen hierin bereitete mir wiederum größte Befriedigung, wie ich zugeben muss.

Moreward war nicht einer jener stolzen Engländer, die sich scheuen, ihre Gefühle und Zuneigungen zu zeigen. Wenn er irgendeiner Menschenseele damit helfen konnte, indem er der Liebe sichtbaren Ausdruck gab, so zögerte er nicht, Mann, Frau oder Kind in den Arm zu nehmen. Dieses Verhalten zog es nach sich, dass die mehr pharisäerhaften Mitglieder der Gesellschaft das falsch auslegten, aber ihr verleumderisches Geschwätz beeindruckte seinen ruhigen Geist nicht mehr als das Geblöke einiger Schafe. »Das schöne, friedvolle Gefühl menschlicher Zuneigung«, sagte er zu mir eines Tages, »verliert einiges von Wert, wenn wir es nicht anderen mitteilen. Die Berührung einer mitfühlenden Hand, das Umfassen durch liebevolle Arme kann dem Leidenden oft mehr Trost spenden als tausend Worte, und der

Verzicht auf solche äußeren Gesten entspringt nur zu häufig der Eitelkeit anzunehmen, dass einem etwas von seinem Wert verlorenginge, wenn man seine Liebe zeigte.«

Ob Daisy ihn wirklich hereinlegte, war die Frage, über die ich mir einige Zeit Gedanken machte, und ich ging sogar so weit, ihn vor ihrer berechnenden Art zu warnen. Doch er lachte nur und meinte, seine Augen wären durch weibliche Attraktivität so leicht nicht zu blenden; und damit war die Sache für eine Weile beendet.

Dann lief ich eines Tages einer gewissen Miss Dickenson über den Weg, die sich als die einzige Freundin bezeichnete, die Daisy besaß, und sie erzählte mir einige Dinge, die mir neuen Anlass zu Spekulationen gaben.

»Ihr asketischer Freund scheint wohl doch nicht so unverwundbar zu sein, wie es einige Leute annahmen«, begann sie das Gespräch.

»Nein, wirklich! Was ist denn passiert?«, fragte ich zurück.

»Haben Sie denn nichts über Daisy und ihn gehört?«

»Nichts Besonderes«, gab ich zu.

»Dann sind Sie nicht auf dem Laufenden!«

»Mag sein«, meinte ich, nur spärliches Interesse vortäuschend.

»Haben Sie nicht gehört, dass er in sie verliebt ist, und dass sie jedenfalls vorgibt, wegen ihres Verlobten sehr beunruhigt zu sein?«

Ich fühlte einen Zorn in mir hochkommen. »Wer hat das behauptet?«, verlangte ich ziemlich empört zu wissen.

»Du liebe Güte, das weiß doch jeder«, antwortete sie.

»Das *schwätzt* vielleicht jeder!«, korrigierte ich.

»Nun, dann bräuchten Sie sich ja nicht darüber zu ärgern«, konterte sie.

»Daisy spielt dieses dumme Spiel schon lange, und ich amüsiere mich schon ebenso lange nicht mehr darüber«, erwiderte ich, nicht minder ärgerlich. »Flirten ist ja schön und gut, aber wenn sie behauptet, dass erstens ein Mann in sie verliebt ist und sie dann noch darüber beunruhigt sei – nun, das ist noch schlimmer als lächerlich. Ich nehme an, sie hat Ihnen das selbst erzählt?«, fragte ich etwas ruhiger.

Miss Dickenson zögerte mit der Antwort.

»Das hat sie offensichtlich«, fuhr ich fort. »Nun, ich wette, um was Sie wollen, dass Moreward nicht in sie verliebt ist.«

»Seien Sie sich nicht zu sicher«, warnte sie.

Dann wechselte ich das Thema.

Als ich Moreward aber das nächste Mal sah, erzählte ich ihm von dieser Unterhaltung und wie sehr ich mich darüber geärgert hatte.

Wieder lachte er nur mit einer Art stiller Erheiterung – als ob er blind wäre für jeden anderen als den humorvollen Aspekt dieser Angelegenheit.

»Ihre Entrüstung«, sagte er schließlich, »war wohlgemeint, aber überflüssig. Warum unterziehen Sie sich der Mühe, sich meinetwegen zu ärgern, wenn die Sache für mich selbst nichts Ärgerliches hat?«

»Aber ich dachte, sie hätte es«, antwortete ich. »Solche Undankbarkeit auf Daisys Seite verdient es, gerügt zu werden.«

»Das Gesetz von Ursache und Wirkung bestraft die Menschen selbst«, erklärte er ruhig; »deshalb braucht sich niemand darum zu kümmern, einen anderen zu bestrafen, indem er auf ihn wütend wird oder andere negative Gefühle gegen ihn hegt.«

»Aber ich denke wirklich nicht, dass man Leuten erlauben kann, seine Freunde auszunutzen«, beharrte ich.

»Es ist ratsam, manchmal einzuschreiten, aber warum sich darüber ärgern? Wenn eine Katze im Zimmer miaut, dann nimm die Katze hinaus, aber verfluche sie nicht. Es liegt in der Natur der Katze, zu miauen; in der Natur mancher Menschenwesen liegt es, undankbar zu sein.«

»Ich wünschte, ich besäße so viel Weisheit wie Sie«, sagte ich voll Bewunderung.

Er lächelte anerkennend, ignorierte aber das Kompliment als solches.

»Nichts ist an sich ärgerlich«, fuhr er sinnend fort. »Ein erwachsener Mensch regt sich nicht über Dinge auf, die ein Kind erregen, denn ein Mann ist der bedingungslosen Glückseligkeit näher als der kleine Knabe. Wenn ein Mensch sich nur mit dem Glück identifiziert, das im Inneren ist, kann ihn nichts auf der Welt ärgern oder bekümmern.«

»Das ist schwierig zu erreichen«, antwortete ich voll Zweifel.

»Zeit und Liebe«, antwortete er, »erreichen alles. – Miss Daisy übrigens braucht mehr Ihr Mitgefühl als Ihren Zorn.«

»Wieso das?«, fragte ich etwas erstaunt.

»Sie wird unter ihrem eigenen Zorn leiden und dem Schmerz ihrer verletzten Eitelkeit. Ihr Handeln wird ihr selbst die Strafe bringen«, antwortete er.

Und so geschah es auch, wie ich bald erfahren sollte.

Ich hatte Daisy Templemore einige Zeit nicht mehr gesehen und fand mich eines Tages in ihrem Hause ein. Ich wurde in ihr Boudoir geführt, wo ich sie zu meiner Zufriedenheit ohne einen anderen Besucher vorfand. Sie war sehr schlechter Laune und gab sich keinerlei Mühe, das zu verbergen. Ich fragte sie, was denn los wäre, aber sie bestritt mit weiblicher Halsstarrigkeit, dass überhaupt etwas los wäre, und so wechselte ich das Thema und hatte mit dieser einfachen Taktik die gewünschte Wirkung erzielt. Nachdem ihr nach einer Reihe von einsilbigen Erwiderungen auf jedes Thema, das ich anzuschneiden wagte, nichts mehr einfiel, platzte sie schließlich mit dem Geheimnis ihrer Verstimmung heraus.

»Einen netten Freund haben Sie da«, rief sie. »In meinem ganzen Leben bin ich noch nicht so schändlich behandelt worden!«

Ich setzte sie ruhig davon in Kenntnis, dass ich viele Freunde besäße und es doch klug wäre, genauere Angaben zur Identifizierung des Gemeinten zu machen.

»Oh, ich meine Ihren Weisen, Ihren Mystiker oder Philosophen, oder wie auch immer Sie ihn nennen mögen«, antwortete sie grob.

»Da, sehen Sie einmal!«, rief sie, suchte in ihrer Handtasche und förderte einen Brief zutage.

Ich nahm das angebotene Stück Papier an und erkannte die Handschrift. Der Brief lautete folgendermaßen:

»Meine liebe Freundin,
ich fürchte, wir missverstehen uns in unserer Beziehung, solange wir nicht beide etwas deutlicher in Bezug auf unsere jeweiligen Absichten sind. Ich habe Ihnen im Laufe der letzten Wochen mehrere Male Hinweise gegeben, von denen ich ernstlich hoffte, dass Sie sie ohne weitere Umstände annehmen würden, um sich die Demütigung und

Verärgerung zu ersparen, die nur zu wahrscheinlich die Folge dieser Darlegung unbestreitbarer Tatsachen sein werden. Meine Hoffnungen haben sich indes nicht erfüllt, und so sehe ich mich gezwungen, diesen Brief zu schreiben (wobei ich Sie zugleich bitte, mir zu vergeben), um Ihnen mitzuteilen, dass jegliche weitere Anleitung in esoterischer Weisheit und höheren Wahrheiten beendet werden muss, denn Sie selbst haben mit ihren eigenen Händen das allererste Tor auf dem Weg zum Wissen geschlossen. Um ganz offen zu sein: Ihre Intention war es schon von Anfang an nicht gewesen, dieses Tor zu öffnen, sondern vielmehr das Bestreben, in eine engere und vertrautere Beziehung mit mir zu kommen, wobei Sie das Trachten nach göttlicher Weisheit als Vorwand zu diesem Zweck missbrauchten. Das mag – wenngleich unehrlich – wohl zu einem gewissen Grade entschuldbar sein (ich meine das relativ, denn alle menschlichen Schwächen sind dem wirklich Toleranten entschuldbar), wären Ihre Motive von Liebe bestimmt gewesen und nicht von absoluter, unleugbarer Eitelkeit. Da Letzteres jedoch zutrifft, darf ich keineswegs eine Eigenschaft in Ihnen fördern, die Sie unausweichlich früher oder später zu Fall bringen wird. Ich sehe mich genötigt, Sie von dieser Tatsache so in Kenntnis zu setzen, dass jede Unklarheit ausgeschlossen ist. Dreimal haben Sie mir Briefe voller Tadel über die Seltenheit meiner Besuche geschrieben, auch meiner Einladungen, wobei Sie einerseits darauf hinwiesen, dass ich ein begeisterungsloser Lehrer wäre, wenn es um sie ginge, andererseits aber ein begeisterter im Falle von Mrs. H. Diese sei, wie Sie großzügigerweise durchblicken lassen, eine unwürdige Schülerin aus Gründen, die Sie und andere ›ihre Vergangenheit‹ nennen. Meine liebe Freundin, lassen Sie mich darauf hinweisen, dass es ›solche Vergangenheiten‹ und ›andere Vergangenheiten‹ gibt, und dass jenen viel vergeben werden soll, die viel geliebt haben; und – das möchte ich hinzufügen – ein liebendes Herz ist die beste aller notwendigen Eigenschaften auf dem Weg zum Wissen. Ihre eigenen ungezählten Affären (es sei mir vergeben, darauf anzuspielen), sind keine ›Liebesaffären‹; sie sind einzig und allein Eitelkeitsaffären, und darin liegt ein bedauerlicher Unterschied. Sie haben Ihre Freude daran gehabt, Leid zu verursachen, indem Sie leidenschaftliche Gefühle bei Männern erweckt haben, ohne die geringste Absicht, sie zu befriedigen, und Sie versuchten, das Gleiche bei mir zu erreichen, aber ohne Erfolg: Leidenschaften nämlich berühren die nicht, die Interesse an fesselnderen Dingen finden. Genau die ›Vergangenheit‹ also, die Sie so gedankenlos einem anderen Menschen ins Gesicht schleudern, ist es, was Sie selbst noch nicht erreicht haben, weil Sie nicht stark und selbstlos genug sind. Ihre Eitelkeit zerrt Sie sozusagen gleichzeitig in zwei Richtungen, denn Sie sehnen sich danach, dass eine unaufhörliche Flut von Liebe in Ihre Ohren gegossen werde, um einen Aspekt ihrer Eitelkeit zu befriedigen, und geben aber selbst nichts dafür hin, damit Ihr Ruf unbefleckt bleibe, so dass Sie als die unerreichbare Königin posieren können, womit Sie einen anderen Aspekt befriedigen.

Da dies alles so ist, kann ich denn als bescheidenes Mitglied einer Bruderschaft, der allein das spirituelle Fortschreiten der Menschheit am Herzen liegt und sonst nichts, meine Zeit aufwenden, Sie die Weisheit zu lehren, die zu lernen Sie überhaupt kein Verlangen haben? Hätten Sie den ehrlichen Wunsch, so stände Ihre Eitelkeit nicht meinem angestrebten Unterricht im Wege, denn früher oder später fiele sie von selbst von Ihnen ab. Da Sie jedoch dieses Verlangen nicht haben, verbleibe ich mit Bedauern, in Zukunft nicht mehr Ihr Lehrer zu sein, sondern lediglich, aber wirklich

Ihr Freund J. M. H.«

»Ein bemerkenswerter Brief«, meinte ich trocken, als ich ihn fertig gelesen hatte, »so bemerkenswert, dass ich ihn gerne behalten würde. Aber ich bin überrascht, dass Sie ihn mir zeigen, denn er ist für Sie – und nicht für ihn – alles andere als rühmlich.«

Daisy Templemore war ob dieser Bemerkung so empört, dass sie vergaß, den Brief von mir wieder zurückzuverlangen, der infolgedessen bis heute in meinem Schreibtisch liegt.

Seit damals ist unsere Freundschaft abgekühlt – als Folge der vielleicht ersten und einzigen Abfuhr, die sie erhalten hat.

Als ich Moreward das nächste Mal wiedersah, erwähnte ich natürlich den Umstand, dass ich seinen Brief zu sehen bekommen hatte, und sagte auch etwas bezüglich der wohlverdienten Rügen, die er enthielt. Aber seine Einstellung dem Brief und Daisy selbst gegenüber zeigte mir, dass der Tadel wohl in seiner Feder war, um es so auszudrücken, jedoch nicht in seinem Herzen, denn nachdem er außerordentlich freundlich von ihr gesprochen hatte, erzählte er mir eine kleine indische Geschichte.

»Es war einmal eine große Schlange«, begann er, »die lebte in einem Baum an der Straße und hatte ihre Freude daran, jeden Vorbeigehenden anzugreifen und zu töten. Eines Tages kam ein großer Weiser des Weges und fragte die Schlange, warum sie an solch bösem Tun Vergnügen hätte, und wies sie darauf hin, dass ihr selbst daraus früher oder später nur Leid erwachsen könnte. So versprach die Schlange, künftig darauf zu verzichten, Menschen anzufallen, und der Weise ging seines Weges. Doch nach einigen Wochen kam der Weise wieder zurück, fand die Schlange in großer Not und fragte sie, was denn geschehen sei. Da sprach die Schlange: ›Oh, weiser Mann. Ich nahm deinen Rat ernst, und das ist die Folge: Als ich aufhörte, die Vorübergehenden anzufallen, griffen sie mich statt dessen an, und das ist aus mir geworden.‹ – ›Ah‹, meinte der Weise, voll Mitgefühl lächelnd, ›ich habe dir nur gesagt, du sollst sie nicht belästigen; ich habe dich nicht geheißen, sie nicht anzugreifen und zu erschrecken, wenn sie dir Schaden zufügen wollen.‹«

»Und so sollte der Brief sie nur erschrecken?«, fragte ich lachend. »Aber Sie müssen doch von Anfang an gewusst haben, worauf sie aus war?«

»Sowohl logisches Folgern als auch innere Voraussage sind nicht unfehlbar«, sagte er ruhig. »Sie können mit einem sehr streitsüchtigen Hund spazierengehen und, wenn Sie einen anderen Hund in einiger Entfernung sehen, mit bestimmter Sicherheit voraussagen, dass es zu einem Kampf kommen wird – doch dann passiert gar nichts. Zehn Dinge können dazwischenkommen, um es zu verhindern.«

Ich lachte über den Vergleich.

»Und so«, fuhr er fort, »dürfen wir nie einen anderen an der Tür abweisen; wir geben unserer Voraussage eine Chance, sich als falsch zu erweisen. Dessen ungeachtet wage ich die Prophezeiung, dass Miss Daisy in nicht allzulanger Zeit auch ihre ›Vergangenheit‹ haben wird. Sie wird ihren Offizier heiraten und innerhalb von drei Jahren wieder von ihm geschieden sein.«

Und so geschah es.

8 · Ein liebevoller, pflichtbewusster Vater

Archidiakon Wilton war der typische Archidiakon, wie man ihm in einem Groschenroman begegnen würde: Er pflegte des Abends wohl zu speisen, trank genießerisch ein oder zwei Gläser besten Rotweins, war folglich von stattlicher Figur und unterhielt eine Reihe »geistlicher Kontakte«, vorzüglich mit den repräsentablen Mitgliedern seiner Gemeinde. Und, nicht zu vergessen, er sprach besonders würdevoll – oder, um es weniger geschmeichelt, dafür jedoch mit Objektivität zu sagen: Er trug reichlich dick auf.

Der Archidiakon hielt nichts vom Zölibat, denn er hatte jung geheiratet; schon mit einundzwanzig Jahren nahm er sich eine Frau. Als ich ihn kennenlernte, war er schon ein leicht zu tröstender Witwer mit einer einzigen Tochter, die die Gemeindeglieder als »seinen Augapfel« bezeichneten, doch – wie Moreward trocken, aber mit seiner immer gleichen Toleranz bemerkte – dieser Apfel war eher der Apfel Evas, die Versuchung nämlich, die den Egoismus des Archidiakons in einem Ausmaße hervorlockte, das mit christlicher Frömmigkeit nicht zu vereinbaren war.

Seine Liebe zu ihr bestand in einem immerwährenden Bemühen, sie in die vier Wände seiner eigenen, sehr engen Vorstellungen einzusperren, sei es in Religion und Politik, Literatur, Kunst oder was auch immer. Gleichzeitig wurde alles weniger Abstrakte, zum Beispiel in der Gestalt einer engen Freundin (ganz zu schweigen von einem Angehörigen des anderen Geschlechts), raffiniert, aber konsequent ferngehalten. Kurz gesagt – um auch wieder eine Bemerkung Morewards zu zitieren –, »er liebte nicht seine Tochter, sondern er liebte sich selbst *durch* sie«.

Er verlangte von seiner Tochter ständige Beweise ihrer Zuneigung und Liebe in einem solchen Umfang, dass diese naturgemäß nur noch lau und unaufrichtig von ihr gegeben wurden, was seinen Vorstellungen wiederum nicht entsprach und ihn veranlasste, um so mehr darauf zu bestehen. Miss Wilton empfand ihren Vater, um es offen auszusprechen, als unausstehliche Plage, denn jedes harmlose Vergnügen, das ihr das Leben gönnte, kostete sie den Preis scharfsinniger Heimlichkeit oder andernfalls des väterlichen Missvergnügens – mit anderen Worten: einen schrecklichen Krach zu Hause.

Wenn nicht das Glück freundlich gestimmt war und in Gestalt eines kranken Gemeindegliedes einsprang, verlangte der Archidiakon am Ende eines jeden Tages hinter der Maske liebevollen Interesses von seiner Tochter eine genaue Aufzählung, was sie im Laufe des Tages getan hatte; dieser Bericht war – was sich leicht vorstellen lässt – je nach Notwendigkeit und Erfordernis gefärbt durch eine beliebige Zahl von Verdrehungen der Tatsachen, um nicht zu sagen Unwahrheiten. All dies schien jedermann selbstverständlich (einschließlich der Dienerschaft, die Miss Wilton bereitwillig nach Kräften beistand), außer dem Vater selbst, der geborgen im Glück seiner unerschütterlichen Ahnungslosigkeit zu leben schien.

Doch nun zu einem (jedenfalls für mich) wichtigen Faktor in unserer Geschichte: Ich war ziemlich verliebt in Miss Wilton und hatte, weil dies in der Praxis unter den gegebenen Umständen sehr schwierig war, den jederzeit mitfühlenden und hilfreichen Moreward ins Vertrauen gezogen. Dieser wirklich nicht zu übertreffende Freund setzte sich tatsächlich häufig den ermüdenden und pharisäischen Diskursen des Archidiakons aus, und das in einer Weise, dass ich voll dankbarer Bewunderung für ihn bin. Wieder und wieder schenkte er Ehrwürden seine Aufmerksamkeit im Speisezimmer, um mir ein Tête-à-tête mit Miss Wilton zu ermöglichen. Worüber sie sprachen, erzählte er mir nicht immer im Einzelnen; ich weiß nur, dass der Archidiakon aus diesen Diskussionen gewöhnlich mit sehr rotem Kopf herauskam.

Wie schon gesagt, will ich meine Person so wenig wie möglich in diese Niederschrift über meinen Freund hineindrängen; aus diesem Grunde werden diejenigen vermutlich enttäuscht, die nun eine Schilderung meines Verhältnisses mit Miss Wilton erwarten. Dieses Kapitel betrifft hauptsächlich die Bekehrung des Archidiakons, und auf welche Weise Moreward sie erreichte – soweit ich es nach seinen eigenen Angaben rekonstruieren kann.

Nach dem Abendessen in Ashbroke Gardens, wo Miss Wilton wohnte, pflegten wir gemeinsam durch den Park nach Hause zu gehen. Die Gespräche, die bei diesen zahlreichen Gelegenheiten stattfanden, möchte ich zum Thema dieser Episode machen. Ich erinnere mich, wie Moreward nach unserem ersten Dinner à trois einige seiner Gedanken äußerte: »Ist es nicht ein merkwürdiger Zug bei einigen religiösen Charakteren«, fragte er, »dass der Mensch, wenn man ihm seine Religion auf rationaler Basis beweist, geradezu schockiert ist?«

Das interessierte mich sehr, und ich bat ihn, etwas ausführlicher zu werden.

»Nun, ich habe den größeren Teil einer Stunde mit dem Versuch verbracht, dem Archidiakon zu beweisen, was er glaubt; doch statt froh darüber zu sein, dass dies dem rationalen Beweis zugänglich ist, hielt er mich für äußerst gottlos.«

Ich lachte.

»Er ist überzeugt, dass es ein Leben nach dem Tode gibt«, fuhr er fort, »aber die Fragen nach dem Wo, Wann und Wie hält er für frevelhaft. Auch mein Zitat des heiligen Paulus – ›dass Glauben allein gut ist, viel besser jedoch, wenn er mit Verstehen verbunden ist‹ – konnte ihn nicht zu einer Meinungsänderung veranlassen. Er ist, wie man erwarten konnte, völlig unwissend über den wirklichen Sinn seiner Bibel.«

»Oh, fahren Sie fort«, drängte ich; »was sagten Sie ihm sonst noch?«

»Dann ist da auch die Frage der Liebe. Nun, das Christentum ist eigentlich die Religion der Liebe; aber er hat nicht nur keine echte Liebe in seinem Herzen (ich kann das an seiner Aura sehen), sondern er denkt sogar, dass es ... nun, sicher ›nicht ganz das Richtige‹ ist, sich um irgendjemand anderen zu kümmern außer, vielleicht, die eigene Frau nebst Kindern.«

»Und wie steht es mit Gott?«, fragte ich.

»Ja, das ist der springende Punkt: Er behauptet, man muss nur Gott lieben.«

»Und – tut er das?«

»Wie könnte er? Wenn man keine Liebe im Herzen hat, wie sollte man dann lieben?«

»Das ist klar«, stimmte ich zu.

»So kam ich ihm denn in meiner Rede entgegen und wies ihn mit den Worten seiner eigenen Religion darauf hin, dass Gott Liebe *ist*; je mehr Liebe man deshalb in die eigene Seele einlässt (quasi durch einen Aufbauprozess), desto mehr von Gott offenbart man – desto mehr ist man eins mit Gott.«

»Und – konnte er Ihnen da folgen?«, fragte ich.

»O nein«, erwiderte er lächelnd. »Vergeblich versuchte ich ihm zu zeigen, dass Gott zu lieben bedeutet, eins zu sein mit einer bedingungslosen Liebe, die zwangsläufig die ganze Menschheitsfamilie einschließt, denn die Menschheit ist ein Teil von Gott. Aber selbst das noch recht geläufige Zitat ›Daran soll jedermann erkennen, dass ihr meine Jünger seid, so ihr Liebe untereinander habt‹ konnte ihn nicht überzeugen.«

»Und seine Tochter?«, fragte ich.

»Er bildet sich ein, sie zu lieben, aber seine Liebe ist in Wirklichkeit nur Eigenliebe. Er denkt nie an ihr Glück – er ist ständig in Angst, dass sie heiraten und ihn allein lassen könnte. Er fürchtet sogar ihre Freundinnen. Er tut mir sehr leid. Er ist ein unglücklicher Mensch, und ich bin Ihnen dankbar, dass Sie mir die Gelegenheit gaben, mit ihm Kontakt zu bekommen. So kann ich versuchen, ihn aus seiner traurigen Ichbezogenheit herauszubringen.«

Als Moreward und ich das nächste Mal auf unserem Weg vom Archidiakon nach Hause durch den Park gingen, entnahm ich seinen Bemerkungen, dass das Gespräch sich an diesem Tage um das Thema »Nächstenliebe« gedreht hatte.

»Nächstenliebe, mein Freund«, sagte er nachdenklich, »wird selten richtig verstanden, außer wenn es ums Geldgeben geht. Jener Satz in der Bibel wäre besser so interpretiert worden: ›Die größte von allen aber ist *Toleranz*‹, denn sie ist die wertvollste aller Eigenschaften.«

Ich bat ihn, weiterzusprechen.

»Es wird über Vergebung sehr viel von den Kanzeln geredet; wenn jedoch mehr von Toleranz gepredigt würde, wäre Vergebung nicht so notwendig. Der vollkommen Tolerante braucht nie zu vergeben – in dem Sinne, wie die Prediger es verstehen –, denn seine ganze Einstellung zur Menschheit ist ununterbrochenes Vergeben; er vergibt seinem Nächsten dessen Sünden sozusagen, bevor sie erst begangen wurden.«

Er überlegte einen Augenblick, fuhr dann fort und sprach. »Vollkommene Liebe und vollkommene Toleranz sind nicht voneinander zu trennen. Niemand kann einen Menschen wirklich lieben und ihn zugleich verurteilen; so etwas würde sich widersprechen. Denn ein Gefühl des Verurteilens ist nichts anderes als ein – wenn auch nur leichtes oder vorübergehendes – Gefühl des Hasses. Die Bibel sagt wohl, dass der, der gegen seinen Bruder grobe Wörter gebraucht, Gefahr läuft, schließlich als Verbrecher verbrannt zu werden: Hass ist häufig die Mutter des Mordes.«

»Was denken Sie dann über Sünde?«, fragte ich weiter.

»Sünde ist eine Form von Kindlichkeit«, antwortete er ruhig. »Sie ist ein Umweg zum geistigen Glück, statt des direkten Weges. Aber würde jemand ein Kind dafür verurteilen, dass es ein Kind ist?«

Ich bat ihn, dies näher zu erläutern.

»Das unwissende Kind streckt seinen Finger ins Feuer, und das Feuer brennt es. Das Kind hat einen Fehler gemacht und lernt durch das Leid. Warum hat es den Finger ins Feuer gestreckt? Weil es eine Freude haben wollte, doch in der falschen Richtung danach suchte. Der Erwachsene ist ein klein wenig klüger. Er streckt nicht seinen Finger ins Feuer, er macht zum Beispiel eine Fälschung. Auch er will seine Freude, aber auch auf dem falschen Wege – und wenn dies herauskommt, muss auch er leiden. So sind alle Sünden nichts anderes als die Suche nach Glück – in der falschen Richtung; und alle Sünder sind nur Kinder, die eines Tages erwachsen werden. Toleranz ist die Frucht aus der Erkenntnis dieser Tatsache.«

»Und wie steht es mit der Strafe?«, fragte ich.

»Strafe ist nicht mehr als eine Form von Rache. Deshalb bedeutet es, wenn ein Mensch seinen Nächsten bestraft, lediglich, dass zu einem Fehler noch ein weiterer hinzukommt. Was die gesetzliche Bestrafung angeht – Verbrecher sollten überwacht und gebessert werden durch Freundlichkeit und gutes Beispiel, aber nie bestraft werden.«

»Haben Sie das dem Archidiakon heute Abend gesagt?«, fragte ich einigermaßen belustigt.

»Weitgehend«, antwortete Moreward ruhig.

Ich hörte, dass die Predigt des Archidiakons am folgenden Sonntag die beste war, die er bis dahin gehalten hatte. So hatte Moreward ihn tatsächlich »bekehrt«, und als ich das nächste Mal Miss Wilton traf, teilte sie mir voll echter Freude mit, dass eine Veränderung mit ihrem Vater stattgefunden habe. »Er wird menschlicher«, meinte sie.

Doch dann geschah eines Abends etwas äußerst Peinliches. Ich war nämlich so beschäftigt mit Miss Wilton, dass der Archidiakon und Moreward, von uns beiden unbemerkt, in einem Augenblick hereinkommen konnten, als wir in ziemlich kompromittierender Nähe beieinandersaßen. Der Archidiakon war wütend und wie vom Donner gerührt. Er schickte seine Tochter unter irgendeinem recht unvernünftigen Vorwand, den ich vergessen habe, hinaus und ins Bett und gestattete dann seiner Wut, mit so viel Würde überzukochen, wie er noch aufbringen konnte – und das war sehr wenig.

»Soll das heißen, mein Herr«, polterte er, »dass Sie meine Gastfreundschaft missbraucht haben, um ihre Aufmerksamkeit auf meine Tochter zu richten, ohne nach meinen Wünschen in dieser Sache gefragt zu haben?«

Ich fühlte mich äußerst bekümmert und bin sicher, dass ich auch so aussah – so sehr, dass Moreward mit einem Blick, der zu sagen schien: »Überlassen Sie das besser mir«, in die Bresche sprang und meinen Fall übernahm.

»Kommen Sie, kommen Sie«, sagte er besänftigend und legte seine Hand auf den Arm des Archidiakons. »Ein bisschen Zuneigung ist doch kein Verbrechen; vielmehr sollte man sie als eine Tugend betrachten.«

Diese Bemerkung nahm dem Archidiakon den Wind aus den Segeln. Er wusste im Augenblick nicht, was er entgegnen sollte, und stotterte einiges Unzusammenhängende. Dann besann er sich plötzlich eines weiteren Faktors.

»Aber der Betrug, die Täuschung!«, rief er. »Ist Ihnen klar, dass meine Tochter und dieser Mann mich vielleicht seit Wochen schon hinters Licht geführt haben?«

Aber Moreward hatte eine Antwort bereit, die er mit dem Inbegriff beruhigender Harmonie weitergab.

»Täuschung, mein lieber Archidiakon«, sagte er, »ist nur eine Waffe, die manche Menschen gezwungen sind als Maßnahme zur Selbstverteidigung zu gebrauchen, wenn zu viel von ihnen gefordert wird.«

Der Archidiakon biss ungeduldig seine falschen Zähne zusammen, denn wieder wusste er nicht, wie er kontern sollte.

»Haben Sie nicht von Ihrer Tochter«, fuhr Haig in dem gleichen ruhigen Ton fort, »ein bisschen zu viel Selbstverleugnung verlangt? Haben Sie sie nicht vielleicht geheißen, auf Dinge zu verzichten, die nach ihrer Meinung völlig harmlos sind? Und da dies der Fall ist, so denke ich, werden Sie ihr kaum Ihre eigene Unfähigkeit vorwerfen können, sie davon zu überzeugen, dass jene Dinge gefährlich sind. Sie, mit Ihrer Einsicht in die menschliche Natur, können – dessen bin ich mir sicher – doch ihren Standpunkt nachvollziehen. Ist es nicht wahrscheinlich, dass sie bei vielen Gelegenheiten gedacht hat: ›Ich kann wirklich keinen Grund sehen, warum ich dies oder jenes nicht tun sollte; aber da Vater und ich in diesem Punkt wohl nicht einig sein können, ist es das beste, wenn ich ihm nichts davon sage, um ihn nicht zu verärgern‹?«

Der Archidiakon begann, sich nun etwas zu beruhigen, denn in Morewards Gegenwart konnte keiner allzu lange ärgerlich bleiben.

»Soll das etwa heißen«, fragte er etwas traurig und nicht ohne einen leisen Vorwurf, »dass Sie ein Komplize in dieser Sache gewesen sind?«

»Ich habe mich bemüht«, antwortete Moreward lächelnd, »sozusagen drei Fliegen mit einer Klappe zu schlagen. – Ja«, fügte er noch besonders bescheiden hinzu, »ich muss zugeben, dass ich auch ein Missetäter bin.«

Der Archidiakon verstand dieses Gleichnis nicht.

»Nun, mein lieber Archidiakon«, erläuterte Moreward, »werden Sie mir vergeben, wenn ich sage, dass mir Ihre Tochter sehr leid getan hat und meine Beobachtungen mir gezeigt haben, dass sie nicht glücklich ist – sondern eine Gefangene?«

»Nicht glücklich – eine Gefangene?«, wiederholte der Archidiakon mit einigem Erstaunen.

»Nun, obgleich ich sicher bin, dass Sie der freundlichste aller Menschen sind«, fuhr Moreward in dem gleichen Ton fort, »so unterscheiden sich doch Ihre Vorstellungen und die Vorstellung Ihrer Tochter über das, was ihr Glück ist, ganz wesentlich.«

»Ich bin ein liebevoller, pflichtbewusster Vater gewesen und habe ihr besonders viel Spielraum gegeben«, warf der Archidiakon ein. »Was könnte man mehr von mir erwarten?«

»Ihr ein paar Dinge zu gönnen und zu erlauben, die Sie selbst ihr nicht geben können.«

»Ich verstehe nicht, was Sie meinen«, erwiderte der Archidiakon.

»Sie können ihr die Zuneigung anderer erlauben; Sie können ihr die Freiheit des Denkens erlauben, und Sie können ihr mehr Handlungsfreiheit erlauben – kurzum, Sie können erlauben, ihr Glück so zu finden, wie sie selbst es sich vorstellt.«

»Aber angenommen, ich halte diesen Weg für den falschen?«

»Dann können Sie ihr liebevoll raten, Ihre Vorstellung in Erwägung zu ziehen; wenn sie diesen Rat nicht annimmt, können Sie nicht mehr tun.«

Der Archidiakon wusste nicht, was er im Augenblick darauf antworten sollte.

»Und nun zu meiner eigenen Schuld in dieser Angelegenheit«, fuhr Moreward fort. »Ich habe versucht, Ihre Einstellung zu gewissen Dingen zu ändern, weil ich weiß, dass eine Veränderung der Einstellung Frieden bringen wird. Ich habe versucht, meine Freundschaft zu Charles hier unter Beweis zu stellen, indem ich Ihre angenehme Gesellschaft gesucht habe, so dass er die Gesellschaft Ihrer Tochter genießen könnte. Ich habe weiter versucht, Ihre Tochter glücklich zu machen, indem ich es ermöglichte, dass sie in den Genuss der liebevollen Freundschaft dieses charakterlich wirklich feinen Mannes kommt. Alle diese unbedeutenden Dinge habe ich gemeint, als ich vorhin davon sprach, drei Fliegen mit einer Klappe zu schlagen. – Werden Sie mir verzeihen?«, fragte er lächelnd, »und vor allem: Vergeben Sie ihm und ihr. Ich denke, es steht außer Zweifel, dass Sie dies tun werden, denn die erste Pflicht eines wirklich guten Christen ist doch die Vergebung.«

Was blieb dem Archidiakon noch anderes übrig, als zu vergeben?

Oder es jedenfalls nach außen hin vorzugeben, nachdem Moreward es fertiggebracht hatte, so zu argumentieren, dass ein Beibehalten seines Grolls den Archidiakon als alles andere denn einen guten Christen gezeigt hätte.

Was mich angeht, so saß ich still und nachdenklich da und betrachtete diese Beruhigungsaktion und dankte dem Glück, das mir diesen unerschütterlichen Verteidiger geschickt hatte, der meine Kastanien aus dem Feuer holte, in dem ich mich wohl stark verbrannt hätte. Der Ausgang dieses Gespräches war, dass ich fürs erste mit einigen Vorwürfen entlassen und mir ans Herz gelegt wurde, dass in dieser Angelegenheit vorläufig nichts weiteres unternommen werden sollte und bräuchte.

Es erübrigt sich zu sagen, dass ich – als Moreward und ich an jenem Abend durch den Park nach Hause gingen – meine übergroße Dankbarkeit zum Ausdruck brachte. Diese Dankbarkeit wurde bald noch größer in der Folge weiterer Hilfeleistung von Morewards Seite.

Er äußerte mir gegenüber einige Tage später eine Beobachtung, indem er fragte: »Sie sind nicht sonderlich bestrebt, Miss Wilton zu heiraten, wie ich annehme – oder diese Sie?«

Ich sagte ihm, dass er richtig gefolgert hatte.

»Mit anderen Worten, diese beiderseitige Freundschaft ist wohl eine gefühlvolle Zuneigung, aber keine Leidenschaft?«, fragte er weiter.

Ich bejahte dies.

»Nun, das Einzige, das ich in diesem Falle für Sie tun kann, ist, mit dem Vater zu sprechen und zu sehen, was dabei herauskommt«, meinte er. Und was dabei herauskam und welches unerwartete Ereignis wenige Wochen danach eintrat – damit wollen wir uns im nächsten Kapitel beschäftigen.

9 · Sterbehilfe

In mehreren Gesprächen gelang es Moreward, den Archidiakon zu überzeugen, dass ich keine Absichten hatte, ihm durch eine Heirat seine Tochter zu entführen. Daraufhin wurde dann vereinbart, dass er nichts mehr unserer Freundschaft in den Weg stellen sollte, vorausgesetzt, dass ich mich »in Zukunft benähme«, wie es der Archidiakon auszudrücken beliebte.

Nun gab es sicherlich kein großes Hindernis für unsere Freundschaft mehr, aber immer noch eine gute Zahl kleinerer statt dessen; das Offensichtlichste war wohl, dass ich nicht mehr zum Dinner eingeladen wurde. Ihr war nicht untersagt worden, mich zu sehen, wenn ich mich meldete, oder meine Briefe zu beantworten oder sogar mit mir zu sprechen, falls wir uns in einem anderen Hause träfen; aber ihr Vater erwartete, dass sie ihn informierte, wann immer einer dieser Fälle eintraf. Um sich darüber hinaus gegen einen absichtlichen Gedächtnisausfall ihrerseits abzusichern, fragte sie der Archidiakon täglich, ob sie mich gesehen habe, ob sie von mir gehört habe und so weiter, wobei er – wenn die Antwort »ja« lautete – für den Rest des Abends üble Laune demonstrierte oder – wenn er eine verneinende Auskunft erhielt – kein weiteres Wort darüber verlor. Kurzum, der Archidiakon benahm sich wie ein Kind – oder sollen wir sagen: wie eine extrem dumme Frau, die von ehelicher Eifersucht beherrscht war? Dies ging für einige Zeit so weiter, bis ein kleiner Vorfall den Dingen eine Wende gab.

Miss Wilton hatte mir ein Geburtstagsgeschenk gekauft und nicht die Absicht, ihrem Vater dies zu melden. Doch es geschah, dass er meinen Geburtstag wusste – aufgrund einer Bemerkung, die ich eines Abends gemacht hatte, als ich den Tag meiner Geburt mit einem bestimmten historischen Ereignis in Verbindung gebracht hatte, das ihn zufällig gerade sehr interessierte.

»Hast du Broadbent ein Geburtstagsgeschenk gegeben?«, war die Frage, die er seiner Tochter als Resultat seines lästigen Erinnerungsvermögens stellte. Und es blieb ihr nichts anderes übrig, als es zuzugeben, woraufhin eine Sintflut von Vorwürfen über sie hereinbrach, was sie dazu brachte, sich ihrem Vater entgegenzustellen und ihm ihre Ansichten zu diesem Thema ganz genau kundzutun.

Als Moreward ihn das nächste Mal besuchte, quoll der Archidiakon geradezu über von Beschwerden und Vorwürfen gegen seine Tochter und ihre ungerechtfertigte Geheimniskrämerei. Moreward (wie er mir hinterher erzählte) hörte mit großer Aufmerksamkeit zu und machte sich dann daran, eine weitere Stufe in der Erziehung des Archidiakons zu erarbeiten.

»Ich habe diese Freundschaft nicht gestört«, hatte der Archidiakon mit bitterem Vorwurf behauptet, »und das ist nun der Dank dafür. Ich werde meiner Tochter entfremdet!«

»Störung«, meinte Moreward liebevoll lächelnd, »gibt es in zwei Graden: grob und fein. Vielleicht gehörte Ihre Störung zu letzterer Kategorie?«

»Wie das?«, fragte der Archidiakon und gab vor, nicht zu verstehen.

»Ob Sie nicht vielleicht Ihre Tochter einen Preis für ihr Vertrauen bezahlen lassen, den Preis – sagen wir – Ihres Sympathiemangels?«

Der Archidiakon schwieg schuldbewusst.

»Sie sehen: Erstens muss sie diese Freundschaft bezahlen mit dem Nachteil Ihres dauernden Missvergnügens, lieber Freund; darüber hinaus muss sie als weiteren Preis für Ihren noch vermehrten Verdruss bezahlen, wenn sie Ihnen ständig Rechenschaft geben muss, die Sie selbst sich durch Ihre wiederholten Befragungen erzwingen. Mit anderen Worten: Sie ist – um einen Begriff aus der Umgangssprache zu verwenden – in jeder Beziehung angeschmiert.«

»Hm!«, murmelte der Archidiakon.

»Da dies so ist, bin ich sicher, dass Sie mir vergeben werden, wenn ich mir erlaube, darauf hinzuweisen, dass es ausschließlich Ihre eigene Einstellung ist, die für die Entfremdung zwischen Ihnen und Ihrer

Tochter verantwortlich zu machen ist – und Charles selbst fällt bei der ganzen Geschichte wirklich am wenigsten ins Gewicht.«

Da diesem Argument nichts zu entgegnen war und es auch in der sanften und versöhnenden Art Morewards angekommen war, fiel dem Archidiakon in der Tat sehr wenig ein; er blickte ins Kaminfeuer, schien sehr nachdenklich und schwieg.

»Kommen Sie«, fuhr Moreward etwas lebhafter fort, »ist das nicht wirklich ein Stückchen Glück, das Ihnen in den Weg gelegt wurde, um Sie und Ihre Tochter etwas näher zusammenzubringen? Gönnen Sie ihr die Freude dieser Freundschaft ohne Eifersucht, und Sie gewinnen alles: ihre vermehrte Liebe, ihre Dankbarkeit und ihre Bewunderung; verbieten Sie es jedoch, so verlieren Sie alles, denn keiner kann jemanden wirklich lieben, der sich wie ein Gefängniswärter aufführt, selbst wenn dieser jemand der eigene Vater ist.«

Der Ausgang dieses Gesprächs (das ich, da ich natürlich nicht anwesend war, rekonstruiert habe nach all dem, was Moreward erzählte) war, dass der Archidiakon nach kurzer Debatte die Weisheit des Ganzen erkannte und sich zu dem Versuch durchrang, ihr zu folgen. Ob er das erreicht hätte, kann niemand sagen, denn es kam plötzlich alles ganz anders: Eine Woche später hatte er einen Schlaganfall und starb innerhalb von zwei Tagen.

Moreward selbst brachte mir diese Neuigkeit. Er bereitete mich schonend darauf vor, weil er wusste, dass es einen Schreck für mich bedeutete, und übergab mir dann Miss Wiltons Brief. Er lautete:

»Lieber, gütiger Freund,
eine schreckliche Nachricht habe ich Ihnen mitzuteilen. Vater hatte einen Schlaganfall, und die Ärzte sagen, dass er ihn auf keinen Fall überstehen wird, und dass es nicht mehr länger als vielleicht noch ein oder zwei Tage dauern wird. Bitte kommen Sie zu uns, Vater bittet darum. Bringen Sie es auch Charlie bei. Ich sehne mich sehr danach, ihn zu sehen, habe aber das Gefühl, dass ich ihn jetzt nicht bitten kann zu kommen, denn ich weiß, es würde Vater verletzen. Bitte sagen Sie ihm, dass er mir schreiben und mich trösten kann. Ich kann jetzt nicht mehr schreiben, ich bin zu sehr durcheinander.
Immer Ihre Gertrude Wilton.«

Ich empfand tiefes Mitleid für Gertrude und hatte etwas Gewissensbisse wegen des Kummers, den ich ihrem Vater zugefügt hatte. Moreward erfühlte meine Empfindungen.

»Machen Sie sich nichts daraus, lieber Freund«, sagte er und legte seine Hand auf meine Schulter. »Indirekt haben Sie diesem Mann sehr viel Gutes getan.«

Dann ging er, und ich setzte mich sofort hin, um Gertrude zu schreiben.

Und so war es tatsächlich: Der Würdenträger der Anglikanischen Kirche rief nicht nach seinem Kollegen um Beistand in der Stunde seines Todes, sondern fragte nach einem Mann, der keiner Religionsgemeinschaft angehörte, obgleich er alle anerkannte. Denn Moreward hatte das wirkliche Wissen über den Tod, und daher den Trost. Er glaubte an den Bewusstseinszustand nach dem Tode, weil er ihn kannte, und er konnte auf der jenseitigen Ebene tätig sein, während sein Körper auf der hiesigen blieb.

Es dämmerte mir sehr bald, warum ich dem Archidiakon indirekt Gutes getan hatte: Denn durch mich kam Moreward in sein Leben; Moreward selbst war viel zu bescheiden, um von seiner eigenen Rolle zu sprechen. So aber deutete er dies nur kurz an, um mich zu trösten. Was er aber später sagte, bedeutete, dass ich ein Anreiz für den Archidiakon gewesen war, der ihm half, sein Denken zu erweitern und das Leben von einem weniger engen Standpunkt aus zu betrachten – und damit von einem weniger egoistischen, also einem, der ihm auf der nächsten Bewusstseinsebene sehr dienlich sein würde.

Ich kann die Szene am Sterbebett nicht beschreiben, da ich nicht anwesend war; auf jeden Fall – so erzählte mir Moreward – verlor der Patient jegliche Todesangst, als es dem Ende zuging. Gertrudes Vater war froh, das Wie, Wann und Wo des postmortalen Zustandes zu kennen, als es daran ging, in ihn einzutreten. Die bloßen Spekulationen der Geistlichen – die sich allein auf Hörensagen stützen – verblassen vor dem Wissen des Geistigen.

»Wir sterben, könnte man sagen, jede Nacht im Schlafe«, erklärte Moreward, als er hinterher mit mir darüber sprach, »und kommen des Morgens wieder ins Leben zurück. Der gewöhnliche Mensch erinnert sich nicht, wo er gewesen ist, aber der Wissende kann es; er allein kann sich an alles erinnern, und zwar aufgrund der Verbindung, die durch seine Ausbildung zwischen dem physischen Gehirn und dem Astralkörper aufgebaut wurde.«

Ich fragte ihn, was für eine Seinsform Gertrudes Vater nun zu gewärtigen hätte.

»Relativ gesprochen«, antwortete er, »ein ziemlich monotones Leben. Ohne lieblos sein zu wollen, müssen wir den Fakten ins Auge sehen. Die Freuden des Archidiakons in diesem Leben waren überwiegend materieller Natur – die wenigen Freuden, die er überhaupt hatte, bestanden entweder im Sinnlichen oder aus der Befriedigung seiner Eitelkeit. Es gibt dort natürlich kein Essen oder Trinken, wenn der grobstoffliche Körper abgelegt worden ist (und ebenfalls auch keine Titel auf jener Ebene, die zu Schmeicheleien Anlass geben könnten); das einzige, was zählt, ist Liebe. Auf der Erde zu leben und ohne Liebe zu sein, ist deshalb ein Unglück, das den Menschen noch nach seinem Leben verfolgt. Das Bekenntnis zur Lieblosigkeit, mein Freund, ist das schlimmste Glaubensbekenntnis überhaupt, und im nachtodlichen Leben ohne Liebe zu sein, ist ähnlich, wie in diesem Leben ohne Luft zu sein, also nur halb zu leben. Deshalb ist die Dirne dem Himmelreich näher als die (lieblosen) Pharisäer. Der Tod ändert nicht den Charakter eines Menschen.«

»Erzählen Sie mir mehr«, bat ich ihn.

»Der physische Körper gleicht einem herrlichen Mantel, den jemand einem schäbigen Bettler gibt; wenn der Mantel abgelegt ist, zeigt sich alles Fadenscheinige darunter – er war nur eine illusorische Hülle. Und ebenso mag der innere Mensch gekleidet sein mit einem großartigen physischen Körper, doch wenn dieser abgelegt wird, liegt die Ärmlichkeit seines Charakters offen. Denn – wie ich schon gesagt habe – nur die, die reich an Liebe sind, stehen nach dem Tode nicht als Bettler da. Deshalb ermutige ich alle Menschen zu lieben – wie in dem Falle von Ihnen und Miss Wilton; aber der unwissende Pharisäer würde natürlich sagen, dass ich einen Flirt begünstigte. Lassen Sie ihn das nennen, wie er will; Vorwürfe, Beschuldigungen und Verurteilungen gibt es wie Sand am Meer, wo Ignoranz im Überfluss vorhanden ist.«

Was die Beerdigung angeht, so war sie selbstverständlich mit viel Pomp und Pracht gefeiert worden, und Moreward teilte mir amüsiert mit, dass er den Astralkörper des Archidiakons sehen konnte, der sehr befriedigt zuschaute. »Es ist logisch«, sagte er zu mir, als alles vorüber war, »dass diese Prachtentfaltung aus christlicher Sicht lächerlich ist. Es ist so, als ob Menschen sich in Schwarz kleiden und Tränen vergießen, schon wenn einer in Urlaub fährt. Hier sind all diese Gemeindemitglieder, die denken, dass der Archidiakon in die unbeschreibliche Glückseligkeit der Himmel eingeht, und dabei weinen über etwas, worüber sie sich eigentlich freuen sollten. Doch damit nicht genug, sie legen Blumen auf seine Leiche, als ob es er selbst wäre, der da liegt, und dies ungeachtet der Tatsache, dass sie ihr ganzes Leben lang gehört haben, dass der Körper nur ein Kleid von Fleisch ist, der wirkliche Mensch jedoch die Seele. Ich muss gestehen, so viele Widersprüchlichkeiten der Menschen verblüffen mich.«

Wie viel Trost Moreward Gertrude in den folgenden Wochen spenden konnte, kann sich nur ein Mensch vorstellen, der ein Wissen um die geistigen Realitäten hat. Moreward sprach mit ihrem Vater und überbrachte Botschaften, die sehr bald alle Gedanken an Trennung überwanden.

»Wie verschieden ist das alles von dem, was ich erwartet hatte«, sagte er eines Tages zu Moreward, »aber, du liebe Zeit, allein, jenen lästigen Körper los zu sein, ist eine Freude. Gleichviel wünsche ich, ich hätte mehr Freunde gewonnen, als ich auf Erden lebte; die Leute hier leuchten mit einer Art von Liebesausstrahlung, die mir das Gefühl gibt, sehr arm zu sein. Es ist alles sehr erstaunlich. Lange Zeit konnte ich nicht erkennen, dass ich tot war, aber dann erinnerte ich mich an alles, was Sie mir beigebracht hatten. Richten Sie Broadbent aus, dass ich nun froh bin, obwohl er mir Leid zugefügt hat, denn er brachte Sie zu mir. Schließlich hatte er auch recht, dass er Gertrude mochte. Meine Mutter und meine liebe Frau sind hier, und sie sind sehr gut zu mir. Und dann sind ja auch Sie häufig hierher gekommen, was das Seltsamste überhaupt zu sein scheint, denn Sie sind noch das, was die Menschen irrigerweise ›am Leben‹ nennen. Du meine Güte – *wir* sind es, die wirklich leben!«

Und hier endet meine Geschichte vom Tod des Archidiakons. Was seine Tochter und mich betrifft, so sind wir gute Kameraden; die emotionale Phase unserer gegenseitigen Zuneigung ist vorbei. Dagegen hat sie – obwohl ich lange Zeit blind für diese Tatsache gewesen bin – eine Zuneigung zu Moreward entwickelt, und nicht einmal ihre jüngst erfolgte Heirat mit einem Rechtsanwalt hindert sie daran, mir anzuvertrauen, dass sie noch immer »den weisesten und edelsten Mann, den sie je kennengelernt hat«, liebt.

10 · Das Eheproblem des Major Buckingham

Der einzige, der meinem alten Freund Wilfred Buckingham bei seinen familiären Problemen mit Trost und Rat helfen konnte, schien mir Moreward zu sein, und so brachte ich das Thema seiner Intervention bei beiden Männern zur Sprache, und nach einigem Zögern Buckinghams trafen sich denn die beiden.

Die Problematik war folgende: Buckingham hatte ziemlich jung eine gleichaltrige Frau geheiratet, mit der er nun gut sechzehn Jahre in mäßigem Eheglück zusammengelebt hatte. Und es ging nun auch alles recht glatt, ohne dass einer der beiden Ehepartner auch nur eine dritte Person »ansah, ihrer zu begehren« (wie es geschrieben steht), bis Mrs. Buckingham im gefährlichen Alter von vierzig Jahren ganz plötzlich »in Liebe entbrannte« zu einem engen Freund ihres Mannes; die daraus resultierenden Komplikationen kann man sich leicht vorstellen.

Das Verhältnis der beiden Liebhaber dauerte schon einige Monate lang, ohne entdeckt zu werden, aber da sich die Umstände schließlich als zu kompliziert für sie erwiesen, gestand Mrs. Buckingham die ganze Angelegenheit endlich ihrem Mann, und, da sie nicht unbemittelt war, verließ sie sein Haus und nahm sich eine eigene kleine Wohnung, um ein ungebundenes Leben zu führen und frei zu sein, ihren Geliebten zu sehen, wann immer sie es wünschte.

Wie man annehmen kann, war Buckingham selbst nun einem quälenden Konglomerat verschiedener Emotionen ausgeliefert: Eifersucht, Zorn, verletzte Eitelkeit, Sorge und andere, weniger leicht zu definierende Gefühle, zerrten gleichzeitig an seiner nicht übermäßig hoch entwickelten Seele. Wie jene, die andere Menschen in ihrer Umgebung sterben sehen und dabei vergessen, dass sie einst selbst sterben werden, hatte er die Familientragödien in anderen Häusern zwar mitbekommen, sich aber nie überlegt, dass auch ihm so etwas einmal zustoßen könnte. Und so hatte er nie einen Gedanken daran verschwendet, wie er unter solchen Umständen handeln sollte, so dass er nun, als ihn dieser Schlag getroffen hatte, wie ein kleines Kind war, das in ein unbekanntes Gewässer gestoßen wird, ohne vorher schwimmen gelernt zu haben.

Deshalb rief ich Moreward zu Hilfe. Der bot dem Major als erste Hilfsmaßnahme an, in sein Haus zu kommen, wann immer er das Bedürfnis hatte, den Dampf seiner angestauten Emotionen abzulassen, was bedeutete, rückhaltlos alle seine Not auszusprechen und Moreward sein Leid zu klagen. Wenn ich anwesend war, so stand auch ich als mitfühlender Zuhörer zur Verfügung. Solchen Begegnungen verdanke ich meinen Einblick in Morewards bemerkenswerte und meines Erachtens geradezu erhabene Einstellung zur Ehe und allem, was dazu gehört. Wirklich, ich müsste schon blind sein, um nicht zu erkennen, dass seine Ansichten den Orthodoxen schockieren würden – denn eine ungewöhnliche Tugend (wie Moreward es selbst einmal ausdrückte) schockiert einen bestimmten Typ konventionellen Denkens weit mehr als ein gewöhnliches Laster. Als gewissenhafter Chronist jedoch kann ich meine Eindrücke nicht auf die Ebene bloßer Gemeinplätze abwerten, um dem Geschmack der Menge zu gefallen; meine erste Pflicht ist es, ihm treu zu sein, und meine zweite, mir selbst.

Eines Abends saßen wir in seinem kleinen Haus, das etwas von der friedvollen Atmosphäre einer Mönchszelle hat – außer deren Mangel an Komfort –, und sahen bis spät in die Nacht hinein dem Kaminfeuer zu; es war Herbst. Der Major ging von Zeit zu Zeit auf und ab, wenn er im Laufe der Darstellungen seiner großen Leiden von besonderer Eloquenz überwältigt wurde. Moreward saß in seinem aufrechten Lehnstuhl, die Fingerspitzen seiner langen, schmalen Hände aneinandergelegt, und sah – wie so häufig – aus wie die Verkörperung von Liebenswürdigkeit und Seelenruhe. Oft kam mir der Major vor wie ein Kind von sechs Jahren – obwohl er in Wirklichkeit älter aussah als sein Zuhörer – und Moreward wie ein erwachsener Mann von sechzig Jahren, der mit liebevoller Nachsicht dem Klagelied irgendeines kindlichen Kummers folgte.

Und es konnte nicht ausbleiben, dass ich nach einem dieser Ausbrüche des Majors mein Schmunzeln nicht mehr unterdrücken konnte. Eine solche Einstellung, wie sie durch seinen Ausbruch deutlich wurde, kam mir – nach den vergangenen Monaten in Gesellschaft mit meinem unerschütterlichen philosophischen Freund – doch eigentlich sehr primitiv vor: Über Empfindungen, wie sie der Major hier äußerte, sollte man in einer Gesellschaft, die stolz auf ihre Kultur ist, doch längst hinausgewachsen sein. Denn was sich hier ausdrückte, waren primitive Besitzvorstellungen, die durch die menschliche Evolution überwunden sein sollten. Aber wie könnte man diesen Mann zu einer anderen Denkweise bringen? Das war das Problem. Und dann ließ sich Moreward eines Tages auf diese riskante Aufgabe ein.

Der Major hatte sich ausgesprochen. Zum hundertsten Male hatte er seine Argumentationen wiederholt und deren Darbietung beendet mit den Worten: »Nun, es ist bestimmt verdammt hart für euch Männer, das anhören zu müssen, aber ich sage Ihnen, dass es mir unheimlich wohltut, es abzuladen, und ich bin mächtig dankbar, jemanden zu haben, mit dem ich darüber sprechen kann. Gleichviel, ich werde jetzt aufhören. Es hat keinen Sinn, man kommt damit nicht weiter. Wenn ihr Leute also irgendetwas vorzuschlagen habt, dann will ich mitspielen und darüber nachdenken, was Sie zu sagen haben.«

»Ah, das klingt schon besser!«, meinte Moreward sanft. »Unsere Gedanken und Gefühle sind wie Affen: Man muss sie eine Zeit lang herumspringen lassen; wenn sie dann müde werden, wird es Zeit, dass wir unsere Gelegenheit wahrnehmen.«

Der Major lächelte etwas bitter.

»Sie wissen sehr wohl, dass Sie unseres tiefsten Mitgefühls sicher sein können«, fuhr Moreward fort, »aber Mitgefühl ist keineswegs alles, und es ist fast nutzlos, wenn es keine Hilfe mit sich bringt. So wollen wir denn sehen, ob wir Ihnen nicht darüber hinaus etwas weiterhelfen können.«

»Aber wie, um Himmels willen?«, fragte der Major ziemlich verdrießlich.

»Nun, haben Sie jemals darüber nachgedacht, dass man mit der jeweils richtigen Einstellung den meisten Schwierigkeiten im Leben vorbeugen kann?«

»Das kann ich nicht behaupten«, gestand der Major.

»Doch es ist so. Und was wir versuchen wollen zu tun, ist, einfach Ihre Einstellung etwas zu ändern.«

»Das wird Ihnen verflucht schwerfallen«, bemerkte der Major.

»Aber es ist der Mühe wohl wert«, erwiderte Moreward ernst. »Sie sind ein anständiger Mann, mein lieber Major. Im Buren-Krieg haben Sie wie ein Held gehandelt, als physischer Mut gefragt war, und ich denke, Sie werden auch in diesem häuslichen Krieg wie ein Held handeln, wo moralischer Mut vonnöten ist.«

»Ich weiß nicht, was Sie damit meinen.«

»Dann gehen wir langsamer voran. – Kam Ihnen jemals der Gedanke, sich zu fragen, ob Ihre Frau Sie überhaupt noch liebt?«

»Was soll ich mich das fragen – wie könnte sie, wenn sie fortgeht und sich in einen anderen Mann verliebt?«

»Diese Antwort bedeutet«, entgegnete Moreward sehr freundlich, »dass Sie denken, dass zum Beispiel Broadbent hier, wenn er sich in irgendeine Frau verliebte, sofort jegliche Zuneigung, sagen wir, zu mir verlieren würde?«

»Ach was«, wehrte sich der Major; »das ist etwas ganz anderes.«

»Das ist genau die Antwort, die ich von Ihnen erwartet habe«, meinte Moreward beschwichtigend. »Und so werden Sie mir vergeben, wenn ich es recht deutlich sage; aber Sie sind – wie viele andere auch – hypnotisiert von den Schlagworten von Leuten, die nicht über die wirkliche Wahrheit der Dinge nachgedacht haben: Der Unterschied ist keinesfalls so groß, wie Sie vermuten.«

Der Major schien verblüfft. »Wieso?«, fragte er.

»Wenn Sie und Ihre Frau zwanzig Jahre zusammengelebt haben, dann hat sich gewiss eine Vielzahl von Verbindendem zwischen Ihnen entwickelt?«

»O ja, das möchte ich sagen!«

»Erinnern Sie sich zufällig, wem Sie sich seinerzeit zuerst anvertrauten, als Sie sich in Ihre heutige Frau verliebt hatten?«

»Ich ging zum alten Wilkins – armer, alter Kerl –, der bei Ladysmith gefallen ist.«

Moreward lächelte. »Dann gingen Sie also zu Ihrem besten Freund und zogen ihn ins Vertrauen. Und, weit davon entfernt, etwas von

Ihrer Zuneigung zu ihm dadurch zu verlieren, dass Sie sich verliebt haben, hatten Sie das Gefühl, dass Sie ihn nie zuvor so sehr gemocht hatten, oder nicht?«

»Nun, jetzt, da Sie mich darauf aufmerksam machen, merke ich wohl, dass es so war.«

»Aber angenommen, jener Freund von Ihnen«, fügte Moreward fort, »hätte, statt Ihr Vertrauen mitfühlend und verständnisvoll zu begrüßen, auf Ihre Offenbarung mit Ärger reagiert – was dann?«

»Was dann? Ich hätte ihn zum Teufel gejagt!«, kam die Antwort.

»Das hieße, genau das zu tun, was Sie mit Ihrem besten Freund getan haben – mit Ihrer Frau«, erwiderte Moreward mit entwaffnendem Lächeln. »Major«, sprach er weiter, »Sie haben eine der großartigsten Gelegenheiten Ihres Ehelebens verpasst; aber es ist noch nicht zu spät, das wiedergutzumachen.« Der etwas begriffsstutzige Major schien erstaunt, da er das Gesagte nicht verstand.

»Sie weisen die einmalige Gelegenheit von sich, eine neue, festere Verbindung mit Ihrer Frau zu knüpfen durch Ihr Mitgefühl«, erläuterte Moreward ruhig.

»Was heißt hier Mitgefühl!«, polterte der Major. »Ich soll verdammt sein!«

Wir beide lachten. »Die Vorstellung erscheint Ihnen vielleicht etwas verwunderlich«, lenkte Moreward ein, »aber glauben Sie mir, ich meine es ernst mit dem, was ich sage. Ihrer Frau Mitgefühl zu zeigen, bedeutete, zu handeln wie ein moralischer Held, von dem wir gesprochen haben. Und, was noch wichtiger ist: Ich kann Ihnen versichern, dass es sich für Sie lohnen wird.«

»Sie meinen«, rief der Major erregt, »meiner Frau zu erlauben, einen Liebhaber zu haben, und ihr kein Haar zu krümmen? – Danke! Wie ein gehörnter Esel würde ich dastehen. Und, bitte, was für eine Art von Moral das sein sollte, möchte ich doch wissen?«

»Es ist ein großer Unterschied«, erklärte Moreward ruhig, »wenn ein Mann einer Frau einen Liebhaber erlaubt, und es verzeiht, wenn sie einen hat, weil er weiß, dass ihre Leidenschaft stärker ist als sie selbst. Warum, lieber Freund, verdammen Sie sie für ihre Schwäche, zum Verzicht auf diesen Mann nicht fähig zu sein, aber unterlassen es, Ihre eigene Schwäche zu verurteilen, nicht vergeben zu können?«

Der Major wusste begreiflicherweise nicht, was er auf diese verfängliche Frage erwidern sollte, und schwieg verwirrt.

»Was den Esel betrifft, den Sie erwähnt haben«, fuhr Moreward im gleichen, ruhigen Ton fort, »so fürchte ich, dass es vor den Augen der Welt manchmal nur eine Haaresbreite ist, die zwischen dem Narren und dem Helden liegt. Aber angesichts der Wahrheit macht es einem wirklichen Helden niemals etwas aus, für einen Narren gehalten zu werden. Sie sehen, der Narr, in seiner Eitelkeit, stört sich nicht daran, wenn er für einen Helden gehalten wird; aber einem Helden, der nicht eitel ist, macht es nichts aus, für einen Narren gehalten zu werden.«

Moreward hatte mit dieser wohldosierten Wahrheit den Major in ein Dilemma geführt, aus dem er kaum ehrenhaft hervorgehen konnte. So erfand mein taktvoller Freund mit einigem Geschick einen durchaus plausiblen Vorwand, um plötzlich das Thema zu wechseln: »Aber, mein lieber Freund«, sagte er, »Sie sind ans Ende Ihrer Zigarre gekommen. Lassen Sie mich aufstehen und Ihnen eine neue bringen. Ich bin wirklich sehr nachlässig, sie an diesem grässlichen Stummel rauchen zu lassen.« Und er ging zum Schrank und holte die Zigarrenkiste.

Nachdem der Major an jenem Abend gegangen war, bemerkte Moreward mir gegenüber: »Das Mittel zur Entwicklung einer Tugend darf nur in kleinen Dosen verabreicht werden; geben Sie einem Menschen zu viel auf einmal, bekommt es ihm nicht. Doch wir haben auf jeden Fall erreicht, dass er die erste Dosis geschluckt hat.«

Am nächsten Tage wurde ich zu Mrs. Buckingham geschickt. Ich kannte sie recht gut, und so investierte ich in dieses Unternehmen keine besondere Nervosität. Sie war nicht im Mindesten eine Frau, die es übel genommen hätte, dass ich ganz offen mit ihr über das Thema sprach; sie selbst schien eine Gelegenheit zu erwarten, sich darüber auszusprechen, wenn ich sie recht verstanden hatte, und so war es auch.

Sie empfing mich sehr herzlich, begann selbst, das Thema anzusprechen, und zeigte mir, wie sie die ganze Angelegenheit ansah, wofür ich ihr äußerst dankbar war, denn es lag mir daran, Moreward bei der Lösung dieser misslichen Geschichte zu unterstützen.

Wie er am vorigen Abend angedeutet hatte, fühlte sich Mrs. Buckingham noch immer zu ihrem Mann hingezogen, soweit ihre Zuneigung reichte, aber zurzeit hatte sie den Boden unter den Füßen verloren wegen der Intensität ihrer Gefühle für diesen anderen Mann. Ich sage »zurzeit«, und zwar aufgrund meiner eigenen Beobachtungen, denn Mrs. Buckingham selbst schien jetzt keinen Augenblick an ein Ende ihrer Leidenschaft zu denken. Was sie jedoch sagte, war, dass ihre Liebe zu beiden Männern tief und anhaltend sei, wenn auch von völlig verschiedenem Charakter.

Die Freundschaft, die in zwanzigjähriger Ehegemeinschaft entstanden war, so sagte sie, könne nicht an einem Tag sterben, und wenn ihr Mann auch nur den geringsten Versuch unternommen hätte, sie in ihrem gegenwärtigen Zustand zu verstehen, hätten die Dinge zwischen ihnen völlig anders sein können. So hatte er sich nur wie ein unerträglicher Despot benommen. Ich schloss sogar, dass Mrs. Buckinghams Zuneigung zu ihrem Gatten von weitaus höherer Qualität war als seine zu ihr – sie war sowohl weniger egoistisch als auch weniger triebhaft –, so dass, als dann diese andere Leidenschaft bei ihr lebendig wurde, ein völliges Verlöschen ihrer Liebe zum Gatten keineswegs die Folge gewesen war. Sie war etwas unsicher, was weiterhin geschehen sollte, aber sie sagte mir, dass es auf jeden Fall eins gab, das sie nicht tun würde, nämlich mit ihrem Liebhaber zusammenzuziehen. Schließlich lebte der Major zumeist auf dem Lande, und es erschien keinesfalls so abwegig, dass seine Frau eine Stadtwohnung besaß. Der Versuch, sie zu bitten, den anderen Mann aufzugeben und sich zu bemühen, zum eigenen zurückzukehren, wäre ein nutzloses Unterfangen geworden, das wusste ich; und ich zog es infolgedessen gar nicht ernstlich in Betracht. Sie dankte mir vielmals dafür, dass ich darauf verzichtete. »Es macht mir nichts aus«, meinte sie, »wenn er mich verflucht und so behandelt, wie er es tut, denn ich kann es doch nicht ändern. Ich wollte mich nie in Basil verlieben, aber die ganze Sache war ›plus fort que moi‹ (stärker als ich selbst), und das ist alles.« Sie sagte auch, dass es ihr leid täte, dass man von ihr annähme, sie hätte sich von ihrem Mann völlig abgewendet, denn sie wolle wirklich wieder gut Freund mit ihm sein.

Dies also war der Inhalt meines Gespräches mit Mrs. Buckingham, und nachdem ich Moreward davon in Kenntnis gesetzt hatte, rief er den Major an und lud ihn und mich einige Tage später zum Abendessen ein. – Ich teilte dabei dem Major alles mit, was zwischen seiner Frau und mir gesprochen worden war, und er bekam, wie schon üblich, wieder einmal die Gelegenheit, seinen widerstreitenden Emotionen Luft zu machen. Dann unternahm es Moreward, ihm eine weitere Dosis höherer Moral zu verabfolgen.

»Sie sehen, mein lieber Major, dass Ihre Frau Sie noch liebt – wie ich vorhergesagt hatte –, und ihre Liebe muss wirklich tief und echt sein, wenn sie sich in einen anderen Mann verlieben kann und Sie immer noch liebt. Wie ich neulich gesagt habe – Sie werden sich vielleicht erinnern –, sind Sie durch eine Art von Zwangsvorstellung so weit gekommen, zu glauben, dass eine Liebe die andere auslösche. So ist es aber nicht; das Kriterium der wirklichen Liebe ist, dass sie das Entstehen einer neuen Leidenschaft überdauert.«

Der Major fand dies alles sehr klug, war jedoch schwer von dieser Wahrheit zu überzeugen.

»Sie haben die Aussagen Ihrer Frau, die das bestätigen«, beharrte Moreward ruhig.

»Woher weiß ich, dass sie nicht lügt?«, fragte der Major kurz angebunden.

»Erstens«, warf ich ein, »ist es recht einfach zu entdecken, wenn Menschen nicht die Wahrheit sagen, und zweitens kann ich mir nicht vorstellen, warum sie das tun sollte.«

Der Major zuckte die Achseln. »Vielleicht haben Sie recht«, meinte er zweifelnd.

»Kommen Sie, mein Lieber«, begann Moreward von Neuem, »lassen Sie uns versuchen, diese Angelegenheit sowohl vom heroischen als auch vom praktischen Standpunkt aus zu betrachten. Erstens sagt uns Ihr tiefer Kummer über diese ganze Sache, dass Sie bestimmt nicht wünschen, Ihre Frau zu verlieren. Zweitens möchten Sie einen Skandal vermeiden: Sie haben uns auch gesagt, dass jener Mann schon viele Affären hinter sich hat und Ihre Gattin früher oder später sitzen lassen würde. So möchten Sie, drittens, darüber hinaus auch noch Ihre Frau schonen.«

»Ich glaube nicht, dass sie das verdient«, brummte der Major verdrießlich.

Moreward ignorierte diese Bemerkung lächelnd und sprach weiter: »Vor allem wünschen Sie, ihre Liebe wiederherzustellen. Nun, da gibt es nur eins, was man tun kann, und das bedeutet, sie zurückzuholen, ihr Mitgefühl, Liebe und Verständnis zu zeigen und dann abzuwarten.«

»Das können Sie von mir ja wohl kaum erwarten!«, rief der Major aus.

»In Ihrem Falle, mein Freund, würde ich doch sehr dazu neigen. Es gibt wirklich keinen anderen Weg – es sei denn, Sie wünschen Ihre Frau für immer zu verlieren, das heißt auch, ihre Liebe zu verlieren, einen Skandal heraufzubeschwören und sie zu ruinieren, da Sie in eine Scheidung nicht einwilligen würden, wie Sie sagten.«

Der Major blickte nachdenklich ins Feuer.

»Ich nehme an, Sie haben Ihre Frau wirklich geliebt?«, fragte Moreward ruhig, nach einer kleinen Pause.

Der Major nickte.

»Ist Ihnen jemals der Gedanke gekommen, dass echte Liebe immer nur das Glück des Geliebten im Sinne hat? Und selbst, wenn dieses Glück durch die Arme eines anderen Mannes kommt, macht es der wahren Liebe nichts aus.«

»Ich bin schließlich kein Heiliger«, meinte der Major kurz angebunden.

»Aber warum sollten Sie keiner sein?«

»Es ist verteufelt schwer!«

»Nicht, wenn Sie die richtige Einstellung finden können.«

Der Major schwieg. Sein Denken war hier überfordert; er konnte nicht auf diese moralischen Höhen hinaufklimmen, viel leichter vermochte er das Gehörte als Unmoral zu identifizieren. Extreme erscheinen häufig so ähnlich, dass der Major jedenfalls nicht die kleinste Andeutung eines Unterschiedes feststellen konnte.

Dabei beließ es Moreward an jenem Abend und kam bei der nächsten Gelegenheit, die uns drei zusammenführte, wieder auf das Thema zu sprechen. Dann aber zog er alle Register seiner überzeugenden Redegabe und gelangte endlich ans Ziel.

»Was ist denn im Grunde die Ehe«, begann er nach einigen einleitenden Sätzen, »und was wird aus ihr? Der normale Mensch geht in die Ehe mit einer Mischung von romantischen Gefühlen und körperlicher Leidenschaft; der Gefühlsüberschwang nimmt allmählich ab, auch die Leidenschaft schwindet bis zu einer nur noch gelegentlichen Befriedigung der Sinne; an Stelle dieser beiden Dinge tritt dafür entweder Freundschaft oder völlige Gleichgültigkeit. Im letzteren Falle erscheint es unvernünftig, dass ein Mann sich aufregt, wenn seine Frau sich in einen anderen Mann verliebt; im ersteren Falle scheint es genauso unvernünftig, sich aufzuregen, denn wahre Freundschaft wird nur noch weiter vertieft, wenn sie die Grundlage für gegenseitiges Vertrauen sein kann. – Sie haben selbst zugegeben, dass Sie sich Ihrem Freund (ich meine den, der bei Ladysmith gefallen ist) nie so nahe gefühlt haben wie in dem Augenblick, als Sie ihm Ihre eigene romantische Leidenschaft anvertrauen konnten. Was bedeutet das? Ihre Frau hätte sich nie so stark mit Ihnen verbunden gefühlt, wie während eines Austauschs von Vertrauen und Mitgefühl, wenn Sie ihr mit Verständnis und Mitgefühl begegnet wären und sie ohne Furcht ihre neue Liebe hätte offenbaren können.«

Ich glaubte an dieser Stelle zum ersten Mal, dass Buckingham ein kleines Lichtlein aufging, obwohl er nur wenig sagte.

»Und so wäre es auch gewesen«, fuhr Moreward fort, »weil sie die ganze Zeit Ihre unausgesprochene Vergebung gespürt hätte und deshalb nicht nur dankbar gewesen wäre, sondern auch voll Bewunderung. Ja, nichts vermehrt Zuneigung mehr, als Dankbarkeit und Bewunderung zusammen. Daher kann ich mir nicht vorstellen, dass es falsch war, als ich Ihnen neulich sagte, dass Sie eine sehr große Chance Ihres Ehelebens zu nutzen versäumt haben.«

Der Major trommelte nachdenklich mit seinen Fingern und zeigte zumindest teilweise stillschweigendes Einverständnis, als er in die Luft blickte.

»Denn«, fuhr Moreward wieder fort zu sprechen, »wo wahre Liebe ist, da ist keine Gelegenheit so wertvoll wie eine, die uns ermöglicht, etwas zu vergeben, denn zu vergeben bedeutet zugleich, einen edlen Charakter zu beweisen gegenüber dem, den wir lieben. Es gibt Formen der Vergebung, die der Worte bedürfen, die ihr Ausdruck geben, aber die größte Vergebung ist jene, die so offenkundig ist, dass sie keine Worte mehr braucht; ihr Vorhandensein beweist um so mehr, je auffallender umgekehrt ihr Fehlen zu spüren ist. Nein, wirkliche Liebe vergibt immer, selbst schon, bevor etwas zu vergeben nötig scheint, und alle wahren Freunde lieben einander um so mehr – der eine, da er einen Fehler vergeben kann, der andere, weil ihm dieser Fehler vergeben ist.«

Und wieder schwieg der Major.

»Und so, mein Freund – ist es nicht offensichtlich, was das Heroischste und zugleich Praktischste für Sie ist? Nehmen Sie Ihre Frau wieder zurück; warten Sie den rechten Augenblick ab, und zeigen Sie ihr, dass auch sie etwas zu vergeben hat, indem Sie eingestehen, dass Sie bisher nicht ganz so edel gehandelt haben, wie es angebracht gewesen wäre. Sie wird Sie für weit edler halten, als Sie sein werden, wenn Sie gestehen, auch einen Fehler gemacht zu haben; und das Ergebnis wird sein, dass Sie beide das Glück gegenseitigen Vertrauens und Vergebens erfahren und genießen können.«

Der Major sah zweifelnd drein.

»Sie sind nicht ganz überzeugt?«, fragte Moreward lächelnd. »Aber sicherlich sind Sie es, denn während es kindisch wäre, nicht zu vergeben, steht außer Frage, dass die Vergebung nicht nur die beste Politik, sondern auch eine echte Freude ist.«

»Sie verlangen von mir wesentlich mehr, als nur zu vergeben«, protestierte der Major dagegen. »Sie zurückzunehmen, die ganze Zeit zu wissen, dass sie mit einem anderen Mann weitermacht – zum Henker, das ist ein bisschen mehr, als ich aushalte!«

»Aber warum?«, fragte Moreward ruhig.

»Warum? Weil ... nun, gehört sie nicht zu mir?«, rief der Major.

Da ließ Moreward seiner Eloquenz wieder freien Lauf. »Lieber Freund«, begann er, »die Wurzel fast aller Schwierigkeiten ist das Besitzdenken, das Mein-und-dein-Denken. In Ihrem Fall gilt dies ohne Zweifel, aber auch in vielen anderen Fällen. In Ihrem Herzen sagen Sie zu sich selbst: ›Sie ist meine Frau‹, und übersehen dabei, dass weise unterschieden werden muss, dass sie – wenngleich sie Ihre Frau sein mag – selbst Seele und Körper nicht völlig und unleugbar Ihr Eigentum sind. Zu wünschen, dass sie dies sein sollte, ist wirklich so aussichtslos wie der Wunsch, Sonne oder Mond zu besitzen – da die Seele eines Menschen nur diesem selbst, und niemandem sonst gehört.

Bekümmert zu sein, weil das so ist, ist vergeudete Energie, nämlich vergeudete Gedanken- und Gefühlsaktivität. Doch selbst, wenn Sie gedenken, die Seele aus dem Spiel zu lassen und sich nur um das Besitzrecht am physischen Körper zu kümmern, ist Ihre Situation kaum besser; weil Sie nämlich Ihre Frau nicht in ein Gefängnis stecken und ihr und ihrem Tun von morgens bis nachts nachspionieren können, hat sie die Freiheit, mit ihrem Körper zu tun, was sie wünscht. Sollten Sie mehr von ihr verlangen, als sie erfüllen kann, wird sie Sie infolgedessen nur betrügen, und noch mehr Falsches kommt zu dem ohnedies Geschehenen hinzu. Außerdem – was ist Ihr Kummer wirklich noch wert, wenn Sie sich die Mühe machen zu versuchen, seine eigentliche Ursache zu betrachten? Ist etwa der Austausch eines Kusses hie und da wert, sich so zu ärgern, und ist das rein Körperliche, das in den Augen der Welt so viel Bedeutung erlangt hat, in Wirklichkeit nicht unendlich viel weniger als die Liebe der Seele und das Zugehörigkeitsempfinden, das sich kaum je um das Physische kümmert? Sicher! Sind die Augen der Welt nicht blind, wenn sie einen Fehler durch einen noch größeren vergelten wollen, und eine Sünde als Begründung für eine weitere, größere Sünde vorgeben? Ja, die Welt wird Sie unterstützen, wenn Ihr edler Charakter versagt, und sie lässt es zu, dass Sie Ihre Frau fortjagen wegen einer kleinen Leidenschaft, die früher oder später aufgrund der Vergänglichkeit aller Leidenschaften sowieso von selbst verschwinden wird; aber werden Sie dem wirklich nachgeben und damit das Große verlieren, um das Kleine zu erlangen? Solches Tun wäre eines Helden unwürdig, und deshalb werden Sie natürlich die edlere Richtung einschlagen.«

Hier machte Moreward eine Pause, während der Major ihn mit einem verwundert-bewundernden Blick ansah.

»Darf ich etwas fragen?«, bat er. »Haben Sie all diese erstaunlichen Ideen etwa auch in Bezug auf Ihre eigene Frau angewendet?«

»Nun – ja, das tat ich«, antwortete Moreward bescheiden.

»Wollen Sie damit sagen, dass Ihnen das Gleiche passiert ist?«, fragte der Major aufgeregt und ungläubig weiter.

»Ziemlich genau das Gleiche«, kam die Antwort.

»Und Sie haben uns nie davon erzählt?«

»Ich halte nie meine eigenen Angelegenheiten für besonders interessant für andere.«

Aber wir beide erklärten, ihn so nicht ziehen lassen zu können, und so saßen wir noch lange in die Nacht hinein zusammen und hörten der einzigen Episode aus Morewards Leben zu, die ich je imstande war, aus ihm herauszulocken. Mein einziges Bedauern ist, dass ich seinen unnachahmlichen Stil nicht wiedergeben kann, der – wie Moreward selbst – etwas Poetisches und eine Melodik der Sprache besaß, die jeden faszinierte.

11 · Der bessere Weg

»Ich will mir Mühe geben, mir ins Gedächtnis zurückzurufen«, begann er, »was so weit zurückliegt, dass ich natürlich viele Einzelheiten längst vergessen habe; außerdem sind manche davon nicht von Interesse.«

Er erhob sich von seinem Sessel und begann, nachdenklich im Raum auf und ab zu gehen. »Ah, ja«, erinnerte er sich, »es war, als wir eine Villa in der Nähe von Florenz hatten ... ungefähr zehn Jahre nach unserer Hochzeit ... und der Name des Mannes war ... nun, ich muss diskret bleiben, und so wollen wir ihn für unsere Geschichte Henshaw nennen; schließlich ist er ein höchst ehrbarer, verheirateter Mann mit einer großen Familie, und so wäre niemandem damit gedient, wenn wir ihn verrieten. – Ja, nun entsinne ich mich allmählich ein wenig besser.«

Und dann begann er ohne weitere Vorrede, nachdem er sich wieder in seinen großen Sessel beim Kaminfeuer gesetzt hatte:

»Henshaw war ungefähr einen Monat lang mein Gast gewesen, denn – wie man sich leicht vorstellen kann – ich dachte nicht daran, einen Freund einzuladen, der diese weite Reise von England auf sich nimmt, um dann nur ein paar Tage zu bleiben; außerdem hatte ich sehr viel für ihn übrig und war froh, dass er so lange bleiben konnte. Dann zeigte er sich auch als liebenswürdiger Gesellschafter für meine Frau in Zeiten, wenn ich gezwungen war, viele Stunden des Tages fernzubleiben und sie in dem zurückließ, was andernfalls Einsamkeit zu nennen gewesen wäre, denn sie hatte nicht viele Freunde und machte sich auch nicht allzu viel aus bloßen Bekanntschaften. So war denn vorauszusehen, dass eine enge Freundschaft zwischen meiner Frau und diesem Mann entstehen könnte; das Wunder war, dass ich bis zum Ende seines Aufenthaltes nicht bemerkt habe, wie eng diese Freundschaft geworden war, und dass sie sich schließlich zu einer Liebesbeziehung entwickelt hatte. Ja, da kam denn ein Tag – der Tag seiner Abreise –, als ich ihr bis dahin wohlgehütetes Geheimnis entdeckte. Ich war wesentlich früher zurückgekehrt, als ich es ursprünglich beabsichtigt hatte, und überraschte sie in der – wie sie dachten – letzten Stunde ihrer Gemeinsamkeit, die sie für einen liebevollen Abschied nutzen wollten. Und so sah ich es denn, obwohl sie sehr viel Sorge und Mühe investiert hatten, dass ich es niemals erführe, denn das Gesicht meiner Frau war bleich vor Angst, Scham und Schrecken, und Henshaw sah aus wie die Inkarnation von Schuld und Selbstvorwürfen, Kummer und Sorge, alles zusammen.

Es blieb mir nichts anderes übrig, als mich zurückzuziehen, und so teilte ich ihnen mit meinem freundlichsten Lächeln und ohne die geringste Ironie mit, dass ich es außerordentlich bedauere, sie so aus heiterem Himmel überrascht zu haben; danach entfernte ich mich schnell und verwirrt. Sie wollten noch etwas sagen, aber ich wartete nicht, um nur nichts hören zu müssen, sondern ging nach unten, holte mir eine Zigarre und begab mich in den Garten. Dort setzte ich mich auf eine Bank und begann, mir Vorwürfe zu machen ...

Warum hatte ich nicht zumindest etwas unternommen, um meine unzeitige Rückkehr anzukündigen? Die Vorstellung, sie wie ein Dieb in der Nacht überrascht zu haben, quälte mich sehr. Sie hatte so erschreckt ausgesehen, und das tat mir im Herzen weh. Aber natürlich hatte ich es nicht gewusst, zumal die Tür halb offen stand und es völlig still im Zimmer war. ›Wenn sie es mir nur gesagt hätte‹, überlegte ich dann, doch diesem Gedanken folgte sofort der Gegengedanke: ›Das zu tun, hat sie vermutlich für viel zu schwierig gehalten!‹ Offensichtlich hatte sie sich vorgestellt, ich wäre empört, und mich dann aus Selbstverteidigung hintergangen und getäuscht; somit war die ganze Sache mehr oder weniger mein Fehler. Wirklich, ich hätte es voraussehen sollen – als Henshaw praktisch Dauergast in unserem Hause wurde –, dass sie sich verlieben würden. Ich hätte ihr sagen sollen, dass es mir nichts ausmachen würde, denn – was konnte natürlicher sein? War er nicht ein liebenswerter Mensch? Und was sie angeht: Meiner Meinung nach war sie gewiss eine äußerst faszinierende Frau.

Es lag auf der Hand, dass ich ihr einen falschen Eindruck gegeben hatte über die Art und Weise, wie ich mich unter gewissen Umständen verhalten könnte, und so hatte sie sich verpflichtet gefühlt, alles vor mir zu verheimlichen ... Und doch belastete mich diese Täuschung nicht im Geringsten, denn ich wusste ganz genau, dass es nicht nötig gewesen wäre, mich zu täuschen, und ihr das zu zeigen, hätte mich sehr gefreut. Die Erschütterung unserer Eitelkeit nämlich ist es, die uns so ängstlich und verletzt sein lässt, wenn wir hintergangen werden; es ist die zutiefst demütigende Erkenntnis, dass wir im Grunde alle eifersüchtig sind, selbst wenn wir vorgeben, es nicht zu sein, und dass der ›Betrüger‹ dies weiß und sich somit gewissermaßen gezwungen sieht, sich zu verstellen. Aber bei mir war das nicht so, weil – ganz gleich, wie viele Laster ich sonst haben mag – Eifersucht nicht meine Schwäche ist und daher nicht der Gedanke anderer, dass ich es sei oder sein könnte, mein geistiges Gleichgewicht erschüttert. Man fühlt sich selten verletzt, wenn man für etwas gehalten wird, das man nicht ist, denn es ist so einfach, diesen Irrtum zu klären. Aber für etwas gehalten zu werden, das man wirklich ist – das nagt in uns.

Sie hatte mich in diesem Fall offensichtlich für jene Art altmodischen Ehemannes gehalten, der immer gleich mit einer Pistole in der Hand um die Ecke lauert, der bereit ist, jeden, der sein Revier betritt und seine Rechte in Frage stellen könnte, zu erschießen – für einen, der ständig in den Geheimnissen und Angelegenheiten seiner Frau schnüffelt: Das wäre denn in der Tat geradezu ein Albtraum von einem Ehemann! Wäre ich wirklich mit Absicht den Korridor entlanggeschlichen, so hätte mich diese Unterstellung sehr getroffen. So etwas Gemeines, das Schäbigste von allem, hatte ich nicht getan, denn ich liebte meine Frau. So ging es also eigentlich nur darum, die beiden von ihrer Angst zu befreien. Denn, dessen war ich sicher, sie mussten sich in jenem Augenblick äußerst unbehaglich gefühlt haben. Was also wäre zu tun? Sollte ich zurückkehren und ihnen sagen, dass alles in Ordnung sei, oder sollte ich ihm schreiben – denn irgendwie fand ich es etwas peinlich, mit ihm zusammenzutreffen, ohne zu wissen, was ich sagen sollte. Und dann fiel mir plötzlich ein, dass er uns noch am selben Nachmittag verlassen wollte, und ich fragte mich, ob ich ›verschwinden‹ sollte, bis er abgereist wäre, um ihm dann hinterher zu schreiben, wenn ich mit ihr alles geklärt hätte. Sie könnte ihm ja zuerst schreiben, so dass ein Brief von mir kein zu großer Schock für ihn würde, nach dem, was er sich von mir wohl vorgestellt hatte. Einerseits war ich froh, dass es geschehen war, und froh, weil ich mit meiner Frau fühlen konnte, falls sie es zuließe, und es ihr dadurch sehr erleichtern würde. Die dauernde Sorge, dass ich es herausfinden könnte, hatte eine schwere Beeinträchtigung ihres Seelenfriedens sein müssen, und ich wünschte, diese aus dem Wege zu räumen ...

Doch hier kamen meine Überlegungen an ihr Ende, denn ich sah meine Frau, die über die Wiese auf mich zukam mit einem Blick, der eine Mischung aus Entschlossenheit, Sorge und Kummer ausdrückte. Ich hatte mich in eine Laube am fernen Ende des Gartens gesetzt, und so ging ich, als ich sie nahen sah, ihr entgegen, und führte sie dahin zurück, wo ich gesessen hatte, wobei ich ihr eine Zuneigung zeigte, die sie ganz gewiss nicht erwartet hatte. In der Tat schien ihr Erstaunen so groß, dass sie in Tränen ausbrach und sich von mir trösten ließ, so gut ich es vermochte, während sie, wie ich mich erinnere, des öfteren Anstalten machte, etwas zu sagen, das ich aber wegen ihres Schluchzens nicht verstehen konnte. Schließlich wurde sie deutlicher und erzählte mir, dass sie, obgleich sie dagegen angekämpft hatte, sich in diesen Mann zu verlieben, nicht hatte widerstehen können, und so hatte sie endlich nachgegeben und mich getäuscht, weil sie fürchtete, mich unglücklich zu machen. ›Du siehst, ich konnte einfach nicht anders‹, klagte sie wieder und wieder; und meine Antwort war: ›Ich glaube nicht, dass irgendjemand anders gekonnt hätte, und so sind alle diese Vorwürfe, die du dir jetzt machst, unnötig.‹ Und dann, erinnere ich mich, ging es wie mit allen Frauen: Ein gewisser Zweifel kam auf, und sie meinte ganz plötzlich: ›Ich kann an diese Freundlichkeit nicht glauben; irgendwie habe ich das Gefühl, dass du mich hinterher um so mehr quälen musst, um mich zu bestrafen.‹

›Habe ich dich jemals gepeinigt?‹, fragte ich sie freundlich.

›Nein‹, kam ihre Antwort, ›aber ich bin ja bisher auch immer eine gute Frau für dich gewesen.‹

›Und das ist ein noch stärkerer Grund, der dagegen spricht, dass ich dich peinige‹, lächelte ich, ›aus Dankbarkeit.‹

›Aber der Betrug‹, zweifelte sie, ›hast du denn nicht gemerkt, dass ich dich hintergangen habe?‹

›Das ist vielleicht etwas unglücklich gewesen; du hättest dir diese Mühe sparen können‹, antwortete ich ohne Ironie; ›aber dann, so nehme ich an, hättest du dich gefürchtet, es zu tun.‹

›Ich kann das alles nicht glauben!‹, wiederholte sie, um dann nachdenklich zu bemerken: ›Ich frage mich, ob du mich wirklich lieben kannst? Meinst du das tatsächlich, wenn du sagst, es mache dir nichts aus ... macht es dir wirklich nichts aus?‹

›Nicht das Geringste‹, war meine ehrliche Antwort.

›Dann kannst du mich gar nicht lieben‹, rief sie.

›Wenn deine Vorstellung von Liebe bedeutet, so zu handeln, dass das Objekt der Liebe zwangsläufig unglücklich wird – dann liebe ich dich nicht. Wenn deine Vorstellung von Liebe aber bedeutet, einen Menschen ständig in seinem Sinn und Herzen zu bewahren und sein Glück über alles andere zu setzen – dann liebe ich dich.‹

›So ist es im Grunde sehr einfach‹, drängte ich. ›Kannst du zusehen, wie ein geliebter Mensch leidet, wenn nur ein wenig Selbstbeherrschung dieses Leiden abwenden könnte? Außerdem, angenommen, ich würde grob oder dich schlagen oder etwas ähnlich Rachsüchtiges, Unwürdiges oder Kindisches anstellen – was wäre dann? Du würdest mich nur hassen. Und wenn ich dir riete, Henshaw aufzugeben, wäre ich nur wie der Arzt, der dem Ärmsten seiner Patienten den Rat gibt, eine Weltreise zu unternehmen, und damit nur etwas zu raten, das theoretisch wohl ohne Zweifel sehr ratsam und empfehlenswert ist, jedoch fast unmöglich, wenn es um die Ausführung geht.‹

»Und dann überschüttete sie mich mit einer Bewunderung, Zuneigung und Liebe, die ich verzichten könnte zu erwähnen oder gar wiederzugeben, würde ich nicht versuchen, Ihnen, lieber Freund, zu zeigen, dass mitzufühlen, selbst mit den Liebesaffären Ihrer Frau (so sie diese hat), sich tausendfach lohnt. Ich erinnere mich, dass sie mir sagte, wie andere Männer über ihre verletzte Ehre und weitere reichlich kindische Dinge gesprochen hätten, woraufhin ich ihr erklärte, dass ich Ehre nur für eine freundliche Umschreibung der Eitelkeit hielte, und dass es gewisse Länder gäbe, in denen ein Mann närrisch genug wäre, zu beschließen, sich lieber eine Kugel in den Kopf zu jagen, als seine Eitelkeit verletzen zu lassen. Ich sagte ihr auch, dass, als sie versprochen hatte, mich zu lieben, mich zu ehren und mir zu gehorchen, sie ebenso gut ein Versprechen hätte hinzufügen können, zu leben bis ins Alter von achtzig Jahren, und zwar mit ebenso viel Gewissheit, das erfüllen zu können. Wie lange dieses erfreuliche Gespräch gedauert hat, kann ich nicht sagen, denn wir waren beide so glücklich, dass ich denke, es hätte noch stundenlang so weitergehen können, hätten nicht die Alltagsdinge des häuslichen Lebens ein vorzeitiges Ende gesetzt. Aber ich möchte Ihnen doch nicht verschweigen, dass ich in jenem Augenblick von ganzem Herzen den Mann segnete, der – wie die Mehrheit der Menschen wohl meinen würde – mir Unrecht getan hatte; denn in Wirklichkeit war er es, der meiner Frau und mir zu einer viel größeren seelischen Einheit verholfen hatte, da jeder von uns wusste, dass wegen ihm unsere Liebe durch eine schwere Zerreißprobe gegangen war und diese Prüfung bestanden hatte. Das hätte vielleicht keine andere Verknüpfung von Umständen je erreicht.«

Er hielt für einen Augenblick inne und fuhr dann fort:

»Und, mein Freund, was war also das Resultat des Ganzen, und wie zahlte es sich am Ende aus? Wie man vermuten kann, ließ ich die beiden sich so oft sehen, wie sie es wünschten, stellte keine Bedingungen oder Fragen und behandelte diesen Mann weiter als meinen Freund und lud ihn ein, mein Gast zu sein, wann immer er es wünschte. Für einige Monate ging alles so weiter, bis er nach Indien versetzt wurde und schließlich diese Liebschaft meiner Frau ein Ende fand, das nun, aufgrund der räumlichen Trennung, ganz natürlich kam. Es erübrigt sich zu sagen, dass es mir zufiel, sie über den Kummer des Abschiednehmens zu trösten, und obwohl ich sie wirklich sehr bedauerte, empfand ich doch eine große Freude bei diesem Trost, der unsere Seelen noch näher zusammenzuführen schien, als sie sich je zuvor waren. Was danach geschah, scheint kaum berichtenswert zu sein, da es meiner Meinung nach nur eines gab, das mit einem Wesen, das so ehrlich und edel ist wie meine Frau, geschehen konnte. Da die Intensität ihrer Gefühle zu jenem anderen Mann wirklich nur zu einem großen Teil dem Physischen galt, begann meine Frau, als er nicht mehr länger hier war, um als Magnet zur Anziehung ihrer Liebe zu dienen, das Interesse an ihm zu verlieren, und – aus dem wachsenden zeitlichen Abstand seiner Briefe zu schließen – er auch an ihr. Die ganze Sache schwand dahin, als ob sie nie gewesen wäre, ließ jedoch, wie schon gesagt, unsere Liebe um so bereicherter zurück, und zwar um genau das, was uns auch unwiderruflich hätte trennen können. Denn dadurch, dass ich meiner Frau keinen Anlass zur Verstimmung gegen mich gegeben habe und auch keinen Grund, sich in jeglichem Aspekt dieses Wortes als Gefangene zu empfinden, war nichts da, das ihre Liebe zu mir hätte beeinträchtigen können, die sich darüber hinaus zu ihrer blühenden Fülle entfaltete. Da ich meiner Frau auch kein Hindernis in den Weg legte, verwickelte ich sie nicht in einen Skandal – wofür sie ehrlich dankbar war –, und die ganze Angelegenheit wurde so keine Affäre. Die Menschen, die vielleicht nur zu bereit gewesen wären, sich darüber zu freuen, dass mir die Hörner aufgesetzt wurden, wurden damit von vornherein entwaffnet.

Und so, mein Freund, denke ich, dass Sie bereit sein werden zuzugeben, dass der Weg, den einzuschlagen ich versucht habe, Ihnen zu raten, in meinem eigenen Fall zu einem Erfolg geführt hat; ich denke, das sollte auch in Ihrem Falle so sein. Denn, denken Sie daran, der Mann, der immer dem Besten und Ehrlichsten in sich treu bleibt im Verhalten gegenüber seiner Frau, muss immer der Sieger bleiben, da Liebhaber eine ungewisse Sache sind – sie kommen und gehen je nach den Umständen; echte eheliche Freundschaft auf der Grundlage langer Zusammengehörigkeit, des Mitgefühls und Verständnisses jedoch dauert für immer.«

Hier endete Moreward, und der Major, der ihm mit Bewunderung und Respekt gefolgt war, dem er in diesem Maße bisher noch nie Ausdruck gegeben hatte, stellte eine Frage: »Glauben Sie also, dass jeder Ehemann seiner Frau erlauben sollte, einen Liebhaber zu haben, wann immer sie es wünscht?«

Moreward lächelte, als er diese Frage beantwortete. »Darauf muss ich sowohl ja als auch nein sagen, denn was Sie fragen, hängt völlig von den Umständen des Einzelfalles ab und von den Frauen und Männern, die betroffen sind; deshalb kann dies nie nach einer festen Regel behandelt werden. Wie es ein Ding ist, wenn Sie Ihrer Frau Liebhaber gönnen, wie Sie ihr auch Schmuck und schöne Kleider gönnen, so ist es doch ein anderes, ihr zu vergeben und ihr Handeln zu verzeihen, wenn sie erst einmal in einen anderen Mann verliebt ist. Denn wenn Sie ihr befehlen, das Objekt ihrer Zuneigung aufzugeben, so wird sie Sie entweder verlassen – wie es bei Ihnen der Fall ist – oder Sie anders hintergehen, um sich gegen die Auswirkungen Ihrer Wut zu schützen – damit verlangen Sie aber etwas von einem Menschen, das nicht erfüllt werden kann. Darüber hinaus gibt es nichts, was einen Menschen so sehr nach etwas verlangen lässt wie ein Hindernis, das man ihm in den Weg zur Befriedigung seines Wunsches stellt; wie es auch nichts gibt, das eine Zuneigung so rasch tötet wie das Gefühl, eingesperrt zu sein. Wenn Sie also Ihrer Frau einen Strich durch die Rechnung machen wollen, so drängen Sie sie um so schneller in die Arme eines anderen Mannes, aufgrund des Grolles gegen Sie selbst, den Sie in ihrem Herzen entfachen. Wenn Sie also versuchen, ihre Liebe gewissermaßen mit Gewalt zu erhalten, erreichen Sie nur, dass Sie sie ganz verlieren.« Hier hielt Moreward wieder inne.

»Nun, alles, was ich sagen kann«, rief der Major, »ist, dass Sie ein sehr erstaunlicher Mann sind – und dazu haben Sie mir unendlich viel Gutes getan...«

Damit war dieses Thema abgeschlossen, und auch sein Anlass fand ein gutes Ende.

Innerhalb weniger Wochen erfuhren wir, dass Mrs. Buckingham und ihr Mann wieder zusammenlebten und – soweit man das beurteilen kann – offensichtlich glücklich waren.

Moreward sagte zu mir, als der Major gegangen war: »Es ist seltsam, wie viel Reden es braucht, um einen Menschen von einem der einfachsten Dinge der Welt zu überzeugen. Hier hatte ich sozusagen einen absurden Heiligenschein von Seelenadel um mich herum aufzubauen, um diesem guten Mann einen Anreiz zu geben, hinzugehen und meinem Beispiel zu folgen.«

»Edelmut ist immer relativ«, sagte ich darauf, »und was Ihrer hoch entwickelten Wesensart einfach erscheint, ist für den Major heldenmütig.«

Als ich ihm Gutenacht sagte, fragte ich mich, ob es seine Bescheidenheit war, die einen solch weisen Mann zuweilen so erstaunlich naiv erscheinen ließ.

12 · Rollenwechsel

Zu meinem immer neuen Befremden schien Justin Moreward Haig keinerlei feste »Lehrmethoden« zu haben. Das wurde mir eines Tages deutlich, als ich miterlebte, wie weit sich dieser erstaunliche Mann von seiner eigenen hohen Kultiviertheit entfernen konnte, um bei bestimmten Schülern die gewünschten Ergebnisse zu erreichen.

Einen solchen Schüler (dieser Begriff war bei ihm wohl angebracht) lernte ich in seinem Haus kennen; er war am besten durch den – zugegebenermaßen der Umgangssprache entliehenen, jedoch treffenden Ausdruck »alte Jungfer« zu charakterisieren, obgleich ich später erfuhr, dass er einige hohe Qualitäten besaß. Er machte nach außen hin den Eindruck, als sei er nicht in der Lage, auch nur einer Fliege ein Haar zu krümmen. Er schien eine jener extrem femininen Seelen zu sein, der das Missgeschick widerfahren war, in den Körper eines Mannes geboren zu sein – mit der Notwendigkeit, mit Widerwillen Männerkleidung zu tragen, während das Tragen von Röcken ihm doch weit lieber gewesen wäre. Jedenfalls hatte man bei seinem Anblick das Gefühl, dass er – wenn er schon nicht »zu zart fürs Leben« überhaupt war – so doch gewiss zu zart war, um ein langes Erdenleben vor sich zu haben.

Wie ich noch erfahren sollte, beschränkten sich seine weiblichen Tendenzen nicht allein auf seine äußere Erscheinung, sondern sie zeigten sich auch beispielsweise in dem Umstand, dass er nicht nur seine eigenen, sondern auch die Knöpfe eines jungen Mannes annähte, mit dem er zusammen wohnte. Kurz gesagt: Wenn er, wie Moreward es ausdrückte, »Herzensqualitäten« besaß, dann waren es jene einer ungewöhnlich lieben alten Jungfer, die »tat, was sie nur konnte« für die, die sie umsorgte: sich kümmerte, die Pantoffeln wärmte und tausend weitere Kleinigkeiten ähnlicher Art besorgte – also Mütterlichkeit. Denn – es sei daran erinnert – alte Jungfern besitzen häufig mehr von dieser Wesensqualität als so manche Mutter im biologischen Sinne des Wortes.

Toni Bland also verkörperte, was man sich so unter Altjüngferlichkeit vorstellte; er war von zierlicher Gestalt, von schwachem und zartem Wuchs, und er schien auch etwas verwelkt für sein Alter von fünfunddreißig Jahren. Freundlichkeit, Genauigkeit und sanfte Sprechweise kamen – wie man sich leicht vorstellen kann – überdies noch zu den bereits erwähnten Charakteristika hinzu. Was seine Bewunderung für Moreward angeht, so muss ich gestehen, dass sie mir unerklärlich vorkam, denn Letzterer schien in der Gesellschaft Toni Blands völlig in seinem Wesen verändert. Ja, es genügte sogar, dass Bland ins Blickfeld kam, und all die bekannten Zeichen von Morewards Spiritualität, wie Freundlichkeit und Milde, verschwanden schlagartig, um einem völlig gegensätzlichen Wesen Platz zu machen.

Seine Redeweise wurde hart und grell, sein Lachen unangenehm laut, ja sogar ordinär, und seine Sprache durchsetzt mit Flüchen und scharfen Ausdrücken; seine normalerweise so höflichen und etwas zeremoniellen Umgangsformen wurden dann fast ungehobelt und flegelhaft. Es war augenfällig, dass die kleine, altjüngferliche Gestalt Toni Blands die meiste Zeit damit verbrachte, zusammenzufahren und zu erschrecken, da ihre Empfindlichkeiten wieder und wieder mit Füßen getreten wurden; aber ich konnte auch erkennen, dass das »Tantchen« nach einiger Zeit versuchte, diese Reaktionen nicht so offensichtlich werden zu lassen. Toni Bland begann sich seiner Empfindsamkeit etwas zu schämen und machte Anstrengungen, sie ein wenig zu verbergen. Was mich betraf, so war ich, als ich diese erstaunliche Veränderung bei Moreward Haig zum ersten Mal bemerkte, natürlich reichlich überrascht, doch meine Verblüffung sollte später einer tiefen Bewunderung weichen, als er mir seine Beweggründe zu meiner vollen Zufriedenheit erklärte.

Ich lernte Toni Bland bei einem meiner üblichen Gelegenheitsbesuche bei Moreward kennen. Steif, mit gefalteten Händen, saß er auf der Stuhlkante, während Moreward mit dem Rücken zum Kaminfeuer stand, die Daumen in die Armlöcher seiner Weste gesteckt, und

– ganz entgegen seinen sonstigen Gepflogenheiten – eine dicke Zigarre rauchte, was den Raum schon unangenehm eingequalmt hatte. Ohne Anstalten zu machen, sich vom Fleck zu rühren, nickte er mir beim Eintreten nur zu und machte uns laut und formlos miteinander bekannt.

»Hallo«, fragte ich, »seit wann haben Sie sich auf das Rauchen von Zigarren verlegt?«

Er lachte laut. »Rauchen, mein lieber Freund, ist eines meiner Laster, das ich bei manchen meiner hypersensitiven Studenten als Medizin für ihr spirituelles Wohlbefinden brauche.« Dieser geheimnisvollen Erklärung fügte er noch hinzu: »Bland hätte wohl einiges dazu zu bemerken – nicht wahr, Antonia?«

Als Antwort darauf – man konnte es nicht anders erwarten – lächelte Bland nur verlegen, schien sich zu schämen und rieb sanft seine Hände.

»Wie – waren Sie nicht gerade im Begriff, sich dazu zu äußern?«, drängte Moreward.

»Oh, hm, ja – ich denke nur, vielleicht ist es schade, zu – hm – nun – es scheint mir eine ziemlich unangenehme Gewohnheit zu sein – besonders, wenn man ihr im Übermaß nachgibt.« »Sehen Sie«, fuhr er zögernd fort und wandte sich zu mir, »Justin raucht den ganzen Tag, und das kann wirklich nicht gut für ihn sein.«

Das war mir neu – was man mir vermutlich ansah –, doch Moreward gab keine Erklärung. »Kommen Sie, kommen Sie«, meinte er, »Sie drücken sich. Sie sind nicht aufrichtig genug zuzugeben, dass Sie denken, dass alle Leute, die wie ein Schlot rauchen, bestialisch sind – ganz besonders Zigarrenraucher. Sie brauchen sich nicht zu fürchten, dies auszusprechen. – Broadbent, nehmen Sie sich auch eine Zigarre!«

Ich warf einen Blick zu Bland und zögerte, ob ich sie unter diesen Umständen annehmen sollte, doch Moreward blitzte mich mit den Augen an, dass ich begriff, dass er eine Weigerung nicht wünschte, und so nahm ich mir eine Zigarre.

»Das wär's. – Nun, Antonia, worüber haben wir gerade gesprochen?«, fragte er Bland.

»Über die verschiedenen Formen des Yoga«, antwortete dieser sanft, sehr im Gegensatz zu Morewards Lautstärke.

»Habe ich das nicht auf dem Schild eines Plakatträgers gesehen, der die Regent Street auf und ab ging?«, fragte ich.

»Sehr wahrscheinlich«, erwiderte Moreward; »professionelle Handleser, Hellseher und ihresgleichen neigen gerne dazu, die erhabenste Wissenschaft der Welt zu entweihen, indem sie sie mit ihrem gemeinen Gewerbe in Verbindung bringen.«

»Aber, wie steht es mit denen in Indien, die sich mit Asche einreiben und alle möglichen sonderbaren Tricks vorführen?«, wagte Bland zu fragen.

»Kein wirklich großer Yogi wird je seine Fähigkeiten zur Schau stellen oder zu Markte tragen«, erklärte Moreward. Im Gegenteil: Je größer einer ist, desto unauffälliger versucht er, sich dem Uneingeweihten gegenüber zu geben. Nur Menschen von sehr mäßiger Heiligkeit – wie einige eurer Geistlichen – greifen nach Mitteln wie salbungsvollen Reden und Trauerkleidung, als wollten sie sagen: ›Ihr sollt alle sehen, dass ich ein guter Mensch bin‹ – und das trotz der biblischen Aufforderung, sich seine Frömmigkeit nach außen hin nicht ansehen zu lassen. So gibt es zwei Formen der Heuchelei, wenn dieses Wort hier überhaupt angebracht ist: die Heuchelei der inneren Größe, die sich unauffällig gibt – und die Scheinheiligkeit des Durchschnittlichen, der Größe vortäuschen will. Beide sind Lügner, wenn Sie so wollen, aber im einen Fall werden Bescheidenheit und hohe innere Qualität verborgen – im anderen bloße Eitelkeit. So sind also die Yogis, die Sie anführten, liebe Antonia, keine würdigen Vertreter des Yoga – ebenso wenig wie der blasse junge Pfarrer ein würdiges Beispiel echter christlicher Spiritualität ist.«

»Wie dem auch sei – ich habe einige wunderbare junge Pfarrer kennengelernt«, schwärmte Bland fast unhörbar.

Moreward brach in Gelächter aus und fragte, wie viele Pantoffeln er ihnen wohl bestickt hätte.

Ich gewann mehr und mehr den Eindruck, dass Moreward – falls Toni ein Muttersöhnchen war, das nun einmal an überflüssigen und höchst altjüngferlichen Redensarten hing – keine Mühe scheute, ihn lächerlich erscheinen zu lassen. Eine Methode, die allem entgegengesetzt war, was ich bisher bei Moreward kennengelernt hatte. Und doch kam mir der Grund dazu damals noch nicht zum Bewusstsein, obschon ich natürlich vermutete, dass es einen solchen geben musste; und was noch wichtiger ist: Eben jener Grund und eine Rede über Yoga sind meine Rechtfertigung, überhaupt über Toni Bland zu schreiben, da er an sich keine »Geschichte« von besonderem Interesse abgibt, sondern – wie schon gesagt – nur ein Mensch war, der einer sehr ungewöhnlich gearteten Behandlung bedurfte.

Als Antwort auf die letzte Neckerei von seiten Morewards hatte er lediglich etwas verschämt und nichtssagend gekichert. Ich selbst konnte mir sehr wohl vorstellen, dass er durchaus imstande war, einen größeren Teil seiner Zeit damit zu verbringen, Pantoffeln für junge Kapläne zu besticken – obwohl ich ihm damit ohne Zweifel unrecht tat. Ja, ich fühlte mich durch ihn, dieses gezierte kleine Männchen, gereizt und war sehr geneigt, ihm einen ordentlichen Schlag auf seine Kehrseite zu verabfolgen und ihn zu schütteln, bis er zumindest eine kleine Andeutung von Männlichkeit angenommen hätte. Doch Moreward machte eine Bemerkung, die mir schmerzlich bewusst werden ließ, dass meine Gedanken und Neigungen nicht ganz und rein liebevoller Natur waren. »Mache einen Menschen schlecht«, sagte er, »und du wirst sehen, dass Antonia sich für ihn einsetzen wird. – Die äußere Erscheinung, mein lieber Broadbent, trügt leicht, auch wenn das recht banal klingt. Nehmen *Sie* mir das ab?«, fragte er dann und wandte sich zu Bland. »Nein, Sie tun das nicht, und das ist die Schwierigkeit.«

Er begann, im Zimmer auf und ab zu gehen, wobei er den linken Daumen noch immer in seiner Weste stecken hatte.

»Ja«, wiederholte er, »genau das ist die Schwierigkeit; diese dumme Vorstellung, dass Spiritualität, Steifheit und Milchbubi-Sein überhaupt zusammenpassen könnten. Sehen Sie nicht ein, dass das Ziel der Menschheit das Gottes-Bewusstsein ist, kosmisches Bewusstsein? Wie kann dann einer auch nur einen Augenblick lang auf die Idee kommen, dass das Bewusstsein eines blässlichen jungen Hilfsgeistlichen oder einer alten Jungfer auch nur im Geringsten dem Bewusstsein der Gottheit ähnlich wäre? Mumm, mein lieber Freund, ist das erste, was man braucht, um zum Gottes-Bewusstsein zu gelangen!«

Toni blinzelte, lächelte artig und faltete wieder die Hände. »Ich kann nicht ganz einsehen, wie – was war das noch? – das Umkehren der peristaltischen Aktivität des Darmes, wie es die Yogis tun, zur Einheit mit Gott führen kann?«, dachte er laut nach.

»Können Sie nicht? – Nun, ich will Ihnen etwas sagen«, entgegnete Moreward mit wohlgelaunter Angriffslust. »Alles Bemerkenswerte, was man tun kann, ist ein Schritt in Richtung zu Gott und ein Schritt zur Freiheit. Unfähigkeit ist die stärkste aller Fesseln. Darüber zu reden, wie Gott zu sein, der dieses Universum aus sich geschaffen hat, und dabei unfähig zu sein, mehr zu tun als nur Däumchen zu drehen? Du meine Güte, was für eine Vorstellung! Aber ich will Ihnen noch etwas anderes sagen: Es ist verflixt schwierig, Gottesbewusstsein zu bekommen, wenn man einen baufälligen Körper hat. Vollkommene Gesundheit ist nicht nur wesentlich für diesen Zustand höchster Glückseligkeit, sondern sie ist auch eine Eigenschaft Gottes. Stellen Sie sich doch einmal vor, Gott sei krank! Gott sei elend, leidend, in Tränen aufgelöst!« Er lachte. »Was diese Yogis anbelangt, die Sie missbilligen, weil Sie nichts über sie wissen, so kann ich Ihnen mitteilen, dass deren Wissenschaft an sich das Höchste ist, was es auf Erden gibt. Es gibt kaum ein Wunder – wie man das so nennt –, das zu vollbringen diese Yogis nicht lernen könnten. Aber nur, weil sie nicht nach London kommen und in der St. James's Hall eine öffentliche Vorstellung geben, glauben es die Leute nicht – wogegen sie nur zu gerne bereit sind zu glauben, dass der große Yogi von Nazareth vor rund zweitausend Jahren Wunder vollbracht hat. Ja, ich gebe zu, dass einige der unvollkommeneren Yogis dort in Indien vor staunenden Zuschauern haarsträubende Kunststücke aufführen; aber wer seine Kräfte einsetzt, um seine Eitelkeit zu befriedigen oder Geld zu erlangen, wird nicht weiterkommen. Gewinnsucht und Eitelkeit blockieren sehr rasch den Weg zur weiteren Bewusstseinsentwicklung.«

Er ließ sich in seinen Sessel fallen und legte die Füße auf die Kamineinfassung, nachdem er die Zigarre weggeworfen und sich eine neue angezündet hatte.

»Aber ich will Ihnen noch einen verteufelt wertvollen Vorteil sagen, den der Yoga hat«, sprach er weiter: »Seine Bewusstseinszustände werden durch physiologische Methoden erreicht und nicht durch hypnotische oder die Wirkung von Drogen. Und was bedeutet das? Nun, dass keiner mit der Gewissheit, die nur aus Unwissenheit kommt, behaupten kann, dass die menschliche Fantasie dabei eine Rolle spielt. Um sich zu hypnotisieren, muss man sich auf ein Bild oder einen Gedanken konzentrieren, bis man sich vorstellt, tatsächlich zu sehen, woran man denkt – Yoga jedoch ist etwas ganz anderes. Im Inneren des Körpers ruhen gewisse verborgene Kräfte. Erweckt man diese durch rein physiologische Prozesse, die den Yogis bekannt sind, verändert man sein ganzes Bewusstsein; man beginnt Dinge zu sehen, zu hören und wahrzunehmen, die einen umgeben, deren man jedoch nie zuvor bewusst gewesen ist.«

»Kann denn jedermann Yoga üben?«, fragte ich.

»Wenn Sie einen Lehrer finden – was, wie ich zugebe, nicht einfach ist«, antwortete er.

»Ich nehme an, das heißt, nach Indien zu reisen?«, fragte ich weiter.

Er lachte. »Yoga lässt sich in allen Ländern finden, wenn man weiß, wo man suchen muss«, war seine Antwort. »In England war er schon vor dreihundert Jahren, und augenblicklich gibt es auch in London Adepten.«

»Das ist alles sehr interessant«, bemerkte Toni, als er sich von seiner Stuhlkante erhob, »aber ich fürchte, ich muss jetzt gehen.«

»Ist wohl Zeit, abzuhauen?«, fragte Moreward und blieb sitzen.

»Dann tschüs, Antonia; lassen Sie mich wissen, wann Sie wiederkommen.« Er gab ihm von seinem Platz am Kaminfeuer aus die Hand und warf dann seine Zigarre fort.

Toni verabschiedete sich von mir mit der Bemerkung, er hoffte, mich bald wiederzusehen, und zog sich dann steif zurück.

»Was hat dies alles zu bedeuten?«, fragte ich, als ich durch das Zufallen der Haustür wusste, dass Bland außer Hörweite war.

Moreward nahm seine Füße wieder von der Kamineinfassung und lachte mit sichtlichem Genuss, wie er normalerweise zu lachen pflegte. »Zuallererst«, meinte er, als er aufstand und zum Fenster ging, um es zu öffnen, »wollen wir etwas von all diesem Qualm hinauslassen; ich fürchte, er hat Sie ziemlich belästigt. Und nun will ich Ihnen ganz genau erzählen, was es zu bedeuten hat, obwohl ich dachte, Sie wären inzwischen selbst darauf gekommen.«

Er war wieder völlig er selbst; seine Stimme hatte wieder den normalen Tonfall, sein Verhalten war wieder von der wohlbekannten leichten Feierlichkeit geprägt, die eine seiner überaus angenehmen Wesenszüge war. »Sie wussten wohl nicht, dass ich so etwas wie ein Schauspieler bin?«, fragte er mich.

Ich gab zu, dass mir dieser Gedanke noch nicht gekommen war.

»Doch es gibt einige Menschen«, erklärte er, »denen gegenüber es wichtig ist, eine bestimmte Wesensart anzunehmen, um einerseits ihren falschen Vorstellungen entgegenzuwirken und sie andererseits zu festigen. Toni ist, wie Sie bemerkt haben, zu feminin, er ist kraftlos. Das ist an sich schon ein Hindernis auf seinem Weg, noch schlimmer jedoch ist die Annahme, dass die erste Voraussetzung zur Spiritualität Förmlichkeit, Steifheit und dieser Inbegriff von Untadeligkeit sei. Mit anderen Worten, das Geringste bringt ihn schon aus der Fassung. Der einzige Weg, dem entgegenzuwirken, ist, ihn abzuhärten, das heißt, einen Mann aus ihm zu machen, indem man seine Sensibilität so sehr verletzt, dass sie schließlich aufgehoben wird. Sie haben von der Abhärtung als körperlicher Therapie gehört – manche Menschen brauchen die Abhärtung als geistige Therapie. Bei ihm geht es nicht anders.«

Diese Weisheit leuchtete mir sofort ein, und doch fragte ich mich, ob sie in diesem Falle zu etwas Gutem führen würde. Toni Bland, wie ich ihn sah, schien mir ein Mensch zu sein, den man nur mit dem Ausdruck »hoffnungslos« beschreiben konnte. Ich konnte nicht widerstehen, Moreward gegenüber meine Ansichten zu äußern. »Da ist etwas an Ihnen, das mich manchmal verblüfft«, begann ich, »und das ist diese unglaubliche Mühe, die Sie sich geben bei – ich möchte nicht intolerant sein – nach meinem Dafürhalten äußerst dummen Leuten.«

»Damit tun Sie Toni unrecht«, erwiderte er. »Er ist in Anwesenheit von Fremden bemerkenswert scheu, aber im Grunde genommen ist er alles andere als dumm. Er hat sehr viel zu sagen, wenn sonst niemand dabei ist. Wenn er Sie erst einmal kennengelernt hat, wird er Ihnen nicht mehr die Gunst völlig nichtssagender Bemerkungen und Banalitäten gewähren. Ich gebe zu, er ist eine sehr feminine Seele und hat sehr viel zu bekämpfen, aber wenn Sie vier oder fünf Vorleben als Frau hinter sich hätten, wie es bei ihm der Fall ist, ginge es Ihnen vermutlich ganz ähnlich. Sein Schicksal ist nicht leicht.«

»Aber es gibt noch andere von seiner Sorte«, erinnerte ich ihn, »die noch hoffnungsloser sind als er, und trotzdem haben Sie sich mit ihnen, wie mir schien, unendlich viel Mühe gegeben.«

»Sie haben sich noch nicht daran gewöhnt, in Ewigkeiten zu denken«, entgegnete er lächelnd. »Ich habe jeden Einzelnen jener Menschen schon in der Vergangenheit gekannt, und jeder von ihnen hat mir irgendeinen Dienst erwiesen. Undankbarkeit sollte wahrlich keines unserer Laster sein, und so kann ich mir nur wünschen, es ihnen zu vergelten. Meinen Sie denn, Toni, zum Beispiel, würde sich mein ungehobeltes Verhalten gefallen lassen, wenn es nicht eine frühere Verbindung zwischen uns gäbe, die uns zueinander zieht? Wieder und wieder kommt Toni hierher wegen meiner Weisheit und Kenntnis geheimen Wissens, wie er mich ehrt, es zu nennen – und findet sich deshalb ab mit dieser saloppen Umgangssprache, mit Flüchen und Kraftausdrücken – ja, er glaubt an mich, und im Unterbewusstsein weiß er, dass wir früher schon zusammen gewesen sind. Sie sehen also, mein Freund, dass ein weiterreichendes Erinnerungsvermögen die Dinge anders erscheinen lässt, und das scheinbar Bedeutungslose erweist sich als sinnvoll. Toni hat feine seelische Qualitäten, die jenen erkennbar sind, die ihn kennen, aber selbst wenn er sie nicht hätte, würde ich trotzdem immer noch den Versuch unternehmen, seine geistige Entwicklung zu fördern aus Dankbarkeit für den Dienst, den er mir einmal erwiesen hat; und wenn er für den Weg in dieser Inkarnation noch nicht reif wäre, so würde ich es in seiner nächsten wieder versuchen, denn die Zuneigung wird uns immer zueinander führen, Leben für Leben.«

Ich sah Toni Bland nie wieder, aber jene einmalige Begegnung mit ihm zeigte mir indirekt mehr und mehr die Herrlichkeit eines Lebens, das Dimensionen von Jahrtausenden umspannt, statt sich auf die kurze Frist von siebzig Jahren zu beschränken. In dieser umfassenden Denkweise Morewards gab es mit Sicherheit nichts Vergeudetes, nichts Sinnloses, nicht einmal in der scheinbar geringsten Emotion oder Tat. Durch sein Beispiel und seine Lehren wurde das Leben etwas unendlich Herrliches. Gedanken an eine Sinnlosigkeit des Daseins konnten dabei gar nicht mehr aufkommen, und selbst der Gebrauch eines Fluchwortes hatte in seiner Denkhaltung durch seine Lächerlichkeit etwas Erhabenes an sich.

13 · Ein lesenswerter Brief

Mein lieber Charlie,
Du hast es nicht verdient, von mir überhaupt noch einen Brief zu erhalten, weil du selbst wohl nie auf den Gedanken zu kommen scheinst, auch nur ein paar Zeilen zu schreiben und zu fragen, wie es uns geht – und das halte ich für äußerst nachlässig. Doch ich weiß, dass es zwecklos ist, dich zu schelten: Du bist einfach unverbesserlich, was das Briefe-Schreiben angeht, und ich hoffe, du merkst, dass ich Schlechtes mit Gutem vergelte, indem ich nicht völliges Stillschweigen bewahre – was bedeutet, dass ich nicht so schweigsam bleibe wie du. [Allerdings sind die Briefe meiner Schwester gewöhnlich so trocken und langweilig, dass ich sie nicht auch noch durch meine Antworten anregen möchte, weitere zu schreiben; ganz abgesehen davon, gebe ich offen zu, dass ich selbst nur ungern Briefe schreibe.] Gleichviel, wenn du auch diesen Brief nicht beantwortest, wirst du bei mir für sehr lange Zeit abgemeldet sein, das sei dir hiermit gesagt.

Stelle dir vor, du alter Bösewicht, ich habe dieses Wunderexemplar von Mann getroffen, von dem du so eingenommen warst (zumindest, als ich dich damals sah; und alle Leute sagen, du wärst es immer noch). Er war übers Wochenende hier unten, und ich wundere mich nun nicht mehr, warum du so von ihm eingenommen warst: Er ist wirklich der erstaunlichste Mensch, dem ich je begegnet bin. Alle hier unten sind von ihm fasziniert. Denn zum einen ist er überhaupt nicht so wie alle anderen Menschen (jedenfalls gleicht er keinem von denen, die ich kenne), und du weißt, wie wohltuend es ist, jemanden kennenzulernen, der anders ist als diese Masse langweiliger Figuren, die man auf Partys sonst trifft. Natürlich möchte ich dir für mein Leben gern eine Unmenge von Fragen über ihn stellen, aber ich denke, wenn ich dir nicht zuerst einen Sack voll Neuigkeiten liefere, wirst du mir sowieso nicht antworten; außerdem glaube ich, dass du diesmal wirklich an meinem Brief interessiert sein dürftest. [»Ja, vielleicht dieses eine Mal«, dachte ich bei mir.]

Ich kam am Freitag hierher, und er kam am nächsten Tag an. Bis zu seiner Ankunft war ich auf ein tödlich langweiliges Wochenende eingestellt. Da waren die Julian Smiths (die ich noch nie leiden konnte) und diese langweilige Miss Clifford (wie hässlich und öde sie nur ist!), dann der alte Mr. Sandlands (ich bin ganz sicher, dass er spinnt) [»Nächstenliebe ist bestimmt nicht deine größte Stärke«, dachte ich], und schließlich Lady Eddisfield. Und von ihr wurde er eingeführt – doch wieso er ihr Freund sein konnte oder vielmehr sie mit ihm befreundet sein konnte, kann ich mir nicht vorstellen. Zumindest konnte ich das damals nicht, doch nachdem ich ihn zwei Tage lang erlebt habe, ging mir auf, dass alle seine Freunde werden; so etwas habe ich noch nie erlebt. Ich frage mich, wie man sich fühlt, wenn man alle mag, die man trifft oder so. [»Warum versuchst du es nicht einfach einmal?«, dachte ich bei mir.]

Er kam also gerade rechtzeitig zum Tee mit seiner Begleiterin, Lady Eddisfield. Das war vielleicht ein Gespann: Sie dauernd in Bewegung, geradezu in einem Strudel von Aufregung und Unruhe, mit kreischender Stimme, und er, die Ruhe in Person. Irgendwie kam er mir vor, als wäre er ein Besucher im Zoo, der zuschaut, wie eine Horde von Affen in einem Käfig umhertobt. Eine solche Zurückhaltung war um ihn herum; ich meine damit natürlich nicht Überlegenheit oder Dünkel [»Nein, das denke ich auch nicht«, dachte ich mir], aber irgendwie erschien er mir wie ein Beobachter.

Doch dann, als die Unterhaltung in Gang kam, hatte er so eine freundliche, beruhigende Stimme, und alles, was er sagte, schien so ungewöhnlich, und er fällt auch nie in die Umgangssprache! Es war zu komisch: Nach kurzer Zeit fiel mir auf, dass alle anfingen, ihre saloppe Redeweise und Umgangssprache nicht mehr zu gebrauchen, als ob sie sich schämten, das in seiner Gegenwart zu tun. Und da war noch etwas: Er machte nie mit, wenn die Leute anfingen, über andere herzuziehen und sie schlechtzumachen; er schwieg einfach und sah zu, so wie einer kleine Kinder betrachtet, wenn sie Unsinn reden, um sich wichtig zu machen. Er wirkte dabei nicht einfach gelangweilt, sondern irgendwie nachsichtig. Es war zu amüsant, wie die Leute nach einiger Zeit auch damit aufhörten, über andere herzuziehen – wie mit der Umgangssprache. [»Es ist zu schade, dass das bei dir nicht länger angehalten hat, liebe Schwester«, dachte ich bei mir, »es ist so eine überflüssige Beschäftigung«.]

Nach dem Tee machten wir einen Spaziergang im Garten und gingen auch ein bisschen in den Wald, und da erzählte ich ihm, dass ich deine Schwester bin, und er sagte so viele schrecklich nette Dinge über dich, von denen ich sicher bin, dass du sie überhaupt nicht verdienst. [»Danke für das Kompliment«, dachte ich bei mir; »vielleicht kennt er mich weitaus besser als du, liebe Schwester, wenn du an der Wahrheit interessiert bist«.] Und dann schien er sich ungeheuer für mich zu interessieren: Ich fühlte mich wirklich richtig geschmeichelt; und dazu blickte er mich noch so liebevoll an, dass ich zuerst dachte, er wollte ein bisschen mit mir flirten. Aber als ich dann herausfand, dass er jeden so anblickte – ach, das ist ja ganz gleich, was ich da dachte. [»Du fühltest dich ein wenig angeschmiert«, vermutete ich.] Ich fragte mich, ob er ein Künstler oder ein Dichter oder so etwas Ähnliches ist, denn als wir umhergingen, zeigte er mir alle möglichen schönen Dinge und Aussichten, die mir nie zuvor aufgefallen waren; doch als ich Lady E. fragte, was er ist, sagte sie, er wäre nichts, oder vielleicht, sagte sie, wäre er ein wohlbemittelter Herr, oder ohne Beruf, oder so etwas Ähnliches (ich kann mich wirklich nicht entsinnen, was sie mir antwortete, aber das spielt ja auch keine Rolle).

Beim Abendessen erzählte er uns die seltsamsten Sachen. Er ist wirklich der brillanteste Unterhalter, den ich je kennengelernt habe, und kein einziges Mal sprach er von sich selbst. Ich glaube, selbst der Butler begann sich so für ihn zu interessieren, dass er darüber vergaß, uns ordentlich zu bedienen, und ich sah, wie Lady Drummond ihn (ich meine den Butler) ein- oder zweimal sehr missbilligend anblickte. Er hatte mich zu Tisch geführt, und so saß ich gleich neben ihm, und da bemerkte ich, dass er die Fleischplatte immer an sich vorbeigehen ließ und nur Gemüse und Süßigkeiten nahm, und so fragte ich ihn, warum er nicht Fleisch äße, und er lächelte einfach und sagte, es wäre doch jammerschade, harmlose Tiere zu töten. Ist das nicht unglaublich? Du hast mir nie erzählt, dass er Vegetarier ist. Nach dem Essen saßen wir alle in der großen Halle ums Feuer (es war etwas kühl, und so hatte man es angesteckt), und er erzählte uns so viele wunderbare Dinge über Geister und Mahatmas und Fakire, die er auf seinen Reisen in Indien gesehen hatte – wirklich interessant. Ich hatte an solche Sachen nie geglaubt, aber irgendwie, wenn er davon spricht, ist das alles ganz anders, und man denkt, dass das einfach wahr sein muss. Wir blieben auf und hörten ihm den ganzen Abend zu, und als wir zu Bett gingen, nannte Henry ihn einen »reizenden Verrückten«. Da dachte ich an das, was du von ihm gesagt hattest, als du ihn den »naiven Weisen« oder den »weisen Narren« genannt hast, oder nicht? Gleichviel, Henry war schwer beeindruckt, obwohl er so tat, als sei er es nicht.

Am Sonntag geschah etwas ziemlich Lustiges. Er kam zum Frühstück herunter, und als es vorbei war, verschwand er für den Rest des Vormittags. Ich ging in einem Teil des Gartens spazieren, wo normalerweise niemand hingeht, als ich plötzlich auf ihn stieß. Er saß mit überkreuzten Beinen da wie ein Schneider, aber kerzengerade, mit geschlossenen Augen, ohne sich an irgendetwas anzulehnen, doch so still, als würde er schlafen. Nun, irgendwie traute ich mich nicht, ihn anzusprechen, und entfernte mich wieder. Doch ich war so neugierig, dass ich nach ungefähr einer halben Stunde wieder dorthin zurückkam, und, stell dir vor, er befand sich noch in genau der gleichen Haltung, in der ich ihn zuletzt gesehen hatte, und ich bin sicher, er hatte sich die ganze Zeit über nicht gerührt. Sag mir unbedingt, was er da getan hat! Ich glaube, es war etwas Außergewöhnliches, und hätte ihn für mein Leben gern gefragt, aber irgendwie brachte ich es doch nicht fertig. [»Und wenn er es dir gesagt hätte, würdest du es doch nicht verstehen«, dachte ich bei mir.]

Nun, diese Epistel wird sehr lang, und so höre ich jetzt besser auf; aber ich will alles über diesen Mann wissen. Was ist er nur, und was tut er? Wie alt könnte er wohl sein? Und, sag mir, ist er sehr reich? Und wer und was sind seine Leute? Aus Lady E. ist nichts herauszubekommen; sie tut so geheimnisvoll, wenn ich sie frage – aber ich glaube nicht, dass sie überhaupt etwas weiß, und das will sie wohl verbergen.

Nun, auf Wiedersehen, und denk daran: Wenn du mir nicht antwortest, werde ich dir niemals verzeihen.

Alles Liebe, *Deine Schwester Ethel*

P. S. Warum kommst du nicht einmal für ein Wochenende zu uns? Es ist schon ewig lang her, dass du das letzte Mal bei uns warst.

14 · Eine ungelöste Aufgabe

Wie schon gesagt, war der Brief, der das vorangegangene Kapitel bildet, von meiner verheirateten Schwester. Doch ich hatte noch eine zweite, jüngere Schwester, die einen so völlig anderen Charakter hatte, dass mir die Vererbungstheorie angesichts dieser Tatsache bestenfalls als nur zum Teil richtig erschien, keinesfalls als die ganze Wahrheit. Und wirklich, wie Moreward es erklärte, als er über dieses Thema mit mir sprach, ist Vererbung nur die Auswirkung und nicht die Ursache. Ein Mann beispielsweise, der trinkt, wird in seiner nächsten Inkarnation in eine Familie gezogen werden, in der er die Möglichkeit hat, sein Verlangen zu befriedigen. Die Vertreter der Vererbungstheorie würden dann behaupten, er tränke, weil sein Vater getrunken hat; mit anderen Worten, er erbte einen Körper, der die Neigung zum Trinken hat. Und das ist so weit auch wahr, doch der eigentliche Grund für diese Erbschaft bleibt dabei aus dem Spiel, und die Vererbung wird hier als erste Ursache betrachtet anstatt als bloße Auswirkung; die Ursache liegt viel weiter zurück. Oder, wenn wir ein anderes Beispiel nehmen: Ein Mensch, der in seiner letzten Inkarnation Musiker war, hat für seine gegenwärtige Inkarnation einen Körper und ein Gehirn gewünscht, die eine gewisse Sensitivität bieten; er brauchte also die Inkarnation in eine Familie, in der, sagen wir, die Mutter musikalisch ist, so dass er einen ihr entsprechenden Körper erben kann, oder, wenn wir eine Generation überspringen, die Begabung seiner Großmutter; dieser Unterschied spielt keine Rolle. Jetzt würden die meisten Leute gleich sagen: »Dieser Mensch hat seine Musikalität von der Mutter«, doch tatsächlich ist eine solche Aussage nur zum Teil richtig: Er hatte seine Musikalität schon lange, bevor er mit seiner Mutter zusammenkam, wenn man es so ausdrücken will. Seine Mutter war nur das Mittel, das ihm half, seine musikalische Begabung auf der physischen Ebene seiner gegenwärtigen Inkarnation zu verwirklichen, und nichts weiter. Natürlich wird die Vererbungstheorie den meisten Leuten genügen, weil sie noch nicht die Fähigkeit erlangt haben, sich an ihre früheren Inkarnationen zu erinnern; aber diejenigen, die dazu in der Lage sind, können die Vererbung nur als eine Wirkung anerkennen, nicht als die Ursache, und das ist ein gewaltiger Unterschied.

Man wird sich daran erinnern – nach dem Gespräch, das ich mit Moreward in den Kensington Gardens hatte, als er mich mit einem Hinweis auf unsere früheren Erdenleben verblüffte –, dass er an die Reinkarnation glaubte, und das nicht nur als an eine Theorie, sondern als eine unwiderlegbare Tatsache. Und doch überraschte es mich, warum über dieses Thema in der westlichen Welt so wenig bekannt war – zumindest bis vor verhältnismäßig kurzer Zeit. »Sehen Sie«, sagte er, »die Menschen leugnen die Reinkarnation, weil sie sich an ihre Vorleben nicht erinnern können – das fehlende Gedächtnis ist für sie Beweis genug für die Nichtexistenz. Und doch, würde ich Sie fragen, was genau Sie an einem bestimmten Tag, sagen wir, vor fünfzehn Jahren getan haben, würde Ihr Gedächtnis Sie auch im Stich lassen, obgleich Sie davon überzeugt sind, dass Sie zu jener Zeit am Leben waren. Die Sache ist so: Mit jeder Inkarnation erhält das Ich einen neuen Körper, und damit auch ein neues Gehirn, und es ist allein das Gehirn, was erinnert. Da dies so ist, kann sich das Gehirn an nichts erinnern, was stattgefunden hatte, bevor es gebildet wurde – ja, wir können uns nicht einmal an eine Vielzahl von Dingen erinnern, die geschahen, nachdem unser Gehirn sich formte. Denn, wollte ich Sie fragen – um ein weiteres Beispiel zu nehmen –, woran Sie vor zehn Minuten dachten, so werden Sie feststellen, dass Sie es vollkommen vergessen haben. Dessen ungeachtet hat jeder von uns bestimmte rudimentäre Organe in sich, die wir – manche Esoteriker sind hierzu in der Lage – aktivieren können. Wenn diese Organe erst funktionieren, ist das Resultat ein Erinnerungsvermögen, das unabhängig ist vom körperlichen Gehirn. Aus diesem Grund erinnert sich der Eingeweihte an seine früheren Leben.«

Diese Äußerungen und Ansichten Morewards habe ich hier wiedergegeben, weil sie erstens von Interesse sind und zweitens eine Bedeutung für die nun folgende Geschichte haben.

Wir beide waren für ein Wochenende eingeladen, wo auch meine jüngere Schwester Gladys anwesend war sowie ein junger Mann, für den sie zumindest eine Schwäche hatte, während er zweifellos sehr in sie verliebt war. Aber es war recht offensichtlich, dass – ganz gleich, welches ihre Gefühle füreinander waren – etwas unverkennbar Unharmonisches zwischen ihnen stand. Gordon Mellor, so hieß er, konnte nämlich seine Niedergeschlagenheit kaum völlig verbergen, wie der aufmerksame Blick und die Intuition meines weisen Freundes ohne weiteres feststellte. Es dauerte auch nicht allzu lang, bis er in die Sache hineingezogen wurde; denn meine Schwester war sofort angetan von ihm (wenn auch nicht erotischer Art), was sich bald in dem Verlangen äußerte, recht offen in seiner Gegenwart zu sprechen, nachdem er sie dazu ermuntert hatte.

Ich persönlich wusste, welches die Schwierigkeit war, nämlich ein falscher Stolz und Eitelkeit auf ihrer Seite; aber da alle meine Versuche, dies in Ordnung zu bringen, mit der Bemerkung abgelehnt wurden, ich sei ein Mann und könnte deshalb den Standpunkt einer Frau nicht verstehen – abgesehen davon hätte ich »sehr seltsame Ansichten« –, gab ich meine Bemühungen als zwecklos auf. Da darüber hinaus ein Prophet in der eigenen Familie nichts gilt, blieben meine Bestrebungen noch nutzloser, als sie es sonst vielleicht gewesen wären. So schleppte sich das Problem nun schon eine Reihe von Wochen hin – ja, Monaten, soweit ich unterrichtet war –, ohne dass sie zu einer befriedigenden Lösung gelangt wären.

Vom ersten Tag unserer Ankunft an sprach Moreward über spirituelle und andere Dinge in einer Weise, dass er sehr bald die Bewunderung meiner Schwester weckte. Als ich das erkannt hatte, nutzte ich die erste Gelegenheit, ihm zu sagen, dass Gladys in Schwierigkeiten war und sein taktvolles Eingreifen geraten zu sein schien. Selbstverständlich zeigte er sich, wie immer, sofort bereit, in jeder möglichen Weise zu helfen, so dass ich es einrichtete, dass wir drei einmal unter uns waren, um die Sache zu besprechen, ohne Gefahr zu laufen, dabei gestört oder unterbrochen zu werden – was unter den gegebenen Umständen nicht schwierig zu bewerkstelligen war.

Ich schnitt das Thema an, als wir nachmittags zu dritt übers Land spazierengingen. »Dein guter Gordon«, sagte ich, »scheint in eurer Freundschaft nicht gerade aufzublühen, meine liebe Gladys.«

Sie errötete und versuchte, diese Bemerkung abzuwehren, hatte jedoch keinen Erfolg.

»Übrigens«, meinte Moreward, »Miss Broadbent, Sie und er interessieren mich sehr. Ich habe Grund anzunehmen, dass Sie beide sehr, sehr alte Freunde sind. Ihre Beziehung reicht zurück durch viele Inkarnationen, wenn ich mich nicht irre.«

Meine Schwester schien erfreut und war plötzlich sehr interessiert. Esoterischen Themen war sie keineswegs abgeneigt, sondern gerne bereit, an solche Dinge zu glauben. »Fantastisch, dass Sie so etwas wissen können«, rief sie begeistert, »aber wie, um Himmels willen, stellen Sie das an?«

»Das ist recht einfach«, antwortete er lächelnd. »Wenn man zwei Menschen ganz normal betrachtet, kann man im Allgemeinen feststellen, ob sie harmonisch sind. Die Verwandtschaft von Mutter und Kind, beispielsweise, ist gewöhnlich aufgrund von Ähnlichkeiten im Körperlichen zu erkennen. Um eine Verwandtschaft geistiger Art zu erkennen, muss man sich die Mentalkörper der Menschen ansehen; auf diese Weise kann man erfahren, ob eine Seelenverwandtschaft vorliegt oder nicht.«

»Und, meinen Sie, dass Gordon und ich seelenverwandt sind?«, fragte sie.

»Mit Sicherheit«, antwortete er.

»Ha, ha!«, rief ich triumphierend. »Jetzt, da du dies weißt, wirst du ihn vielleicht besser behandeln!«

»Ich habe ihn nie schlecht behandelt«, erklärte sie etwas erbost.

»Ich nenne es schlecht«, entgegnete ich, »und du kennst meine Ansichten in dieser Beziehung, und ich möchte wetten, wenn wir Moreward die Sache erzählen, wird er meine Ansicht teilen.«

»Worum geht es denn?«, fragte Moreward voll Anteilnahme. »Kann ich vielleicht etwas helfen?«

Sie blickte ihn dankbar an, als sie antwortete: »Nun, sehen Sie, es gibt Schwierigkeiten.«

»Das ist mehr oder weniger Unsinn; die Schwierigkeiten lassen sich auf jeden Fall lösen. Tatsache ist jedoch, dass du selbstgefällig und spießig bist«, sagte ich lachend, um meine unvorteilhafte Äußerung etwas abzuschwächen.

»Du liebe Zeit!«, meinte Moreward besänftigend. »Was machen Brüder doch immer für Komplimente!«

»O ja, er ist sehr gemein«, bemerkte sie kühl.

»Die Schwierigkeit ist folgende«, fuhr ich fort, und nahm die Angelegenheit wieder in die Hand: »Gladys hat etwas gegen die Ehe und kann sich nicht zur Heirat entschließen, doch sie liebt diesen Mann und möchte auch, dass er sie liebt. Aber da sie nicht miteinander verlobt sind, meint sie, sie müssten – nun gut, absolut platonisch sein. Ja, tatsächlich würde sie nicht einmal offen zugeben, dass sie den Mann liebt, weil sie denkt, das wäre unschicklich.«

Moreward lachte verständnisvoll.

»Nun, meinen Sie nicht auch, dass ich recht habe?«, fragte sie ihn bittend.

»Wohl kaum *ganz* recht«, antwortete er mit einem Lächeln.

»Da siehst du; was habe ich zu dir gesagt?«, rief ich triumphierend.

»Aber wirklich, Mr. Haig«, sagte sie mit all ihrer Überzeugungskraft, »so etwas tut man nicht – nicht in der Gesellschaft, in der ich verkehre, jedenfalls. Wir sind keine Bohemiens, wissen Sie, und wir können so etwas einfach nicht tun.«

»Aber wo bleibt da der unglückliche Mann?«, fragte Moreward und blickte sie väterlich an. »Ist das nicht ziemlich hart für ihn?«

»Die reinste Grausamkeit«, ergänzte ich.

Meine Schwester überlegte.

»Ja, doch, weil sie dem Mann nicht den Laufpass geben wird«, erläuterte ich, zu Moreward gewandt, »ihm aber auch nicht ein einziges Atom Liebe zeigen wird. So etwas nenne ich flirten – ja, flirten, und zwar auf die infamste Art und Weise.«

»Ich habe in meinem ganzen Leben noch nicht geflirtet«, erklärte sie eifrig.

»Aber gibt es nicht auch eine Art des Flirtens«, bemerkte Moreward vorsichtig, »die so heimtückisch ist, dass man sie als solche gar nicht erkennt?«

»... und die deshalb um so tadelnswerter ist«, fügte ich hinzu.

Meine Schwester schien verblüfft. »Ich verstehe das nicht ganz«, gab sie zu.

»Nun gut«, erklärte er ihr mit freundlichster Stimme, »wenn Sie in der Sicherheit leben, dass ein Mann Sie liebt, ihn aber mit Ihrer persönlichen Anwesenheit quälen und – wohl wissend, dass er leidet – ihm doch nicht das geringste Zugeständnis machen ... könnte man das nicht als eine besonders hinterhältige Art zu flirten bezeichnen?«

Meine Schwester schwieg beschämt.

»Ich weiß«, fuhr er fort, »flirten ist ein zweideutiges Wort, und vieles wird Flirt genannt, was nach meinem Dafürhalten kein Flirt ist. Wenn zum Beispiel zwei Menschen sich wirklich mögen und dies auch zeigen, obgleich sie nicht beabsichtigen zu heiraten, dann ist das, streng genommen, kein Flirten, denn es ist nicht unehrlich nur deswegen, weil es ›unehelich‹ ist, wenn ich es so ausdrücken kann. Wenn andererseits jedoch zwei Menschen darauf aus sind, Gefühle ineinander zu erwecken, nur um die Eitelkeit zu befriedigen und zu spielen, und nicht, weil sie sich ehrlich lieben, dann können wir das wirklich als Flirten bezeichnen, denn es bedeutet, hinterhältig etwas zu verlangen ohne die Absicht, etwas von sich zu geben.«

»Aber das ist bei mir ja gewiss nicht der Fall«, protestierte sie.

»Dann wollen wir die Situation einmal etwas kritisch betrachten«, antwortete er. »Indem Sie diesem Mann Ihre Gesellschaft in reichlichem Maße gestatten, machen Sie ihn glauben, dass Sie ihn mögen, oder nicht? Und das erweckt in ihm gewisse Hoffnungen, die zu verwirklichen Sie nicht die geringste Absicht haben, sei es im Sinne einer Ehe oder auf andere Weise. Das Ergebnis ist, so fürchte ich, dass er leidet. Mit anderen Worten, liebe Freundin, erkaufen Sie sich Ihr Vergnügen nicht mit dem Preis seines Leides, und erwarten Sie nicht sehr viel von ihm, ohne ihm etwas von sich zu geben?«

»Aber was sollen denn die Leute denken?«, warf sie ein.

»Was die Leute denken«, hielt er bestimmt entgegen, »beruht auf Egoismus und Eitelkeit und nicht auf Altruismus und Liebe.«

»Meine liebe Gladys«, sagte ich, »es ist zwecklos; dein Verhalten ist herzlos und kleinkariert. Du flirtest, und je früher du das erkennst, desto besser.«

»Wäre es vielleicht nicht besser, ganz ehrlich mit diesem Mann zu sein«, sprach Moreward weiter, »und ihm zu sagen, dass Sie ihn lieben, aber dass Sie nach Ihren Grundsätzen über die Ehe lieber nicht heiraten möchten? Ein solches Verhalten hätte nicht nur den Vorteil, aufrichtig und offen zu sein, sondern es gibt ihm auch die Wahl, sich entweder zurückzuziehen oder sich mit diesen Voraussetzungen zu arrangieren.«

»Aber das würde nie funktionieren«, warf sie ein; »er würde mich sofort ... nun, eben küssen wollen!«

»Das ist wirklich der Gipfel der Prüderie! So etwas habe ich noch nie erlebt!«, meinte ich liebevoll. »Deine Eitelkeit ist einfach phänomenal, und knauserig bist du noch obendrein. Erst lässt du diesen unglücklichen Mann zappeln und ewig hängen zwischen Hoffnung und Verzweiflung, um deine verrückte Eitelkeit zu befriedigen, und dann bist du noch zu schäbig, offen zuzugeben, dass du ihn liebst, oder zu geizig, ihm einen Kuss zu geben, der ihn bereits in den siebten Himmel erheben würde.«

Moreward warf mir einen Blick herüber, der volle Zustimmung anzeigte, meine Schwester hingegen sah mich nur ärgerlich an.

»Wir wollen uns hier einmal hinsetzen und uns an der Aussicht erfreuen«, schlug Moreward vor. Wir setzten uns ins Gras, und ich bemerkte, dass er meine Schwester recht nachdenklich betrachtete.

»Sehen Sie«, sagte er nach einer Weile sinnend, »es gibt zwei Arten von Tugenden auf der Welt – echte Tugenden und falsche Tugenden. Die falschen Tugenden sind die, die ihre Wurzel in der Eitelkeit haben, die echten kommen aus der Selbstlosigkeit. Doch was ihre äußere Erscheinung angeht, so sind sie nicht immer leicht zu unterscheiden, weil sie den Menschen doch sehr ähnlich vorkommen. Meine liebe Miss Gladys, ich hoffe, Sie werden mir verzeihen, wenn ich ein grobes Wort gebrauche, aber die Haltung, die Sie diesem Manne gegenüber einnehmen, ist – ganz gleich, wie schicklich und lobenswert sie vom weltlichen Moralkodex aus auch erscheinen mag –, wenn man sie aus einer spirituelleren Perspektive betrachtet – nun, reiner Egoismus. Wenn ich mir Ihre Aura ansehe, so stelle ich fest, dass sie nicht weit und ausgedehnt ist, sondern zusammengezogen und stark begrenzt. Und dann erkenne ich Anzeichen dafür, dass Sie durch dieses kleine Drama mit demselben Mann schon in vielen früheren Erdenleben gegangen sind, und jedes Mal hat es Leid gebracht. Aber, anstatt dass die Lektion durch all dieses Leid gelernt wurde, wurde sie jedes Mal übersehen oder missachtet, so dass Sie in Ihrem heutigen Leben das Gleiche noch einmal erfahren müssen; denn Liebe ist ein Band, das uns eine Inkarnation nach der anderen miteinander verbindet. Aber nur, wenn diese Liebe selbstlos und edel ist, wird sie uns Glück bringen, andernfalls ist diese Verbindung eher ein Unglück als reine Freude, wie es in Ihrem Fall zu sein scheint, aufgrund Ihrer Einstellung, die zu ändern Sie nicht gewillt sind. Und was schon früher geschehen ist, muss – so fürchte ich – sich wiederholen, denn in jenen früheren Inkarnationen hat der Mann sie jedes Mal verlassen und verzweifelt aufgegeben, weil er in seiner Liebe bei Ihnen Großzügigkeit und Selbstlosigkeit suchte und am Ende enttäuscht wurde.«

Er sprach nun wieder wohlklingend flüssig, wie es typisch für ihn war, wenn er solche Themen erörterte; doch leider sind meine Bemühungen, seinen Stil nachzuahmen, erbärmlich mangelhaft.

»Sie sehen«, sprach er weiter, beredt und milde zugleich, »Sie sind den strengen Konventionen der Welt in dieser Angelegenheit gefolgt, ohne sich jemals zu fragen, ob sie richtig oder falsch sind, ob sie auf Egoismus oder Edelmut beruhen. Denn in diesem Fall – wie in vielen anderen – haben Sie eine Regel nur deshalb beachtet, weil die Leute es so erwarten; Sie haben es aber unterlassen, darüber nachzudenken, ob sie an sich recht ist. Denn die Gesetze und Konventionen der Gesellschaft haben ihre Grundlage in Regeln, die keinen Spielraum lassen für Ausnahmen und die individuellen Umstände des Einzelfalles. Und genau so, wie eine Sache für den einen zuweilen richtig ist und doch bei anderen völlig falsch, so kann ein solch starres Festhalten an den Konventionen der Welt manchmal aus der Sicht des Göttlichen äußerst tadelnswert sein. Außerdem wissen wir in unserem Herzen, dass das Festhalten an Konventionen falsch ist und niemals eine Tugend, sondern nur versteckte Eitelkeit und Feigheit, und damit nicht würdig, verbunden zu werden mit dem hohen Wert einer selbstlosen, echten und unverdorbenen Liebe. Und wenn jenes Festhalten nicht allein von der Eitelkeit diktiert wird, sondern zugleich auch noch einem Menschen Leid zufügt, der unschuldig ist und dessen Absichten aufrichtig und ehrenhaft sind, dann ist es doppelt zu verurteilen. Liebe nämlich, die sich nicht um das Wohl ihres Gegenstandes kümmert, ist überhaupt keine Liebe, sondern eine andere Emotion, die sich hinter ihrem Namen verbirgt.«

Er hielt einen Moment inne und blickte meine Schwester wohlwollend-überredend an und legte seine Hand auf ihren Arm.

»Und jetzt«, fuhr er fort, »ist es, wie in den meisten Situationen, eine Sache der Entscheidung: Was ist süßer – Stolz oder Liebe? Lohnt es sich, das Kindische und Vergängliche dem im Wege stehen zu lassen, das von Dauer ist, dass eine kleine Illusion die großartige Wirklichkeit verstellt? Denn zweifellos ist eitler Stolz nur eine Illusion, da diejenigen, die stolz sind, diese Haltung ausnahmslos auf Dinge beziehen, zu denen sie selten passt, und sie da vernachlässigen, wo sie besser angebracht wäre. Denn Sie sind, wie viele andere, stolz darauf, zu verheimlichen, statt offen zu bekennen, und stolz darauf, hartherzig zu sein statt liebevoll; und doch ist keines dieser Dinge wert, dass man stolz darauf ist, sondern eher das Gegenteil, da sie nur Irrtümer sind, die sich mit dem äußerlichen Anschein von Tugenden maskieren. Trotzdem sind sie Irrtümer, ganz gleich, was die Leute dazu sagen mögen. Denn Geiz ist dasselbe, sei es nun in Bezug auf Geld oder die Liebe, auch Täuschung fällt in diese Kategorie und Herzenskälte. Stolz auf eines dieser Dinge zu sein, bedeutet, stolz auf das zu sein, was schwach ist und kindisch, statt auf das, was weise und infolgedessen stark ist.«

Hier hörte Moreward auf zu sprechen und blickte sie liebevoll bittend an. »Wenn eines Mannes Glück auf dem Spiel steht, ist das für mich ein Vorwand, ein bisschen zu predigen«, sagte er entschuldigend, »und Ihr eigenes Glück gleichfalls. Obschon Ihre Liebe womöglich nicht sehr stark ist, so lieben Sie diesen Mann doch mindestens so sehr, wie Sie im Augenblick überhaupt fähig sind, einen Menschen zu lieben, und Sie werden darunter leiden, ihn zu verlieren, was – wie ich fürchte – sehr bald der Fall sein wird. Doch nun haben wir genug moralphilosophiert für diesen Tag. Wir verpassen den Sonnenuntergang hinter dem Hügel dort; der hat seine eigene Philosophie.«

Doch, so überzeugend Morewards Rede – zumindest mir – in diesem Falle, wie in den meisten anderen, auch erschien, so kam sie hier doch entweder zu spät oder der Stolz meiner Schwester hat die Oberhand behalten; denn sie war nicht fähig, ihre Einstellung zu ändern, wenn sie sich auch noch so schuldig in ihrer Seele gefühlt haben mag. Tatsächlich hatten wir die Sache schon fast wieder vergessen, als mir etwa einen Monat später Moreward einen Brief in Gladys' Handschrift zeigte. Er lautete:

»*Verehrter Mr. Haig,*
ich bin sehr unglücklich, und da Sie schon einmal versucht haben, mir zu helfen – obwohl ich so töricht war, Ihren Rat nicht zu befolgen –, bin ich sicher, dass Sie mir wieder helfen werden, ungeachtet dessen, was wie Undankbarkeit meinerseits aussieht. Gordon hat mich verlassen, wie Sie vorausgesagt hatten. Er meinte ganz einfach, dass er es nicht länger aushalten könne und es vorzöge, mich nicht mehr zu sehen. Ich habe ihm mehrere Male geschrieben, aber er antwortete nicht, und so fürchte ich, dass wenig Hoffnung besteht, dass die Dinge wieder in Ordnung kommen. Es wäre mir ein großer Trost, wenn ich noch einmal mit Ihnen sprechen könnte, und ich bin sicher, dass Sie mir verzeihen, dass ich Sie belästige, aber ich weiß, dass Sie immer bereit sind, jemandem in Schwierigkeiten zu helfen. Mit freundlichen Grüßen
Ihre ergebenste Gladys Broadbent.«

»Natürlich will ich tun, was ich kann«, sagte Moreward, als ich den Brief gelesen hatte, »aber ich denke, Sie sprechen besser einmal mit dem Mann und finden heraus, wie er die ganze Angelegenheit sieht.«

»Ich habe den Eindruck, Sie haben Ihre Weisheit bei Gladys vergeudet«, erwiderte ich, »und warfen Ihre Perlen vor die – nun, ich möchte es besser nicht sagen.«

»Ein bisschen Weisheit, selbst für den Unempfänglichen, ist nie völlig nutzlos«, antwortete er freundlich, »denn obwohl Ihre Schwester dazu verurteilt sein mag zu leiden, da sie alles verlangte und nichts gegeben hat und dachte, Eitelkeit wäre eine Tugend und Liebe sei Schwäche, so hat sie jetzt doch zugleich eine Ahnung, warum sie leiden muss, und wird ihre Lektion infolgedessen um so rascher lernen. Denn jetzt wird sie die Summe ihrer Irrtümer nicht noch vergrößern, indem sie ihm Vorwürfe macht statt sich selbst; und für den Rest ihrer gegenwärtigen Inkarnation mag sie lernen, dass das Wesen der echten Liebe das Geben ist und nicht das Zurückhalten und allezeit nur an sich selbst zu denken, statt an den Gegenstand der Zuneigung. Wenn sie sich dann in einer künftigen Inkarnation wiedertreffen – was sie zweifellos tun werden – und sich wieder ineinander verlieben, wird ihr dieses zusätzliche Wissen gut anstehen, und was dieses Mal durch Leid beeinträchtigt war, wird dann statt dessen erfüllt sein von Verständnis und Glück.«

15 · Im selbst gebauten Gefängnis

Allmählich betrachtete ich Justin Moreward Haig (wohl nicht ohne Berechtigung) als eine Art Seelenarzt, und wenn einer meiner Bekannten geistige Medizin zu brauchen und nicht völlig hoffnungslos zu sein schien, bat ich Moreward ohne Zögern, diesen Menschen mit mir zu besuchen – wie man auch einen Arzt zu einem Kranken holen würde, außer, dass bei Moreward natürlich kein Honorar fällig wurde.

Zum Beispiel zu einer Dame mittleren Alters namens Mrs. Burton, die ich schon einige Zeit kannte; sie schien mir einer Veränderung ihrer Einstellung zum Leben besonders bedürftig zu sein, denn sie war einer jener Menschen, von denen man zwar sagen konnte, dass sie wohl die Möglichkeiten hatten, alles zu besitzen, sich jedoch an nichts erfreuen konnten. Sie hatte gleichsam eine Mauer um sich herum gebaut und lebte so in einem Zustand der Isolation, der ihr viel Schmerz bereitete, ohne dass sie die Ursache auch nur erahnen konnte. Da ich selbst nicht erfahren genug war, einen solchen Fall mit einiger Aussicht auf Erfolg zu behandeln, holte ich wieder einmal Moreward zu Hilfe, wie ich es schon bei Major Buckingham getan hatte; obgleich Mrs. Burton keine abenteuerliche Episode abgibt, so bietet sie doch ein weiteres Beispiel von der Wirksamkeit der geistigen Therapie meines weisen Freundes.

Ich erinnere mich gut an das erste Mal, als wir sie in ihrer geräumigen Wohnung im Stadtteil Belgravia zusammen besuchten. Es war ein heller Tag, leicht dunstig, und als wir in die Nähe des Belgrave Square kamen, bemerkte Moreward mit wohlgelauntem Widerwillen, dass wir nun in die beinahe schlechteste Aura von London eintauchten. »Hier könnte man die geistige Atmosphäre fast mit dem Messer schneiden«, meinte er, »so dick und erstickend ist sie.« Und ich lachte, denn bei meinem Mangel an Sensitivität in dieser Beziehung konnte ich keinen Unterschied zwischen einem Ort und einem anderen wahrnehmen, außer, wo es um Hässlichkeit und Schönheit ging. Bei unserer Ankunft – ich muss es gestehen, denn ich liebe den Nachmittagstee mehr als jede andere Mahlzeit – überraschte uns Mrs. Burton mit einem sehr köstlichen kleinen Mahl, und ich »verdrückte« eine ganze Menge (ich könnte innerlich erröten, wenn ich daran denke), so dass ich sogar die Bemerkung provozierte (die jemand anderem gegenüber geäußert wurde und mir einige Tage später zu Ohren kam), ich wäre sehr gierig. Kritik zu üben, war wohl auch der einzige Lebensinhalt von Mrs. Burton: Sie schaute durch ein Guckloch aus ihrem selbst gebauten Gefängnis hinaus und kritisierte alles und jeden. Denn sie war der Ansicht, dies bedeutete, das Leben so zu sehen, wie es wirklich ist, und deshalb sehr praktisch eingestellt zu sein.

Morewards erster Schritt war es, sie etwas aus sich herauszulocken und einfach reden zu lassen. Ich wusste sehr wohl, dass er nur ihre Aura zu betrachten brauchte, um ihren Charakter gründlich zu kennen, aber – wie er mir einmal sagte – »diese Methode wird in unserer Zeit kaum genügen; man muss ihr erlauben zu reden, so dass sie erkennt, dass ich ihre Persönlichkeit ganz redlich an handfesten Merkmalen beurteile, und nicht anders.«

»Ja«, sagte sie nach einigen anderen Bemerkungen, »ich habe nicht allzu viele Freunde.«

»Ist das nicht ein Jammer?«, fragte Moreward teilnahmsvoll. »Das Leben wird dann leicht so einsam.«

»Ja, das ist es wirklich«, antwortete sie etwas bedrückt, »aber es sind ja auch nur sehr wenige Menschen, die als Freunde in Frage kämen; ich bin schon sehr oft im Leben enttäuscht worden.«

»Sie haben wohl gefunden, dass Menschen nicht vertrauenswürdig sind?«, fragte er weiter.

»O ja, sehr unzuverlässig«, pflichtete sie bei, »und dann ist es auch so schwierig, Menschen zu finden, die einen wirklich verstehen.«

»Ja, natürlich, wenn man wirklich verstanden werden will, ist es, wie Sie sagen, schwierig.«

Er blickte einen kurzen Augenblick zu mir herüber, mit einem Zwinkern, als wollte er sagen: »Was reden wir doch für einen Unsinn!«

»Ich nehme an, Sie haben selbst keine Schwierigkeiten, andere Leute zu verstehen?«, fügte er ehrerbietig hinzu.

»Nun, das kann ich wohl behaupten«, bestätigte sie, erfreut über das Kompliment, »aber man weiß natürlich nie.«

»Ich hätte gedacht, Sie hätten recht zahlreiche Freunde«, heuchelte ich, ohne mir etwas anmerken zu lassen.

»Keine echten Freunde«, korrigierte sie mich.

»Aber auf jeden Fall doch wenigstens Menschen, die nett zu Ihnen sind?«

»Genau«, echote Moreward.

Sie lachte mit scheinbarer Bescheidenheit. »Aber wenn man selbst umgekehrt jene nicht mag, ist das so unbefriedigend«, sagte sie.

»Ja, damit kann man allerdings auch nicht befriedigt sein, Mrs. Burton«, pflichtete Moreward ihr höflich bei.

»Nun, um ganz ehrlich zu sein«, erwiderte Mrs. Burton, etwas bescheidener lächelnd, »das kann man wirklich nicht.«

»Ich nehme an, eine Frau Ihres Temperaments wird natürlich viel von Ihren Freunden erwarten?«, folgerte Moreward teilnahmsvoll.

»Ja, nun, selbstverständlich tut man das«, bestätigte Mrs. Burton.

»Ich möchte nicht gerade sagen sehr viel, aber etwas schon.«

»Es wäre vielleicht ein ganz guter Vorsatz, gar nichts zu erwarten«, schlug Moreward vor, als ob ihm diese Idee gerade eben erst gekommen wäre.

»Das wäre aber komisch«, meinte sie, »aber ich kann mir nicht so recht vorstellen, wie man das tun sollte.«

»Einfach, indem man sich um eine gewisse Toleranz bemüht, die man den Menschen entgegenbringt.«

»Aber das wäre nicht gut für sie.«

»Das frage ich mich«, sann Moreward.

»Es ist ein sehr erfreuliches Gefühl«, ergänzte ich; »er hat es mir einmal beigebracht.«

»Nein, wirklich!«, warf sie ein, »Ihnen so etwas beizubringen – ich glaube kaum, dass man das lernen kann.«

»Aber man kann es«, beharrte ich.

»Nun gut«, beschwichtigte sie mit der Weisheit der Unwissenden. »Ich fürchte, ich könnte es nicht. Ich denke, ich bin dazu zu kritisch und zu realistisch.«

»Ich frage mich, ob kritisch zu sein, wirklich realistisch zu sein bedeutet«, grübelte Moreward, als sei ihm dieser Gedanke wieder eben erst eingefallen.

»Man kann ja schließlich kein Träumer sein«, erläuterte Mrs. Burton; »man muss das Leben so sehen, wie es wirklich ist.«

»Aber irgendwie bezweifele ich, dass überhaupt jemand das Leben wirklich sieht, wie es ist«, erwiderte er; »das ist immer eine Frage der Brille, die man auf der Nase hat: Nimmt man eine blaue Brille, scheint alles blau.«

»Besser, alles blau zu sehen, als unwirklich«, beharrte Mrs. Burton.

»Aber gerade das hieße doch, alles unwirklich zu sehen«, verbesserte er.

»Meinen Sie?«

»Aber ja; eine Landschaft sieht ja wohl kaum blau aus, wenn man sie nicht durch ein blaues Glas betrachtet, oder?«

»Aber das Leben ist schließlich keine Landschaft!«

»Da bin ich mir nicht so sicher.«

Mrs. Burton lächelte, antwortete aber nichts.

»Ich weiß jetzt, was es ist«, fügte Moreward hinzu. »Sie sind eine jener schlauen Leute, denen es schwerfällt, glücklich zu sein.«

Mrs. Burton erhob die Hand zum vergnüglichen Protest.

»Ich bin nicht so ganz unglücklich«, erklärte sie schlicht.

»Vielleicht gleichgültig?«, mutmaßte er.

»Möglich.«

»Lady Morton«, meldete das Dienstmädchen und führte eine etwas majestätische Dame herein. Bald darauf verabschiedeten wir uns, wobei Mrs. Burton uns bat, bald wiederzukommen.

»Ich fürchte, Ihre Bekannte wird sich als sehr schwieriger Fall erweisen«, meinte Moreward, als wir fortgingen. »Sie hat sich mit einer harten Schale umgeben, durch die selbst die liebevollsten Gedanken keinen Zugang haben, so dass ihr ganzes emotionales und mentales Wesen verhungert. Die Ursache ist eine Kombination von Angst und Eitelkeit – sie fürchtet sich, Gefühle zu haben, hat Angst vor der geringsten Zurückweisung, ja vor dem Leben überhaupt, und ich sehe wenig Hoffnung, dass sie in dieser Inkarnation aus ihrem Gefängnis herausfindet, es sei denn, etwas sehr Unerwartetes geschieht.«

»Was, zum Beispiel?«, fragte ich.

»Zum Beispiel eine sehr tiefe und leidenschaftliche Liebesaffäre«, antwortete er.

»Du lieber Himmel!«, lachte ich.

»Das ist das Einzige«, ergänzte er. »Ihre Aura ist weitgehend grau – das bedeutet Depression –, und um das aufzulösen, bedarf es einer sehr mächtigen Welle von Emotionen. Ich meine mich zu erinnern, dass Sie sagten, Mrs. Burton sei Witwe, und ich nehme an, sie ist ungefähr fünfundvierzig? Dann ist sie also zwischen dem gefährlichen Alter und dem ganz gefährlichen Alter.« Ich lachte.

»Eigentlich«, antwortete ich, »meine ich nicht, dass sie Witwe ist; sie ist entweder getrennt oder geschieden von ihrem Mann (ich kenne die Zusammenhänge nur sehr ungenügend). Wenn Sie ihr also eine Liebesaffäre empfehlen, könnten Sie ihr eine Menge Probleme einbrocken – das heißt, falls sie nur von ihrem Mann getrennt lebt.«

Er lachte wieder sein liebenswürdiges Lachen. »Mein Freund«, sagte er dann, »Sie haben mir oft die Ehre erwiesen, mich einen Seelenarzt zu nennen. Ein Arzt verschreibt Medizin – manche dieser Medizinen schmecken süß, andere jedoch bitter, manche sind Gift, andere unschädlich; aber ihr Ziel ist immer, eine Heilung zu bewirken.«

»Und das bedeutet?«, fragte ich.

»Nun, wenn es darum geht, Seelen zu heilen«, erklärte er ernst, »ist man oft gezwungen, etwas zu raten, das gleichsam widerlich schmeckt auf der Zunge der äußeren Welt. Die Welt ist ja wie ein Kind, das man im Kräutergeschäft laufen lässt: Es kostet mit seinem mangelhaften Unterscheidungsvermögen jedes Kraut und nennt es gut oder schlecht, je nachdem, ob es süß oder bitter schmeckt. Doch sind nicht die bitteren Dinge häufig heilsamer als die süßen, weil nichts an sich gut oder schlecht ist?«

»Sprechen Sie weiter«, bat ich ihn.

»Nehmen wir also an, dass Mrs. Burton nur von ihrem Mann getrennt lebt. Selbst dann ist eine Liebesaffäre, die die Welt als unschicklich missbilligen wird, unter den gegebenen Umständen das Einzige, was ihre Seele retten kann. ›Denn wer sein Leben erhalten will, der wird's verlieren‹, bedeutet wesentlich mehr als die bloßen Worte, denn oft bedeutet es: ›Die ihre Tugend erhalten will, muss sie verlieren.‹«

»Der Uneingeweihte würde sagen: ›Eine gefährliche Lehre‹«, warf ich ein.

»Belladonna, die Tollkirsche, ist ein gefährliches Gift; doch der Homöopath schätzt es in vielen Fällen als unbezahlbar.« Er hielt einen Augenblick inne und fuhr dann fort: »Es war einmal ein Muttersöhnchen. Das ging zu einem Weisen in Indien und fragte ihn, wie es zur Befreiung gelangen könnte. Und der Weise, der erkannte, dass er es mit einem sehr schwachen Exemplar seiner Art zu tun hatte, fragte ihn: ›Hast du jemals gelogen?‹ Und der junge Mann war erschrocken und verneinte. Darauf sprach der Weise: ›Lerne zu lügen, und tue es gut; das ist der erste Schritt.‹ – So würde ich zu Mrs. Burton sagen: ›Lernen Sie zu lieben, und tun Sie es gut, um die Liebesfähigkeit in sich zu entwickeln. Um Ihre Eitelkeit abzutöten und Ihren moralischen Mut zu stärken, lernen Sie auch, sich nicht darum zu kümmern, was die Leute dann sagen werden.‹ Das sind ungewöhnliche Lehren aus der Sicht der Welt, wenn Sie so wollen, aber vom Standpunkt des Heilers aus sind sie unbezahlbar.«

Doch trotz des Ernstes in diesem Fall war Moreward in seiner unerschöpflichen Geduld und Gutmütigkeit bereit, Mrs. Burton noch einmal zu besuchen und einen weiteren Vorstoß zugunsten ihrer Emanzipation zu unternehmen. Und so fanden wir uns vierzehn Tage später wieder vor ihrer Wohnungstür ein.

»Mrs. Burton ist ausgegangen, meine Herren«, gab uns das Dienstmädchen Auskunft, »aber sie wird bald zurückerwartet, und Miss Mabel und Miss Iris sind zu Hause.«

Folglich traten wir ein und wurden von zwei lebhaften Zwillingen empfangen, mit denen ich, ehrlich gestanden, mehr bekannt war als mit ihrer Mutter. Sie waren auch wirklich so leicht kennenzulernen, wie es umgekehrt bei ihrer Mutter schwerfiel, denn sie gehörten zu dem modernen Typ junger Frauen, der fast völlig frei ist von irgendwelchen Konventionen. Sie hatten vielerlei Charakterzüge, aber so etwas wie Respekt gegenüber den Eltern hätte man vergeblich bei ihnen gesucht – wenn man davon absieht, dass sie sich in Anwesenheit ihrer Mutter aus Zweckmäßigkeitsgründen etwas zurücknahmen, bis diese außer

Sichtweite war. Die beiden jungen Damen teilten ihren Freunden offen mit, dass »Mutter eine große Plage« sei, und ich hatte, um der Wahrheit die Ehre zu geben, darüber hinaus den Eindruck, dass die beiden Töchter sich ausschließlich über sie lustig machten und sie hinters Licht führten.

Nach einem herzlich-lebhaften Empfang, bei dem sie beide gleichzeitig redeten, setzte uns Miss Mabel (ich glaube jedenfalls, dass es Mabel war, denn sie sind sich sehr ähnlich) davon in Kenntnis, dass »Mutter Besuche machte. Sie kann das zwar nicht ausstehen, aber sie liebt es, Dinge zu tun, die ihr verhasst sind; so ist sie nun einmal – hat sie nicht einen komischen Geschmack? Ich wünschte, wir täten gerne Dinge, die wir hassen, dann müssten wir nicht von morgens bis abends hören, wie egoistisch wir sind.«

Moreward lachte. »Selbstlosigkeit«, sagte er leutselig, »ist nicht im Geringsten zwangsläufig mit Märtyrerschaft verbunden, obschon es schwierig ist, den Leuten diese Tatsache beizubringen.«

»Hurra«, rief Miss Iris und klatschte in die Hände, »da haben wir noch eine verwandte Seele gefunden!«

»Was für ein entzückender Mensch«, flüsterte mir Miss Mabel zu.

»Manche Menschen haben so eine Vorstellung ›Selig sind die freudlosen Geber‹«, fügte Moreward lächelnd hinzu.

»Genau das ist es«, sagte Miss Iris: »Ein langes Gesicht ziehen und alles so tun, als ob es schmerzte, und schon meint jeder, man ist ein Heiliger. Ich möchte einmal einen Heiligen mit einem runden Gesicht wie eine Kirsche sehen.«

»Wie geht es übrigens Ihrer Mutter?«, fragte ich. »Jemand sagte mir, sie hätte eine schwere Erkältung gehabt.«

»O ja«, antworteten sie gleichzeitig, doch dann überließ Miss Iris den Rest des Satzes ihrer Schwester: »Mutter dachte ein oder zwei Tage, sie sei sehr elend – nur, um ein bisschen Mitleid zu ernten, wissen Sie. Doch jetzt ist sie wieder ganz in Ordnung und sehr beschäftigt mit freudlosem Geben« (sie lachten beide), »mit Wohltätigkeitsbasaren und lauter solchem Kram.«

»Ich habe wunderbare Dinge über Sie gehört«, sagte Miss Iris und wandte sich zu Moreward. »Die Leute sagen, Sie würden die Welt auf den Kopf stellen.«

Er lachte herzlich. »Es ist leicht, theoretisch die Welt auf den Kopf zu stellen«, antwortete er, »denn wenn etwas kugelrund ist, kann keiner sagen, welche Seite oben ist, nicht wahr?«

Miss Iris sprang auf und begann, das Feuer zu schüren und damit ihrer eigenen Lebhaftigkeit etwas Luft zu geben. Moreward sah dagegen so ruhig aus, dass ich an jene Bemerkung im Brief meiner Schwester erinnert war, in der sie von den Affen im Zoo schrieb.

»Ich sehe: Sie nehmen das Leben von der glücklichen Seite«, stellte er fest; »ein glücklicher Mensch zeigt viel Weisheit.«

»Nun, irgendjemand muss ja glücklich sein«, erwiderte sie. »Mutter nimmt das Leben verdrießlich, und so müssen wir das wieder wettmachen. Mutter denkt, dass alles falsch ist; wir denken, dass alles recht ist – und dabei macht das Leben viel mehr Spaß.«

»Da war einmal ein weiser Mann«, erzählte er, »der sagte, das Leben sei zu ernst, um ernstgenommen zu werden. Vielleicht erkennen Sie den tiefen Sinn dieses Satzes und leben danach.«

»Vielleicht tun wir das«, meinte sie. »Ich nehme an, er wollte damit sagen, dass das Leben so langweilig ist, dass man den Spaß selbst beizutragen hat.«

»Wie ich sehe, sind Sie sehr scharfsinnig«, antwortete er; »das ist wohl ziemlich genau, was damit gemeint ist.«

»Einen Punkt für Iris!«, rief Mabel fröhlich.

»Nehmen Sie doch noch etwas Tee«, forderte sie mich dann auf; »und zu essen ist auch noch genug da, bedienen Sie sich also. Sie sehen, wir halten nicht viel von den kärglichen Nachmittagstees, wie sie einem sonst wo vorgesetzt werden, wenn man zu Besuch kommt.«

Aber da ich mich schon die ganze Zeit reichlich verwöhnt hatte (Mrs. Burton war schließlich außer Haus und konnte daher nicht ihr kritisches Auge auf mir ruhen lassen), enthielt ich mich des weiteren Konsums ihrer Leckerbissen. Doch dann trat sie, wie aus heiterem Himmel, in den Raum, und ich muss hinzufügen, dass die Munterkeit der Zwillinge ebenso plötzlich weg war wie die Luft aus einem angestochenen Ballon. Ja, nachdem sie eine Weile verdrießlich sitzen geblieben waren, verschwanden beide mehr oder weniger verstohlen aus dem Zimmer.

Mrs. Burton unterhielt uns, beziehungsweise sie unterhielt uns vielmehr überhaupt nicht, mit einigen konventionellen Redensarten, die keinen interessierten, bis Moreward es einrichtete, die Konversation auf nützlichere Themen zu lenken.

»Ihre Töchter«, sagte er anerkennend, »haben uns während Ihrer Abwesenheit sehr angenehm unterhalten; sie sind beide geistreich und amüsant.«

»Ich fürchte, Sie schmeicheln ihnen«, erwiderte sie. »Ich persönlich habe das Gefühl, es wäre ein großer Vorteil, wenn sie etwas mehr Ernst entwickeln könnten.«

»Das wird von selbst kommen, wenn sie älter werden«, antwortete er; »gegenwärtig haben sie so viel Liebe in ihren Wesen, dass sie glücklich sind, ohne ernst zu sein, wie Sie es ausdrücken. Liebe ersetzt die Ernsthaftigkeit.«

»Liebe?«, zweifelte Mrs. Burton.

»Wie die meisten Zwillinge«, erklärte Moreward, »stehen sie sich sehr nahe, und – so seltsam dies auch klingen mag – ihre Liebe füreinander, die schon seit vielen Erdenleben besteht, ist der Grund dafür, dass sie in diese Inkarnation als Zwillinge gekommen sind.« (Er zwinkerte mir zu, wie um zu sagen: »Jetzt wollen wir sie aber schockieren.«)

»Was für eine komische Idee«, bemerkte Mrs. Burton mit missbilligender Ungläubigkeit.

»Kommt Ihnen das so komisch vor?«, fragte er freundlich. »Aber ist es denn so seltsam, wenn wir überlegen, dass Liebe einfach das Prinzip der Anziehung ist und das ganze Universum durch Liebe zusammengehalten wird? Darum ist Liebe das Allerwichtigste in der Welt.«

Mrs. Burton versuchte erst gar nicht, diesen Gedankengängen zu folgen; offensichtlich hielt sie so etwas für zu »rührselig«. »Ich fürchte, ich kann nicht allzu viel Liebe bei ihnen sehen«, stellte sie bedauernd fest; »manchmal erscheinen sie mir erbärmlich egoistisch, und ich fühle mich häufig verpflichtet, ihnen das zu sagen. Sie haben noch keinerlei Pflichtgefühl gelernt, das es ihnen wünschenswert werden lässt, Gutes zu tun.«

Moreward konnte ein Lachen nur schwerlich unterdrücken. »Meinen Sie«, fragte er sanft, »gute Werke sind gut, wenn sie nur als Pflicht getan werden?«

»Ich sehe nicht viel Verdienst darin, etwas zu tun, das man gerne tut«, antwortete sie tadelnd.

»Selig sei der freudige Geber«, sagte ich übermütig.

»Was bedeutet«, erklärte Moreward, bevor Mrs. Burton Zeit hatte zu antworten, »dass gute Werke, die ohne Liebe vollbracht werden, von nur dürftigem Wert sind, wohingegen schon das Empfinden der Liebe zu anderen an sich ein gutes Werk ist, da es wie Nahrung für eine hungernde Seele ist.«

Mrs. Burton sah drein, als hätte sie den Eindruck, dass die ganze Welt ein Ort des Undanks wäre. Hier war ein Mann, der ihr gleichsam mitteilte, dass alle ihre guten Werke von dürftigem Wert seien, während, nach ihrer Einschätzung, schon allein die Tatsache, dass man dabei Langeweile empfand, ein zusätzliches Verdienst war.

»Sie beide haben wahrlich merkwürdige Vorstellungen«, meinte sie hilflos.

»Sie sehen also«, erläuterte Moreward beschwichtigend, »dass die Dinge nicht ganz so sind, wie sie erscheinen. Ein Menschenwesen ist nicht nur sein stofflicher Körper: Er hat auch einen Emotionalkörper, einen Mentalkörper und einen geistigen Leib; diese drei durchdringen seinen physischen Leib. Indem man einem Menschen Liebe entgegenbringt, bereichert man tatsächlich diese subtileren Körperhüllen. Durch bloßes Gutes-Tun, wie man es nennt, hilft man nur dem vergänglichen Aspekt des Menschen; jene feineren Körper sind mehr oder weniger ewig, während der grobstoffliche Leib in wenigen Jahren stirbt. Den hungernden stofflichen Menschen zu füttern, das gebe ich zu, ist also realistisch; den inneren, feinstofflichen Menschen jedoch zu nähren, ist noch viel effektiver, denn je anhaltender die Wirkung einer Sache ist, desto realer ist diese. Obwohl Geld zu geben bedeutet, einen Teil seines Besitzes zu verschenken, und auch nicht ohne Verdienst ist, so heißt jedoch zu lieben, einen Teil von sich selbst zu geben. Darum ist einer, der echt liebt, niemals wirklich egoistisch.«

Darauf fiel Mrs. Burton keine Erwiderung ein; nachdenklich blickte sie den Sprecher an und schwieg.

»Egoismus und Selbstlosigkeit sind Wörter, die in aller Munde sind«, sprach er weiter; »und sehr nebulöse Vorstellungen verbindet man mit ihrem Sinn. Egoismus ist das Ausrichten seines Sinnes auf sich selbst; Lieben bedeutet nicht nur, seinen Sinn auf jemand anderen als sich selbst zu richten, sondern zugleich auch einen Teil von sich selbst dem zu geben, an den sich die Liebe richtet. Daher ist das Realste aller guten Werke, unsere Mühe, unser Geld und uns selbst zusammen zu geben. Und, was noch wichtiger ist: Dabei ernten wir selbst das Glück, denn zu lieben bedeutet, die Schönste aller Empfindungen zu fühlen.«

Mrs. Burton nahm ihre Zuflucht zu einem scheinbar gutmütigen Lachen, zu dem manche Leute flüchten, wenn sie mit einer Sache nicht übereinstimmen, aber kein Argument zur Widerlegung parat haben. Mit anderen Worten, sie lachte, weil es ihr etwas peinlich war, nicht die Worte zu finden, mit denen sie ihre Überzeugungen hätte aufrechterhalten können – falls man in diesem Fall von Überzeugungen sprechen kann.

»Ich sehe, dass Sie mich und meine Ideen für ein klein wenig verrückt halten«, bemerkte Moreward wohlgelaunt, »doch ich kann Ihnen versichern, dass sie älter sind als das Christentum selbst und darüber hinaus auch völlig vernünftig. Um ganz offen zu Ihnen zu sein, Mrs. Burton«, fuhr er etwas lebhafter fort: »Ich hatte aus unserer Unterhaltung neulich den Eindruck gewonnen, dass Sie innerlich nicht glücklich sind. Nun, *ich* bin es, und das Erste, was ein wirklich glücklicher Mensch wünscht, ist, dass andere auch glücklich sein sollen. Das ist ein sehr vernünftiger Wunsch – so vernünftig, wie man einem Kranken einen bestimmten Arzt empfiehlt, weil dieser einem selbst schon geholfen hat.«

Mrs. Burton lachte ein bisschen und bemerkte: »Sie sind sehr freundlich.« Doch seine Absicht und sein Verhalten sahen so ehrlich besorgt aus, dass sie tatsächlich ein wenig Dankbarkeit empfand und nicht umhin konnte, dies zu zeigen.

»Und was werden Sie mir verschreiben?«, fragte sie.

»Mehr frische Luft«, antwortete er einfach. »Überall um uns sind herrliche Bereiche des Glücks, die denen wahrnehmbar sind, die die Fenster ihres Geistes öffnen, und jenen verschlossen sind, die sich selbst verschließen.« Er hielt einen Augenblick inne und sagte dann nachdenklich: »Das verschlossene Gemüt muss sich unglücklich fühlen, denn auf einem kleinen Platz kommen eine Reihe menschlicher

Sorgen zusammen; doch geht man hinaus in das Grenzenlose und Ewige – wie weit ist dann all der Kummer der Menschen entfernt? Das ist, wie wenn man den Slum hinter sich lässt und hinausgeht in die Weite der Meere und Himmel. Wenn man einmal dort draußen ist, wird die Seele erfüllt von göttlicher Gelassenheit, und dann fällt alle Kritiksucht und das Alles-als-falsch-Empfinden ab, weil dieses Empfinden verkrampft und kindisch ist; das Kritisieren scheint nicht mehr der Mühe wert zu sein. Ihre Schwierigkeit, werte Freundin«, fügte er hinzu und legte seine Hand einen Augenblick auf die ihre, »ist, dass Sie alles als falsch betrachten (selbst die Unbeschwertheit Ihrer Töchter). Kehren Sie das Ganze um, und betrachten Sie alles als recht – und warten Sie ab. Ich versichere Ihnen, dass Sie es nie bedauern werden.«

Er erhob sich, um zu gehen, schüttelte ihr herzlich die Hand, und obwohl sie sehr wenig sagte, hatte ich das Gefühl, dass er sie irgendwie beeindruckt hatte und sie vielleicht eines Tages ihres selbst gewählten Gefängnisses überdrüssig werden und das, was er ihr gesagt hatte, als richtig annehmen würde.

16 · Eine ungewöhnliche Bekehrung

Eines Abends läutete ich spät an der Tür meines Freundes und traf ihn zu Hause an, jedoch in der Gesellschaft einer Frau, die offensichtlich zu jener Kategorie gehörte, der man lockere Sitten nachsagte. Ich muss gestehen, dass ich einen Augenblick überrascht war, besonders nach einem gewissen Zögern von Morewards Faktotum, als ich ihn an der Tür fragte, ob sein Herr zu Hause sei. Ja, hätte mich nicht die herzliche Begrüßung »Das ist Flossy Macdonald. Nehmen Sie Platz, lieber Freund; ich freue mich so, Sie zu sehen«, zur Besinnung gebracht, hätte ich die beiden wohl noch länger peinlich berührt angestarrt.

»Flossy«, sagte er, wieder ihr zugewandt, »Sie haben mich schon häufig von Mr. Broadbent sprechen hören; das ist er.«

Sie lächelte mir etwas unsicher zu und wandte dann ihren eindeutig liebevollen Blick wieder zu Moreward. Wir sprachen einiges Belangloses, bis sich nach ungefähr zehn Minuten Flossy erhob, um uns zu verlassen. Moreward begleitete sie zur Haustür, wo sie sich noch einen Augenblick flüsternd unterhielten. Als er zurückkam, schmunzelte er: »Das Augenfällige ist nicht immer die Wahrheit«, bemerkte er. »Was Flossy betrifft, so ist sie ein höchst interessanter psychologischer Fall; ich möchte ihre Bekanntschaft keinesfalls missen.«

»Das Augenfällige ist insofern wahr, als sie in Sie verliebt ist«, wagte ich einzuwerfen.

»Nun – ja«, antwortete er bescheiden, »vielleicht erweist sie mir diese Ehre. Schließlich ist Liebe ein nützlicher Faktor, wenn es darum geht, jemanden auf dem Evolutionsweg der Seelen zu führen.«

Ich war mir nicht ganz im Klaren, was er damit meinte.

»Wenn ein Mädchen einen Mann liebt«, erklärte er, »dann wird sie mehr für diesen Mann tun, als wenn sie nicht in ihn verliebt ist. Wenn sein Einfluss ein guter ist, wird er ihr dann um so leichter helfen können. Dass eine Frau in einen verliebt ist, mein Freund, gibt einem eine wunderbare Gelegenheit, ihr Gutes zu tun – selbst wenn man diese Liebe nicht in der gleichen Weise erwidern kann.«

»Haben Sie sich dann vorgenommen, Miss Flossy auf den Pfad der Tugend zurückzuführen?«, fragte ich. »Können Sie sie überreden, ihren gegenwärtigen Lebenswandel aufzugeben?«

»Sie wird die Überredung nicht nötig haben, wenn die Zeit reif ist«, antwortete er; »sie wird ihn aus eigenem Antrieb aufgeben.«

»Das kommt mir aber recht unwahrscheinlich vor«, meinte ich darauf; »das tun solche Frauen im Allgemeinen nicht.«

»Das ist auf zwei Ursachen zurückzuführen«, war seine Antwort, »deren schwerwiegendste die Intoleranz der Gesellschaft ist. Die Gesellschaft erlaubt es diesen Frauen nicht, ihren traurigen Beruf aufzugeben; wenn ein Mädchen einmal auf die schiefe Bahn geraten ist, wird es als Ausgestoßene betrachtet und damit auf die wirkungsvollste Weise daran gehindert, wieder umzukehren. Abgesehen davon, dass sie kindisch ist, ist mangelnde Bereitschaft zu vergeben die schlechteste Taktik. Um ein Übel zu heilen, muss man es vergeben; indem die Gesellschaft einem ›gefallenen Mädchen‹ die Vergebung versagt, lässt sie ihm nur die Wahl zwischen Hungertod und Straße.«

»Und die andere Ursache?«, wollte ich wissen.

»Die andere Ursache ist weitaus seltener, dafür näherliegend – nämlich die Abneigung gegen Keuschheit.«

»Und Flossy?«

»Flossy gehört in diese letztere Kategorie«, sagte er schmunzelnd, »und doch hat sie eine sehr feine Seele – und sie hat viel geliebt.«

Nun war mein Interesse geweckt, und ich bat ihn, mir etwas mehr über sie zu erzählen, und vor allem, wie er ihre Bekehrung zu bewerkstelligen gedachte.

Es stellte sich heraus, dass Flossy eine verwitwete Tante und deren kleine Kinder mit ihren Einkünften ernährte. Sie versuchte auch, einen guten Einfluss auf ihre Kunden auszuüben – auch wenn das seltsam klingen mag –, indem sie sie mit ihren sanften weiblichen Mitteln in manchen Fällen überredete, die Trinkerei bleiben zu lassen, oder, in anderen Fällen, auf die Brutalität zu verzichten, und so weiter und so fort. Kurzum, wissend, dass ihr Beruf, relativ gesprochen, ein schlechter war, bemühte sie sich, dabei so viel Gutes zu tun, wie sie nur konnte – und, wie Moreward mir sagte, mit Erfolg.

»Flossy«, bemerkte er, nachdem er mir das alles erzählt hatte, »ist ein hervorragendes Beispiel für die selten anzutreffende Methode, seine Laster einzusetzen, um Tugenden zu bewirken. Wenn mehr Menschen diese Methode erkennen würden, bräuchten sie nicht so viel unnütze Energie in die Gewissensbisse über ihre Schwächen zu investieren, von denen sich zu lösen sie Schwierigkeiten haben. Im Gegenteil, sie würden so viele Tugenden in den Bereich ihres jeweiligen Lasters einbringen, dass sie dieses schließlich aufgeben würden. Darum hatte ich gesagt, dass Flossy keiner Überredung bedürfe, um ihren unerfreulichen Beruf aufzugeben.«

»Sie sind wirklich der realistischste Moralist, den ich je kennengelernt habe«, rief ich voll Bewunderung.

»Und doch würden die Leute mich unmoralisch nennen«, entgegnete er lächelnd. »Sehen Sie, die Schwierigkeit ist folgende: Obwohl die Tugend schon den Lohn in sich selbst haben sollte, wollen die meisten Menschen entweder die Tugend oder den Lohn erlangen. Sie haben die Vorstellung, einfach ihre Empfindungen abtöten zu müssen – ein Prozess, der alles andere als verlockend ist, so dass nur wenige die praktische Ausführung durchstehen –, wohingegen sie statt dessen ihre Empfindungen *umwandeln* sollten. Töte die Empfindung ab, und nur Langeweile bleibt übrig; wandele sie um, und du verwandelst sie in Freude. Das Abtöten allein ist selten erfolgreich, denn dieser Krieg wird gewöhnlich gegen die Befriedigung des Verlangens geführt, statt gegen das Verlangen selbst. Ein Mann hat seine Trunksucht erst überwunden, wenn er nicht länger mehr das Verlangen hat zu trinken, nicht schon, wenn er sich der Befriedigung dieses Wunsches enthält.

Ein niederer Wunsch kann nur überwunden werden, indem man einen höheren an seine Stelle setzt; der höhere Wunsch ist es, der das größere Glück bringt als der niedere. So ziehen Sie es beispielsweise vor, mit mir hier zu philosophieren, statt jeden Abend im Carlton zu sitzen und Champagner zu trinken bis Mitternacht. In gewissem Sinn verzichten Sie auf den Champagner zugunsten der Philosophie, jedoch aus dem einfachen Grunde, weil Philosophie attraktiver ist; daher ist dieser Verzicht nicht schmerzlich.«

»Aber ich dachte, bei Verzichten geht es im Wesentlichen um ein schmerzhaftes Opfer?«, warf ich ein.

»Nur der scheinbare Verzicht ist schmerzlich«, antwortete er; »die echte Aufgabe ist immer schmerzlos. Warum? Weil der schmerzende Verzicht nur bedeutet, die Aktion aufzugeben und nicht das Verlangen, während die schmerzlose Aufgabe heißt, das Verlangen selbst los zu sein, weil es seine ganze Anziehungskraft verloren hat. So wie die Liebe anziehender ist als Hass und Glück anziehender als Elend, so ist die Spiritualität anziehender als das Laster. Kurz gesagt: Lasse einen Menschen nur einmal vom wirklich Guten kosten, und er wird jedes Interesse am Bösen verlieren.«

»Aber Sie sprachen vom Umwandeln des Verlangens«, fragte ich; »kann man denn das Trinken umwandeln?«

Er lachte. »Ich habe nicht gemeint, dass man diesen Vergleich weiterführen sollte«, war seine Antwort. »Das Umwandeln kann sich nur auf bestimmte Aktivitäten beziehen, und insbesondere auf die Gefühle, von denen ich sprach. Die Welt betrachtet Gefühle und Liebesleidenschaft fälschlich als von Natur aus schlecht. Das ist ein Irrtum: Gefühle sind gut, weil man sie verwandeln kann. Menschen ohne Gefühle sind weiter vom ›Himmelreich‹ entfernt als alle anderen; wenn man nichts fühlen kann, kann man auch die Glückseligkeit nicht empfinden – darüber hinaus hat man nichts, das man in Glückseligkeit verwandeln könnte. Was Flossy betrifft, so kann sie fühlen, dass sie der spirituellen Emanzipation viel näher ist als die tugendhafteste Person, die in ihrem ganzen Leben nie etwas gefühlt hat. Tugenden, die aus Verneinung bestehen, sind negativ, also keine Tugenden. Oder könnte man von der Tugend eines Steines sprechen?«

»Darf ich fragen, wie Sie sich Ihre Arbeit mit Flossy gedacht haben?«

»Ich habe von oben nach unten begonnen«, antwortete er etwas geheimnisvoll, »und nicht umgekehrt, wie es viele tun. Ich habe nicht gesagt: ›Gib deine Laster auf, dann will ich dir zeigen, was ein spirituelles Leben ist.‹ Ich habe versucht, ihr zu zeigen, wie man spirituell sein kann, so dass ihre Laster dereinst von selbst verschwinden.«

Aber die kurze Geschichte von der Bekehrung Flossys lässt sich am besten so erzählen, wie ich sie später von Flossy selbst zu hören bekam. Als ich beschlossen hatte, dieses Buch zu schreiben, trat ich an sie heran. Was nun folgt, ist, was sie mir erzählte, denn Moreward hatte zu dieser Zeit London bereits verlassen.

Flossy Macdonald hatte trotz ihrer bescheidenen Herkunft einen angeborenen Sinn für Kultiviertheit, der sich in ihrer Sprache und ihrem Verhalten ausdrückte. Ihre Eltern waren sehr fromme Methodisten – so fromm und zugleich engstirnig, dass sie sie von der frühesten Kindheit an einer so strengen religiösen Disziplin unterworfen hatten, dass schon allein das Wort Religion sie mit Abscheu und Schrecken erfüllte, denn die Eltern hatten es erreicht, Religion zum Synonym für grenzenlosen Trübsinn zu machen. Flossy war von Natur aus leidenschaftlich und offenbar völlig anderen Temperaments als ihre Eltern, und so wurde sie mit achtzehn Jahren das Opfer eines skrupellosen Mannes, der sie bald darauf nicht nur allein, sondern auch mit einem Kind zurückließ, ohne irgendwelche Mittel für ihren Unterhalt. Ihre Eltern, die den Charakter ihrer Tochter als unveränderlich böse erkannten, da sie auch nicht einen Funken von Verständnis für solche Dinge besaßen, warfen sie, ohne auch nur einen Augenblick zu zögern, aus ihrem kleinen Haus. Nach einer Zeit schwerer Not und des Elends fand sie sich – wie viele andere auch – auf der Straße wieder. Doch sie hatte eine Tante, die ihr Äußerstes tat, um ihr zu helfen; und die versuchte, ihre Eltern zu überreden (wenn auch ohne Erfolg), sich erweichen zu lassen. Diese Tante lebte anständig, aber in tiefster Armut und wollte ihr Scherflein an Gastfreundschaft noch auf ihre Nichte ausdehnen, doch Flossy war zu edel, um das auszunutzen. Aber schon diese gute Absicht – so hatte mir Moreward erzählt – zahlte sie später tausendfach zurück. Nach jener Zeit ihrer größten Not scheint ihr einiges Glück – falls es so etwas gibt – begegnet zu sein, und in dieser Phase traf sie eines Spätsommerabends mit Moreward zusammen.

»Ich erinnere mich ganz genau«, erzählte sie mir: »Ich war gerade beim Marble Arch und sah ihn des Weges kommen. Ich sprach ihn also an, und er lächelte mir zu – oh, was für ein Lächeln hat er doch! – und fing an, mir alle möglichen Fragen über mich und mein Leben zu stellen. Irgendwie war er ganz anders als all diese Männer, denen ich schon begegnet bin. Er schien sich wirklich zu interessieren, und er behandelte mich mit einem solchen Respekt, als wäre ich eine

Dame gewesen – das war mir wirklich noch nie passiert. Auf seinen Vorschlag hin gingen wir in den benachbarten Park und setzten uns auf eine Bank, von wo aus wir die Park Lane entlangblicken konnten; und dann sprach er einfach die ganze Zeit zu mir. Er sagte mir so wunderbare Dinge, dass ich ihn tatsächlich auf der Stelle zu lieben begann. Wir müssen da mindestens eine Stunde lang gesessen sein – ganz genau erinnere ich mich noch daran –, als er mich fragte, wo ich wohnte, und meinte, er wollte mich nach Hause begleiten und noch kurz bei mir bleiben.

Dann schien alles so merkwürdig. Als wir zu mir kamen, setzte er sich einfach auf einen Stuhl mir gegenüber und sprach weiter und redete und redete – lauter wundervolle Dinge –, bis ungefähr ein Uhr; dann stand er auf, um zu gehen. ›Liebhaber haben Sie genügend‹, sagte er, ›was Sie wollen, ist ein Freund. Nun, aber die Männer kommen ja zum Vergnügen her, nicht wahr? Gut, auch ich bin zum Vergnügen gekommen, aber es ist ein anderes Vergnügen als ihres. Ich bin ein einsamer Mann und habe gerne eine nette Freundin, mit der ich sprechen und für die ich mich interessieren kann. Aber Sie müssen leben, und bei Ihnen, wie bei vielen anderen, heißt es: Zeit ist Geld‹ (dabei legte er einen Zehn-Pfund-Schein auf das Kaminsims), ›und mit die größte Freude, die ich jetzt dafür habe, ist das Wissen, dass meine müde kleine Freundin jetzt eine gute Nachtruhe haben wird.‹

Ich blickte ihn an und war völlig überrascht. ›Ich kann das nicht annehmen‹, sagte ich zu ihm, ›ich kann das wirklich nicht‹. Da nahm er meine Hand in die seine und streichelte sie zärtlich, wie um mir zuzureden. ›In manchen Dingen bin ich sehr empfindlich‹, sagte er, ›und wenn Sie es nicht annehmen, bringen Sie mich in einen schrecklichen Zustand.‹

Aber ich konnte es nicht über mich bringen, das Geld anzunehmen, und sagte ihm das. Doch da sah er so furchtbar enttäuscht aus, dass ich nachgab. Daraufhin schien er so glücklich, dass ich mich wieder etwas freute. Und, stellen Sie sich vor, er lud mich für den nächsten Tag zum Mittagessen in seinem Haus ein. War das nicht wundervoll? Und er ist so gut zu mir gewesen. Warum ist er nur abgereist?«, fragte sie leidenschaftlich; »wird er denn je wieder zurückkommen?«

Ich sagte ihr, dass ich es hoffte, um sie zu beruhigen, und dann bat ich sie, mir etwas mehr über ihn zu erzählen.

»Nun, ich sah ihn danach noch oft«, fuhr sie fort, »und natürlich war ich in ihn verliebt – aber ich weiß nicht, ob Sie unsereinen verstehen. Ich habe nie etwas von ihm gewollt – das wäre mir wie ein Sakrileg (Das ist doch das richtige Wort, nicht?) vorgekommen. Ich weiß auch, dass er nie etwas von mir wollte. Ja, mir ist klar, dass ich ein sehr leidenschaftliches Mädchen bin, aber irgendwie hat das mit jener Art von Liebe nichts zu tun. Wenn ich nur seine Hand halten oder über sein Haar streichen konnte, war ich schon glücklich. Es war einfach himmlisch, neben ihm zu sitzen und ihm zu lauschen, wenn er sprach und mich wunderbare Dinge lehrte. Jetzt ist er fort, doch er hat mir etwas gegeben, das man mir nicht wieder nehmen kann. Abgesehen davon, half er mir, aus der ganzen Sache herauszukommen und wieder ein ehrbarer Mensch zu werden.«

»Aber, wenn ich recht verstanden habe«, fragte ich sie, »hat er Sie niemals gebeten, es aufzugeben?«

»Das ist ja gerade das Wunderbare an der Sache«, erwiderte sie. »Er hat mich einfach Dinge gelehrt, die mich von selbst dazu brachten, es aufgeben zu wollen. O nein, glauben Sie nicht, ich wäre jetzt eine Heilige«, fügte sie eilig hinzu. »Ich bin keine Heuchlerin, und ich tue es um der Liebe willen auch heute noch, aber ich werde das nie mehr wegen des Geldes tun, nie wieder. Er pflegte zu sagen: ›Liebe läutert alles, so lange Sie nicht darangehen, Menschen in Schwierigkeiten zu bringen, weil – wenn Sie sich darüber keine Gedanken machen – das einfach bedeutet, dass Sie sie nicht wirklich lieben.‹ Das war jedenfalls, was er immer sagte. Aber er sagte auch, dass man eines Tages, wenn man sich liebt, die Leidenschaft gar nicht mehr wollen wird. Und dann erzählte er mir oft von Jesus und der Frau aus Samaria, die fünf Männer gehabt hatte und nun mit einem Mann lebte, der nicht ihr Mann war. Er sagte, dass Jesus ihr herrliche geistige Dinge erzählt habe, sie aber nie aufforderte, zuerst den Mann aufzugeben, mit dem sie lebte, weil Er wusste, dass sie ihn liebte, und das machte es recht.

Dann lehrte er mich, dem Mann zu vergeben, der mich in all diese Schwierigkeiten gebracht hatte, weil – wie er sagte – es wirklich töricht und kindisch wäre, ihn die ganze Zeit zu hassen, und mich nur selbst verletzte. Natürlich, sagte er, hatte mich jener Mann niemals echt geliebt, sonst hätte er mich sicherlich über sein eigenes Vergnügen gestellt – Sie wissen, was ich meine. Aber das, sagte er mir auch, sei der Grund, warum ich versuchen sollte, ihn nicht mehr zu hassen, sondern ihn eher zu bemitleiden, da er eines Tages alles wiedergutmachen müsste, der arme Kerl. Und, ich kann Ihnen sagen, als ich aufhörte, ihn zu hassen, fühlte ich mich ganz anders und war so glücklich. Und ich hörte auch auf mit meinem Zorn auf Mutter und Vater und alle anderen, und es fühlte sich einfach fantastisch an, nicht mehr böse auf jemanden sein zu müssen. Irgendwie scheint es so leicht zu sein, Leute zu hassen und über sie in Wut zu geraten ... Oh, was für ein wunderbarer Mann ist er doch!«

»Aber wie gelang es Ihnen, Ihr früheres Leben aufzugeben?«, fragte ich sie.

»Hat er Ihnen das nicht gesagt?«, fragte sie mit kindlichem Erstaunen zurück. »Hat er es Ihnen nie gesagt?«

Ich versicherte ihr, dass ich es nie vernommen hatte.

»Ja, wissen Sie denn nicht, dass er, bevor er abgereist ist, festgelegt hat, dass ich auf Lebenszeit jährlich zweihundert Pfund ausgezahlt bekommen sollte?«

»Das hat er mir nie gesagt«, gab ich ganz überrascht zu.

»Ja – so ist er!«, rief sie begeistert, und doch ein wenig traurig. »Er geht umher, tut jedermann Gutes, aber spricht nie darüber – das passt zu ihm ganz genau.«

»Erzählen Sie mir doch mehr«, bat ich sie. »Ich möchte alles hören, was ich für das Buch erfahren kann. Was hat er Sie sonst noch gelehrt?«

Sie dachte einen Augenblick nach und sah zu Boden.

»Ich bin nicht so gut im Erzählen«, sagte sie bescheiden, »aber manchmal gibt es Zeiten, da könnte ich den ganzen Tag lang über ihn und jene glückliche Zeit sprechen. Und doch war die Zeit nicht immer glücklich. An manchen Tagen war ich schrecklich niedergeschlagen; das Leben, das ich führte, machte mir zuweilen sehr zu schaffen, und dann fragte ich ihn, was einem Menschen wie mir passieren würde, wenn er einmal tot ist. Oh, das war ein beängstigender Gedanke, mit dem ich leben musste. Doch dann tröstete er mich und sagte mir, dass da so viel Gutes in mir sei, dass am Ende das andere gar nicht so schwer wiegen würde. Außerdem, sagte er, gäbe es viel schlimmere Dinge als das, was ich tat, die eine Menge Leute überhaupt nicht für schlecht hielten. Er pflegte zu sagen, dass ein Mensch, der seine Talente prostituieren konnte (das waren seine Worte), um viel Geld nur für sich allein dafür zu bekommen, viel schlechter wäre als ich, denn, so sagte er, der menschliche Geist ist eine viel heiligere Sache als der Körper, und die Talente seien noch heiliger als der Geist des Menschen – und doch gäbe es Tausende von Leuten, die jenes tun, ohne dass sich einer dabei etwas dächte. Ja, wie herrlich getröstet fühlte ich mich da, besonders wenn er einfach lächelte und sagte: ›Machen Sie sich keine Sorgen, mein Kind; Sie werden aus diesem Leben, das Sie führen, fast so leicht herauskommen wie ein Schmetterling aus seinem Kokon.‹ Und, stellen Sie sich vor, er hatte recht: Eines Tages hatte ich das Gefühl, dass ich lieber unter dem Dach wohnen und den ganzen Tag nähen würde, als weiter dieses Leben zu führen, trotz all seiner guten Dinners, Varietés und all dem Spaß. Ja, ich gab es auf, obwohl ich gerade eine Glückssträhne hatte, weil mir ein anderes Leben glücklicher und besser schien, einfach wunderbar.«

»Und, was taten Sie dann?«, fragte ich weiter.

»Nun, ich dachte einfach an meine Tante und die Kinder, und dann wartete ich doch noch ein bisschen, ihretwegen – so war es.«

Sie hielt einen Augenblick inne, um dann traurig hinzuzufügen: »Es war ein furchtbarer Tag, der Tag, an dem er mir mitteilte, dass er London bald verlassen müsste und weit fortreisen würde. Oh, Mr. Broadbent, wie mir davor graute, ihm Lebewohl sagen zu müssen! Ich konnte noch nie leicht Lebewohl sagen, es bricht mir fast das Herz – aber erst bei ihm! Wie dem auch sei, er tröstete mich wunderbar und sagte mir, dass er, selbst wenn sein Körper sonstwo wäre, doch weiterhin zu mir kommen könne, wann immer er wolle, auch wenn ich vielleicht nicht fähig wäre, ihn zu sehen.

Und dann, als er abfuhr, was tat er dann? Nun, er hat mir eben gerade nicht Lebewohl gesagt, um mich zu schonen, sondern schrieb mir statt dessen einen liebevollen Brief und schickte mir ein wunderschönes Goldkreuz, das ich immer tragen sollte. Natürlich habe ich schrecklich geweint, aber nicht halb so viel, wie wenn er selbst gekommen wäre, um mir einen Abschiedskuss zu geben. Doch das Wunderbare daran war, dass ich zwei Stunden später einen Brief von den Rechtsanwälten erhielt, in dem mir mitgeteilt wurde, dass ich die zweihundert Pfund im Jahr bekommen sollte.«

»Und schreibt er Ihnen heute noch?«, fragte ich.

»O ja, manchmal schreibt er. Und, ist es nicht wunderbar? Er weiß über alles Bescheid, was ich tue, ohne dass ich es ihm erzähle, und oft weiß ich, dass er im Raum ist. Wann immer ich das Gefühl habe, ich brauche ihn ganz dringend, ist er da. Gott segne ihn allezeit!«

Und damit endet die Geschichte von der Bekehrung Flossys, einer Bekehrung, die auf wahrlich großzügigem und ungewöhnlichem, einmaligem Wege erreicht wurde. Als ich auf meinem Weg nach Hause war, fragte ich mich, wie viele weitere »Flossys« es wohl auf der Welt geben möge, und verstand auf eine Weise, wie es mir nie zuvor klar gewesen war, warum die Sünder dem Himmel näher sind als die Pharisäer.

17 · Vorspiel zu einer Geschichte

Ich war sechs Wochen lang nicht in London gewesen und hatte Freunde besucht, wie ich es während der Sommermonate zu tun pflegte, und so hatte ich Moreward einige Zeit nicht gesehen, geschweige denn, von ihm gehört. Wie man erwarten kann, war er der erste Freund, den ich nach meiner Rückkehr aufsuchte, und, nachdem ich ihn mehrere Male nicht angetroffen hatte, fand ich ihn doch eines späten Abends mitten in einem Wust von Papieren und Dokumenten, die offensichtlich in einer großen Kiste gerade erst angekommen waren.

Seine Begrüßung war erfüllt von jener echten und wahren Zuneigung, die so charakteristisch für seine ganze Persönlichkeit war; mit anderen Worten: er umarmte mich.

»Ich frage nicht«, sagte er, »ob Sie Ihre Besuche genossen haben; ich weiß, Sie haben es, denn ich war vieler Ihrer glücklichsten Augenblicke gewahr.«

Dann deutete er auf ein Bündel Papiere. »Meine Tochter ist hinübergegangen, und das ist eine Reihe von Dokumenten von mir, die ich bei ihr gelassen hatte; sie sind gerade aus Italien angekommen.«

Ich wollte ihm schon voller Mitgefühl mein Beileid bekunden, doch sein Lächeln erstickte diese Bestrebung im Keim und ließ sie so unwichtig und kindisch erscheinen wie das Geschenk eines klebrigen Bonbons seitens eines zweijährigen Kindes an seine Eltern. Dieser Mann war wirklich weit jenseits jeglichen Bedürfnisses nach Mitgefühl, denn zu sterben bedeutete ihm offenkundig ebenso wenig wie schlafen zu gehen; nicht einmal der Tod konnte seine innere Gelassenheit stören. Und so machte ich keinen weiteren Versuch, über seinen Verlust zu sprechen – wenn man in diesem Fall überhaupt von einem solchen reden konnte –, und begann, über die verschiedensten

Themen zu sprechen, die uns beide interessierten, während er mir seine ganze Aufmerksamkeit widmete, wie man so sagt.

Wir müssen uns gut zwei Stunden unterhalten haben, als er auf seine Uhr blickte und bemerkte, wenn es mir nichts ausmache, würde er gerne fortfahren, seine Papiere zu ordnen, da bestimmte rechtliche Angelegenheiten keine Verzögerung duldeten. Doch er fügte hinzu: »Da diese Aufgabe mehr oder weniger eine mechanische ist, werden Sie sie mit Ihrer Konversation beleben; bleiben Sie auf jeden Fall noch ein Weilchen.«

Ich hatte auch nicht die geringste Absicht, nach Hause zu gehen, denn nach so langer Abwesenheit wieder einmal mit Moreward zusammenzusein, war mir eine Freude wie ein spirituelles Vollbad – wenn ich mich so ausdrücken darf –, die ich gerne verlängern wollte. Doch schließlich geriet unser Gespräch unter diesen Umständen ins Stocken, oder zumindest entstanden Pausen in unserer Unterhaltung, die mit der Zeit länger wurden. Ja, gelegentlich geschah es mir sogar, fast etwas geistesabwesend zu sein, als ich zusah, wie Moreward über seine Papiere gebeugt war – ein Ordnungmachen, wie es immer nach Tod und Verlust notwendig ist. Und doch war sein Antlitz so ruhig und unbeschwert, wie es immer gewesen ist, ja, als ich darüber nachdachte, fiel mir auf, dass es nicht einmal einen Monat älter schien als zu der Zeit, als ich Moreward vor gut zehn Jahren kennenlernte. Damals sah er aus wie fünfunddreißig und keinen Tag älter, obgleich die Klarheit und der Ernst seiner Gesichtszüge bereits schon auf die Weisheit höherer Jahre hinwies. Aber hatte nicht jene unvergessliche beleibte Dame seinerzeit gesagt, er wäre wohl über fünfundfünfzig? Wenn man nun zehn Jahre hinzurechnete, so steht man hier vor dem Geheimnis eines Menschen, der mindestens fünfundsechzig Jahre alt sein musste und doch noch immer jünger als vierzig zu sein schien. Ich dachte bei mir, dass dies nicht stimmen konnte und jene gute Dame wohl auf dummes Geschwätz hereingefallen war. Doch dann wurde mir selbst diese mögliche Erklärung zunichte, denn ich überlegte weiter: Wenn er damals fünfunddreißig war, dann ist er jetzt fünfundvierzig Jahre – doch auch dies war mir fast ebenso unvorstellbar, wenn ich dieses Alter mit seinem Aussehen verglich, wie die zuerst errechneten fünfundsechzig Jahre. Schließlich endete ich in einer völligen Verwirrung rechnerischer Spekulationen, bis ich mich wunderte, warum ich nie versucht hatte, die Frage ein für allemal zu klären, indem ich sie ihm einfach weitergab.

Da fing Moreward ganz plötzlich an zu lachen. »Mein lieber Freund«, sagte er, »ich würde das endlich aufgeben. Sie wissen, es würde Ihnen nicht sehr viel nützen, wenn Sie mein Alter wüssten.«

»Wie bitte?«, fragte ich und lachte etwas verlegen. »Sie haben gemerkt, was ich dachte?«

»Nun«, antwortete er, »wissen Sie, wenn Sie so viel Energie investieren wie eben, was bleibt mir anderes übrig? Besonders, da Sie die ganze Zeit auf mich konzentriert waren. Ja – wenn Sie all diese Energie und Konzentration auf ein höheres Ziel gerichtet hätten, mein lieber Freund, hätten sie Großes erreicht. – Nun ja«, und er lachte etwas vor sich hin, als er seine Arbeit wieder aufnahm.

»Gleichviel«, meinte ich, »denke ich, müssten Sie doch meinen völligen Mangel an Neugierde loben, wenn Sie bedenken, dass ich, aus welchem Grund auch immer, darauf verzichtet habe, nach Ihrem Alter zu fragen.«

»Oh, gewisslich gebührt Ihnen eine Krone für Ihre Diskretion«, bestätigte er lächelnd, »aber, wissen Sie, es gibt da eine kleine Methode – Esoteriker kennen sie –, die Leute davon abzuhalten, unangenehme Fragen zu stellen – in ihrem eigenen Interesse.«

»Aber«, wollte ich wissen, »was könnte es ausmachen, wenn ich Ihr Alter wüsste?«

»Wer kein Geheimnis weiß, braucht nicht zu lügen«, sagte er, »um ein altes Sprichwort unserem Fall anzupassen. Mit anderen Worten: Ich möchte Sie nicht in die Situation bringen, in der Sie etwas Falsches sagen müssten, sollte irgendjemand Sie nach meinem Alter fragen. Wie Sie wissen, fürchte ich die Schattenseiten jeglicher Publizität. Abgesehen davon gäbe es wohl kaum eine alte, ältere oder verwelkte Dame, die mich in Frieden lassen würde, obwohl mein Geheimnis praktisch nutzlos für sie ist. Es ist kaum so einfach, als gelte es nur, sich jeden Abend vor dem Zubettgehen Niveacreme aufs Gesicht zu reiben – aber es ist natürlicher. Lassen Sie einen Menschen nur ein entsprechendes Leben führen, ein Leben, das sich nach den Regeln des Ordens ausrichtet, und das Jungbleiben fällt ihm von allein zu.«

Ich strich über mein stahlgraues Haar und wünschte, ich wüsste diese kostbaren Regeln und wie man nach ihnen lebt. Laut sagte ich jedoch: »Nun, dann ist es, wie ich erwartet habe, denn schließlich denke ich kaum, dass ein völlig uneitler Mann sich darum kümmert, ob er jünger oder älter aussieht, ganz zu schweigen davon, dass er unendliche Mühen auf sich nimmt, um jugendlicher zu erscheinen – wie eine Dame der Gesellschaft.«

Moreward lächelte nur. Dann warf er plötzlich ein Manuskript zu mir herüber. »Eine meiner wenigen literarischen Bemühungen«, bemerkte er dazu; »ich schrieb es in meiner frühesten Jugend. Ich hatte schon ganz vergessen, dass meine Tochter es besaß.« Die Tinte war schon zu Sepia verblasst, das Papier, auf dem es geschrieben war, roch muffig; es musste schon mindestens fünfzig Jahre alt sein.

»Sie sehen, ich verlasse mich auf Ihre Diskretion, mein Freund«, fügte er hinzu, »denn mir ist klar, dass Sie dies als ein sehr aufschlussreiches, wenn nicht gar verräterisches Dokument betrachten werden.«

»Noch mehr Gedankenlesen«, rief ich lachend.

»Ach, kommen Sie, so etwas konnte man logisch herleiten«, korrigierte er mich.

»Das macht nichts«, sagte ich; »darf ich es denn lesen?«

Er nickte. »Aber Sie werden es danach in den Papierkorb werfen.«

»O nein, ganz bestimmt nicht!«, protestierte ich.

Er lachte. »Gut – wenn Sie es lesen möchten, dann tun Sie es jetzt, und geben Sie es mir wieder zurück.«

Und dann las ich eine der poetischsten Schriften, die mir auf dem Gebiet der esoterischen Literatur je begegnet ist. Die Sprache war so unwiderstehlich und musikalisch, dass sie die Seele direkt ansprach, das galt auch für die etwas altmodische Ausdrucksweise. Ja, vom reinen Klang der Sprache her erinnerte es etwas an jenes ausgezeichnete Fragment Edgar Allan Poes »Silence, a Fable« (wenn ich mich des Titels recht entsinne), auch wenn der Inhalt natürlich völlig verschieden war und seine Ausdruckskraft ganz originell. Ich hatte auch den Eindruck, dass der Schreiber Sanskrit gekannt hat oder doch zumindest die Sanskrit-Literatur in weitem Umfang, denn hier und da fand sich ein orientalisches Gleichnis. Ich war von dieser Schrift so sehr beeindruckt, dass ich mir, als ich sie durchgelesen hatte, dachte, was für ein Jammer es doch war, dass ein Mann mit so großer literarischer Kraft sich damit abfand, darauf zu verzichten, sie zur vollen Blüte zu bringen. So etwas konnte ich einfach nicht begreifen. Ich hatte es in fünf Minuten gelesen, und es hatte mich – wie es Musik auch häufig tat – in seltsamer Weise über mich selbst so hinausgehoben, dass ich einige Minuten nichts sagte. Ich war mir nur bewusst, dass ich in ein Gedankenreich eingetreten war, in dem ich mich noch nie zuvor befunden hatte. Und plötzlich fühlte ich Gedanken in mir, die so erhaben waren, dass mir die Vorstellung fast unmöglich erschien, sie könnten meine eigenen sein. Sie kamen in mein Bewusstsein in einer Fülle, doch zugleich in einer Klarheit und Intensität, dass ich völlig überrascht war.

Und dann war es Moreward, der das Schweigen unterbrach. »Kommen Sie«, sagte er, »das ist genug für den Augenblick.«

Ich blickte ihn von der Seite an. Meine Seele quoll über vor Glück, und mein Körper fühlte sich neu belebt. »Herrlich!«, rief ich aus. »Das hat mich in eine neue, spirituelle Welt gehoben!«

Er lachte. »Nicht ganz«, sagte er.

»Was – nicht ganz?«, fragte ich. »Manchmal sprechen Sie in Rätseln.«

»Sie schmeicheln meinen literarischen Fähigkeiten«, stellte er lachend fest, »aber sie sind nicht so überragend, wie Sie annehmen.«

Ich protestierte. »Mein lieber Freund, noch nie zuvor hatte ich solche Gedanken wie nach der Lektüre dieses Manuskripts; das wirkte wie ein Zauber.«

»Das ist nur Ihre Illusion«, sagte er einfach. »Nehmen wir doch an, es war Ihnen möglich, *meine* Gedanken zu lesen?«

»Das ist es aber nicht!«, erwiderte ich.

»Auch nicht, wenn ich sie auf Sie konzentrierte, als Sie in einer empfänglichen Stimmung waren?«, fragte er weiter.

Erstaunt blickte ich ihn an. »Daran hatte ich nicht gedacht«, gab ich zu.

Er lachte. »Sie sehen«, fuhr er fort, »das Manuskript hat Sie empfänglich gemacht.«

»Fantastisch« , rief ich begeistert. »Aber, bitte, bitte, tun Sie das wieder, immer und häufig wieder – die Wirkung ist einfach unbeschreiblich!«

»Oh, aber das hieße ja, Sie zu verwöhnen«, entgegnete er schmunzelnd.

»Mich zu verwöhnen?«

»Nun, es muss doch einen guten Grund geben.«

»Oh, dann müssen wir natürlich einen guten Grund schaffen«, erklärte ich mit erneuter Begeisterung.

Seine Miene wurde wieder ernst. »Die Projektion von Gedanken«, erklärte er, »erfordert eine gewisse Energie; diese Energie in uns ist nicht absolut unbegrenzt, deshalb dürfen wir sie nicht verschwenden, sondern müssen darauf achten, dass wir sie in einer Weise einsetzen, dass sie möglichst große Wirkungen zeitigt. Vor einer Minute beklagten Sie, dass ich nicht mehr geschrieben habe. Sehr gut – aber es gibt auch andere Arten zu ›schreiben‹, ohne die Feder aufs Papier zu setzen – das heißt, Möglichkeiten, durch andere zu schreiben, indem man die Ideen in ihren Kopf gibt und es ihnen überlässt, diese Ideen auszuarbeiten und sie in einen Rahmen eigener Wahl zu setzen. Nun, falls Sie, beispielsweise, eine Geschichte schreiben wollten ...«

Ich begann zu verstehen. »... würden Sie mir die Ideen geben, meinen Sie?«

»Genau. Das heißt, ich würde so etwas hin und wieder tun, und Sie würden sie auf Ihre Weise ausarbeiten.«

»Aber müssten Sie dazu nicht anwesend sein?«, fragte ich.

Er lächelte nachsichtig. »Ich wundere mich wirklich, dass Sie diese Frage stellen, bei all dem Wissen, das Sie schon besitzen.«

»Ja, es war dumm von mir«, gab ich zu und war mir des leichten Vorwurfs wohl bewusst. »Aber wie kann ich mich empfänglich halten?«

»Einmal durch eine kleine Willensanstrengung«, antwortete er, »was Sie nachhaltig unterstützen können, indem Sie etwas lesen, was eine gewisse mantramistische Wirkung hat, wie das, was Sie eben gerade gelesen haben.«

Fragend blickte ich ihn an.

»Der Klang einer bestimmten Kombination von Wörtern«, erläuterte er, »hat einen magischen Wert und kann so empfängliche oder hellseherische Bewusstseinszustände hervorrufen. Ja, es gibt gewisse Worte, die so heilig und machtvoll sind in ihrer Wirkung, dass ich es nicht wage, sie auch nur einem aus zehn Millionen Menschen zu nennen. Doch das ist mehr oder weniger eine andere Sache. Nehmen Sie aber zum Beispiel Poesie: Haben Sie sich jemals überlegt, warum ein Gedicht, das feine Gedanken enthält, trotzdem keinerlei Wirkung hat – und damit hinter seinem Ziel zurückbleibt?«

Ich gab zu, dass ich mir diese Frage noch nie gestellt hatte.

»Nun, der Grund liegt in der Wortwahl, in der Musik sozusagen, die keinen mantramistischen Wert hat und deshalb die Seele nicht berührt. Ich muss jedoch hinzufügen, dass die Weise, in der die Leute Poesie laut lesen, ihren magischen Wert zerstört, selbst wenn ein solcher vorhanden ist: Die Mehrheit nämlich liest Gedichte entweder wie eine Zeitung vor oder als ob sie jemandes Tod verkünden müsste. Tatsache jedoch ist, dass Poesie nahezu intoniert werden sollte, und wenn das ordentlich getan wird, können die Resultate beachtlich sein. … Nun, das Manuskript, das Sie eben lasen, enthält einen Versuch meinerseits, mantramistische Prosa zu komponieren – daher diese Wirkung auf Sie.«

»Aber«, unterbrach ich ihn, »warum schreiben Sie nicht mehr? Das wäre doch sicherlich besser, als mich zu gebrauchen, wenngleich ich diese Ehre zu schätzen weiß.«

Er lächelte. »Wir schreiben selten«, sagte er, »die Zeit ist zu kostbar, und wir haben andere Dinge zu tun. Wie ich schon angedeutet habe, ziehen wir es vor, allein mit Ideen umzugehen, nicht mit der Schreibkunst als solcher. Anderen zu helfen, der Menschheit zu helfen, ist unser Ziel, und deshalb ziehen wir es vor, diese Hilfe indirekt zu geben – durch Dichter, Schriftsteller und Dramatiker.«

Er hielt einen Augenblick inne und sprach dann weiter: »Ja, mein Freund, verdienen Sie das Recht, die Hilfe der Bruderschaft zu empfangen, indem Sie selbst der Menschheit helfen. Die Zeit ist gekommen, da eine esoterische Geschichte bestimmter Art gebraucht wird, und da Undank nicht zu unseren Schwächen zählt, assistieren Sie uns, und wir stehen Ihnen bei.«

»Sie meinen«, korrigierte ich, »Sie und vielleicht noch andere werden mir helfen? Aber ich kann doch nicht hingehen und der Öffentlichkeit etwas andrehen und sie glauben machen, *ich* hätte es geschaffen, wenn ich die ganze Zeit nur *Ihre* Gedanken plagiiert habe, oder soll ich sagen empfangen habe!«

Er ließ seine Papiere liegen, kam herüber, stellte sich vor mich hin und blickte mit seinen ernsten und zugleich sanften Augen zu mir nieder. Dann sagte er: »Der weiseste Autor lässt seine Persönlichkeit überhaupt ganz aus der Sache – er gibt nur um des Gebens willen und kümmert sich nicht darum, ob er dafür Ehre oder Schande empfängt. Er ist anonym, denn Anonymität ist für eine bestimmte Art moralphilosophischer Literatur das Zweckmäßigste, da sie allen Voreingenommenheiten seitens der Öffentlichkeit weitgehend vorbeugt. Sehen Sie doch: Wenn der Bischof von London ein Buch schreibt, werden es alle Anhänger der anglikanischen Kirche lesen, die Mitglieder der römisch-katholischen Kirche aber nicht; wenn aber niemand wüsste, dass der Bischof von London etwas mit der Sache zu tun hat, wäre es möglich, dass ›jedermann‹ es lesen könnte.«

»Wie herrlich realistisch sind Sie doch«, rief ich begeistert.

»Wie auch immer – verstehen Sie, worauf ich hinaus will? – Doch«, fuhr er fort, »das ist nicht alles, denn jeder Autor hat seine Bewunderer und seine Gegner, und diese lesen oder meiden seine Werke, je nachdem, welchem Lager sie angehören. Und was wird aus dem Inhalt der Werke selbst – den Gedanken, den Argumenten, allem? Nun, seine Wirkung ist gewürzt durch Name und Ruf des Autors oder, wenn er beides noch nicht hat, durch deren Fehlen. ›Ah‹, denkt sich Mrs. Smith, ›Soundso hat das geschrieben, also muss das Ganze richtig oder falsch sein‹; denn, so banal das klingen mag, die Menschheit als Masse ist wie eine Schafherde: Sie folgt dem Hund, von dem sie denkt, dass er am lautesten bellt.«

Er setzte sich in einen Sessel mir gegenüber, legte die Fingerspitzen gegeneinander und seine Ellbogen auf die Armlehnen. »Wahrer Altruismus«, stellte er nachdenklich fest, »muss immer getrennt werden von eitlem Stolz, und je mehr diese Maxime beachtet wird, desto größer wird das Resultat sein. Inspiration, in Wirklichkeit Empfänglichkeit, ist eine Sache des Herzens, und je reiner das Werkzeug, desto größer die Inspiration. Nun, eine Seele, die sagen kann: ›Was bedeutet es, ob mein Name auf dem Werk steht, wenn in Wahrheit das Werk nicht meines ist, sondern ich bloß sein Mittler?‹, eine solche Seele wird immer die vortrefflichsten Gedanken anziehen. Und so, mein geliebter Freund, ist Ihre Schwierigkeit gelöst, und Sie brauchen keine Skrupel zu haben, woher *Ihre* Gedanken kommen, die Sie verwenden, wenn Sie von dem Mittel der Anonymität Gebrauch machen. Ich versichere Ihnen auch, dass Sie auf andere Weise für diesen Verzicht wohl entschädigt werden sollen.«

»Ich werde belohnt sein durch das schöne Gefühl der Dankbarkeit«, sagte ich.

»Und Sie vergeben mir, dass ich Ihre Gedanken gelesen habe – jetzt, da Sie wissen, dass ich eine gute Absicht hatte?«

»Ja, das tue ich.«

Und so kam ich dazu, die Geschichte zu schreiben, die den Teil II dieser Eindrücke bildet. Ich schrieb sie nach der Abreise von Justin Moreward Haig und empfing so seine Gedankenimpulse ungeachtet der Tausende von Meilen, die zwischen uns lagen – eine Tatsache, die zumindest die Möglichkeit der Telepathie demonstriert, wenn nichts sonst.

18 · Wie sich Justin Moreward Haig verabschiedete

Nun muss ich berichten, dass der Wertvollste aller meiner Freunde sehr zu meinem Leidwesen London wieder verlassen musste wegen verschiedener Aufgaben, die er in einem anderen Erdteil zu erfüllen hatte. Über diese bat er mich, nicht zu sprechen, und daran halte ich mich.

Vom ersten Augenblick an, als ich Justin Moreward Haig kennenlernte, sah ich in ihm einen außergewöhnlichen Menschen. Wenn aber schon unsere erste Begegnung mich nachhaltig beeindruckt hatte, so war die Art seines Abschiedes noch eindrucksvoller, denn er zeigte mir dabei einen Aspekt seiner Persönlichkeit, den ich bis dahin noch nicht hatte erleben können, obgleich ich nach unseren zahlreichen Gesprächen über esoterische Themen davon überzeugt war, dass er existierte.

Man wird sich erinnern, dass in dem Brief meiner Schwester, der ein Kapitel dieses Buches bildet, die Rede war von Morewards ausgedehnten Reisen in Indien und anderswo und von Wundern, die er in diesem höchst fantastischen und geheimnisvollen Reich gesehen hatte. Aus jenem Brief ging auch hervor, dass er dort ein geheimes Wissen erworben hatte, das nur höchster Reife zugänglich ist und deswegen nur ganz wenige Menschen besitzen. Doch ich erinnere mich auch, dass er eines Tages mir gegenüber erwähnt hatte, dass es ein großer Fehler sei, anzunehmen, es gäbe nur in Indien Eingeweihte und Adepten der geheimen Wissenschaft; in Wahrheit gäbe es sie überall auf der Welt, auch in England.

Ich fragte ihn darauf, warum wir so wenig über sie wüssten, wenn dies der Fall sei, und entsinne mich, wie er sein nachsichtiges und etwas amüsiertes Lächeln gezeigt und geantwortet hatte, es bedürfe gewöhnlich eines Genies, um ein anderes Genie ganz zu begreifen, und dass nur ein sehr weit fortgeschrittener Eingeweihter in der Lage sei, einen anderen zu erkennen, wenn er ihm begegnete; wer einmal eine solch hohe Stufe erreicht habe, mache nicht auf sich aufmerksam, am wenigsten durch äußere Erkennungszeichen. »Metzger und Bäcker«, erläuterte er, »beugen sich nur vor einem König, weil sie wissen, dass er ein König ist; wenn er aber inkognito durch die Straßen ginge, würde keiner von ihm Notiz nehmen. Ich selbst bin bekannt mit einem Mann, der schon seit dreihundert Jahren lebt, so seltsam sich das auch anhören mag, aber da er eher wie vierzigjährig als wie dreihundertjährig aussieht, sind es nur sehr wenige Menschen, die klüger sind als zuvor, wenn sie ihm begegnen. Und das ist auch sein Schutz; denn wenn die Leute wirklich die Wahrheit wüssten, wäre er dermaßen das Opfer ihrer Neugierde, dass er keinen unbeobachteten Schritt mehr tun und seine höchst wichtigen Aufgaben nur schwerlich erfüllen könnte.«

»Wenn ein Mensch imstande ist, so lange zu leben«, meinte ich, »dann kann ich doch annehmen, dass er auch andere sogenannte Wunder vollbringen kann?«

»Das könnte er gewiss, aber er tut es nicht«, war die Antwort.

»Wenn er aber die Menschheit dadurch von einer großen Wahrheit überzeugen könnte, dann sollte er es doch meiner Meinung nach tun«, drängte ich.

Wieder lächelte Moreward mit geduldiger Nachsicht, was anzeigte, dass er diesen Einwand schon allzu oft gehört hatte. »Sie neigen dazu, das bloße Fürwahrhalten mit Spiritualität zu verwechseln«, stellte er fest. »Die Zurschaustellung eines Phänomens kann die Menschen niemals spirituell machen. Ich wage zu behaupten, dass Herr Paderewski wohl mit größter Leichtigkeit auch mit verbundenen Augen Klavier spielen könnte – aber könnte er durch solche Angeberei jemals einen unmusikalischen Menschen musikalischer machen? Die Antwort liegt auf der Hand. Sie übersehen, dass die Befriedigung bloßer Neugier bedeutet, die eigene Eitelkeit zu befriedigen. Wäre es nicht weit unter der Würde Paderewskis, mit verbundenen Augen zu spielen? So ist es auch ebenso unter der Würde eines Adepten, sogenannte Wunder vorzuführen.«

»Aber Jesus Christus soll das doch getan haben«, beharrte ich.
»Der Nazarener hat nie Wunder vollbracht, ohne einen angemessenen Grund zu besitzen. Er heilte, weil Menschen krank waren; er materialisierte Nahrung, weil Menschen hungrig waren; er stillte den Sturm, weil seine Jünger sich fürchteten – niemals jedoch war dies ›Angeberei‹, nie diente es zur Befriedigung bloßer Neugier, und das gilt auch für einen anderen Adepten, nämlich Apollonius von Tyana.«

Ich fragte ihn, ob jedermann das notwendige Wissen erwerben könne, um Wunder zu wirken.

»Ja – und nein«, war die Antwort. »Ja, weil es wesentlich ist, die richtigen Voraussetzungen zu besitzen; nein, weil die meisten Menschen sich nicht darum kümmern, sie zu erlangen. Sie selbst sind auf dem Wege, sie zu erreichen, und vielleicht werden Sie in einer späteren Inkarnation weit genug fortgeschritten sein, Wunder zu vollbringen, falls Sie das zu tun wünschen.«

»Und Sie?«, fragte ich. »Können Sie Gegenstände dematerialisieren?«

»Sie fragen mich sehr direkt«, entgegnete er lächelnd, »und ich kann nicht sehr gut lügen; aber wenn ich Ihre Frage bejahe, bitte ich Sie, diese Tatsache nicht zu erwähnen, solange ich in London bin.«

Ich versprach ihm absolute Diskretion.

»Natürlich«, fuhr er fort, »gibt es so etwas wie ein Wunder überhaupt nicht. Wir von der Bruderschaft machen uns lediglich Naturgesetze zunutze, die den meisten Menschen nicht bekannt sind; das ist alles.«

»Aber warum wird dieses Wissen nicht weitergegeben?«, fragte ich.

»Weil die Menschheit spirituell noch nicht genügend entwickelt ist, um es in der rechten Weise zu gebrauchen. Gibt man dieses Wissen an Leute weiter, die nicht die erforderlichen Qualifikationen haben, würden sie damit fast das Universum zerstören.«

»Und welches sind diese Qualifikationen?«, fragte ich.

»Vollkommene Selbstlosigkeit, vollkommene Toleranz, völliges Fehlen jeder Eitelkeit, absolute Selbstkontrolle und alle anderen spirituellen Eigenschaften.«

»Mit einem Wort: Vollkommenheit«, bemerkte ich.
»Praktisch gesagt, Vollkommenheit«, bestätigte er.
»Dann bin ich aus dem Rennen«, stellte ich fest.
Er lachte. »Sie vergessen, dass Sie eine Ewigkeit vor sich haben«, sagte er, »und deshalb genügend Zeit.«

Dieses Gespräch fand, wenn ich mich recht entsinne, schon kurz nachdem ich Morewards Bekanntschaft gemacht hatte, statt; und seit jener Zeit habe ich, zumal durch die Bücher, die er mir zu lesen gab, Wissen erworben, das mich die Sache heute in einem anderen Licht sehen lässt. Dessen ungeachtet, war ich neugierig genug, um mir sehnlichst zu wünschen, eine Vorführung jener Kräfte zu erleben, die zu besitzen Moreward zugegeben hatte, und ich bat ihn häufig, mir zumindest die allerwinzigste Offenbarung zu geben, doch immer – wenn auch mit größter Liebenswürdigkeit – verweigerte er es. Aber dann, bei seinem Abschied, gewährte er mir meine Bitte.

Er hatte mich schon etwas auf seine bevorstehende Abreise vorbereitet, denn er teilte mir mit, dass die Zeit seines Aufenthaltes in London ihrem Ende zuginge und ich nicht erwarten könne, ihn noch sehr viel länger bei mir zu haben, was seine körperliche Anwesenheit betraf, da wir im Geist und in der Liebe nie getrennt werden könnten.

Und so geschah es dann: Ich habe die Angewohnheit, des Nachts meine Tür zu verschließen, seitdem ich längere Zeit in Hotels gewohnt hatte. Auch in der besagten Nacht war ich nicht von jener Gewohnheit abgewichen. Ungefähr um Mitternacht ging ich zu Bett, schlief dann gut acht Stunden tief und fest und nahm als erstes beim Erwachen einen äußerst feinen Rosenduft wahr. Ja, es schien mir, als habe ich von Rosen geträumt, doch als ich dann die Augen öffnete, fand ich zu meinem größten Erstaunen auf dem Kissen gleich neben meinem Kopf einen Brief, auf dem eine große rote Rose lag. Mein erster Gedanke war, dass ich die Zimmertür unverschlossen gelassen hatte und das Dienstmädchen hereingekommen war; aber da ihr so etwas gar nicht ähnlich sah, fing ich an, daran zu denken, dass die Sache doch einen tieferen Sinn haben musste. Doch meine Spekulationen kamen bald zu ihrem Ende, denn ich öffnete den Brief und begann zu lesen:

»*Geliebter Freund,*
zu dem Zeitpunkt, wenn Sie diese wenigen Zeilen empfangen, werde ich schon auf meinem Weg an einen Ort sein, der vorläufig ungenannt bleiben muss. Mein Leben in London ist nun beendet, und im Interesse meiner eigenen Entwicklung ist es nötig, dass ich mich nun für einige Monate ganz von der äußeren Welt zurückziehe. Für die Zukunft ist mir eine andere Arbeit bestimmt, und es wird uns einige Jahre lang nicht möglich sein, einander physisch zu begegnen; doch wann immer Sie meiner Hilfe bedürfen, werde ich dessen gewahr sein und Ihren Ruf beantworten. Ich habe das nutzlos traurige, persönliche Abschiednehmen vermieden, weil ich weiß, mein Freund, dass Sie ein empfindsames Gemüt haben, und ich möchte Ihnen den Schmerz ersparen. Zudem gibt es in Wirklichkeit keine Trennung zweier Seelen, die einander aufrichtig zugetan sind, denn die sich lieben, sind einander näher – auch wenn Tausende von Meilen physischen Abstandes zwischen ihnen liegen –, als es zwei Menschen sind, die in engster Nähe, aber ohne Sympathie, miteinander leben. Deshalb wollen wir dieses Lebewohl überhaupt nicht als eine Trennung ansehen, denn nur, wenn Liebe und Erinnerung gestorben sind, kann Trennung geschehen. Da diese Liebe zwischen Ihnen und mir, wie ich nun sehe, niemals sterben kann – nachdem sie schon durch so viele Inkarnationen bestand –, bedeutete, Abschiedsschmerz zu empfinden, unter den Schmerzen einer Illusion zu leiden, anstatt die Freude der Realität zu empfinden. Im Blick auf diese letzten Jahre, in denen wir so gleichgesinnt zusammengearbeitet haben, lassen Sie mich Ihnen danken für diese Übereinstimmung, die diese Jahre so wirklich glücklich werden ließ, und für Ihre Aufgeschlossenheit, die es mir ermöglicht hat, Ihnen ein wenig von dem Wissen der Bruderschaft beizubringen. Denn wir haben jenen zu danken, die es uns erlauben, ihnen zu helfen auf dem Weg der Entwicklung, und die uns damit eine Gelegenheit geben, das zu tun, was zu tun uns das Wichtigste vor allen anderen Dingen ist, und so brauchen sie uns nicht zu danken.
Weiterhin möge es Ihnen gut gehen, mögen Sie nie in der Vergangenheit oder Zukunft leben, sondern immer im gelassenen und unwandelbaren Glück des Großen Ewigen.
Immer Ihr ergebener Freund, J. M. H.

P. S. Versäumen Sie es nicht, jene esoterische Geschichte zu schreiben, und ich werde meinerseits nicht säumen, Ihnen die nötigen Ideen zur Verfügung zu stellen.«

Sowie ich diesen Brief gelesen hatte, ging ich zur Tür und fand diese genau so, wie ich sie vor dem Schlafengehen hinterlassen hatte, nämlich abgeschlossen, mit dem Schlüssel im Schloss steckend. Daran erkannte ich, dass Moreward nun doch noch meine Bitte erfüllt und mir ein Beispiel von Materialisation gezeigt hatte. Jedenfalls war dies meine persönliche Deutung dieser Angelegenheit, auch wenn andere sich bemühen sollten, eine materialistischere Erklärung zu finden und mich als fantasiebegabt und leichtgläubig betrachten.

Und damit – es erübrigt sich, dies zu sagen – endete meine Beteiligung an dem philanthropischen Werk Justin Moreward Haigs. Dennoch sehe ich ihn von Zeit zu Zeit in dem, was man den Astralkörper nennt, und stehe deshalb weiterhin mit ihm in Verbindung, doch er erscheint mir nur, wenn ich einer bestimmte Hilfe im Zusammenhang mit meiner eigenen psychischen und spirituellen Entwicklung bedarf. Daher habe ich, welches auch immer seine jeweiligen Aktivitäten sind, keine Möglichkeit, diese zu verfolgen.

Meine »Geschichte« ist damit also an ihr natürliches Ende gekommen, und wenn ich darauf zurückblicke und die Menschen betrachte, die sie versucht zu schildern, dann beeindruckt mich eine Tatsache wirklich sehr nachhaltig, und damit meine ich die völlige Durchschnittlichkeit aller Beteiligten – natürlich abgesehen von der zentralen Gestalt selbst. Denn ihre Gewöhnlichkeit zeigt mir, wie wahr das Wesen von Morewards Philosophie schon von Natur aus war, nämlich dass »ein Ding langweilig oder erfreulich ist, je nachdem, was man selbst dazu gibt«. Ja, es ist, wie er bei einer Gelegenheit bemerkte, als er mit einem besonders starrköpfigen und nüchternen Vertreter der Menschheit konfrontiert war: »Je schwieriger ein Problem ist, desto interessanter wird es; denn mit keinen Menschen ist schwieriger umzugehen als mit den durch und durch gewöhnlichen.« Darum setzte er einen so großen Teil seiner Energien bei Pharisäern und Spießbürgern ein: »Die Dichter, Künstler und Philosophen sind von so empfänglicher Mentalität [informierte er mich einmal], dass sie den persönlichen Kontakt mit uns nicht benötigen, und die Bruderschaft kann ihnen Ideen und Ideale von einer weit höheren Ebene als der physischen eingeben. Der Mann von der Straße jedoch ist völlig anders: Nur auf dem etwas schwerfälligeren Weg des persönlichen Gesprächs kann hier etwas erreicht werden.«

Und so ist es eine der Absichten dieses Buches, zu zeigen, dass – ganz gleich, wie fad und gewöhnlich die Äußerlichkeiten des Lebens sich auch geben mögen – derjenige, der sich darum bemüht, den Menschen aus dem Gefängnis ihrer Ichbezogenheit und ihrer Konventionen herauszuhelfen, allen Menschen seiner Umgebung ein Glücksgefühl vermitteln kann. Er selbst erfährt dadurch das einzige echte und unzerstörbare Glücksgefühl in seiner eigenen Seele.

Teil II
Eine lange Reise und das Ziel

Erläuterndes

Wie es dazu kam, dass die Geschichte dieser langen Rundreise niedergeschrieben wurde, wurde schon in dem Abschnitt »Vorspiel zu einer Geschichte« angegeben, doch es sollen noch einige weitere Worte der Erklärung hinzugefügt werden.

Das Niederschreiben von medial Empfangenem ist bekannt bei denen, die sich für Esoterik und Medialität interessieren; doch die allgemeine Öffentlichkeit ist in dieser Hinsicht unwissend und vermutlich größtenteils skeptisch, was – unabhängig von dem, was ich schreiben mag – vermutlich so bleiben wird. Skeptizismus aber ändert nichts an den Tatsachen, und auch die Redekunst eines Nicht-Sehenden kann nicht die Überzeugung des Sehenden auslöschen, denn – wie Annie Besant es prägnant ausdrückte – »Unwissenheit wird das Wissen nie überzeugen können«. Dies sei, wie es will; denen jedenfalls, die Ohren haben zu hören, fühle ich mich genötigt, meine Überzeugung darzulegen, dass die ethischen, philosophischen und mystischen Ideen, die sich auf den folgenden Seiten finden, mir eingegeben worden sind von dem Eingeweihten, den ich nun mit Recht meinen Meister nennen kann.

Es ist wahr: In einigen Fällen mag ich wohl unwissentlich den einen oder anderen dieser Gedanken entstellt und ihn somit unkorrekt »weitergegeben« haben, aber wenn das sein sollte, ist nur mir allein ein Vorwurf zu machen und nicht dem, der mich als sein Werkzeug gebrauchte.

Über die Art und Weise, wie diese Geschichte geschrieben werden sollte, hatte mir Justin Moreward Haig, kurz bevor er London schließlich verließ, einige Anweisungen gegeben. »Lassen Sie die Sprache malerisch, flüssig und so poetisch wie möglich sein«, sagte er, »denn esoterische Wahrheiten prägen sich dem Leser leichter ein, wenn sie in eine melodische Sprache gekleidet sind. Bemühen Sie sich auch, die ganze Geschichte mit einer Reihe kleinerer Episoden auszuschmücken, und versäumen Sie nicht, mit Bildern und Gleichnissen verschwenderisch umzugehen.«

So habe ich denn versucht, diese Anweisungen nach besten Kräften auszuführen, und brauche nur noch einen wichtigen Umstand hinzuzufügen: Wenn Haig eine bestimmte Art von Dingen erzählte oder über ethische Themen sprach, bemerkte ich, dass seine Sprache sich veränderte und einen Fluss bekam, der sie überaus zwingend und einleuchtend machte. Nun – so seltsam das klingt –, als ich begann, meine Geschichte zu schreiben, fand ich, dass ich selbst unbewusst jene Musikalität seiner Sprache nachahmte. Als ich eines Tages der Anwesenheit Haigs besonders deutlich bewusst war, stellte ich ihm in Gedanken die Frage: »Haben Sie mir neben den Ideen auch den Sprachstil eingegeben?« Seine Antwort lautete: »Ich habe das eigentlich nicht getan, aber Sie haben doch einen gewissen Geschmack von der Art vermittelt, wie ich schreiben könnte, einfach deshalb, weil wir in so enger Verbindung miteinander stehen.«

I

Vor langer Zeit lebte in einem fernen Gebirgsland ein reicher Mann mit Namen Antonius. Er hatte alle Freuden genossen, die seine Reichtümer ihm bieten konnten; doch schließlich wurde er übersättigt und ihrer überdrüssig, so wie ein Kind eines Spielzeuges überdrüssig wird, das nun seinen Reiz verloren hat. Sein Geist war von den vielfältigen Vergnügungen und Zerstreuungen ermüdet und geschwächt, und das Leben erschien ihm öde und leer. So verlegte er sich auf das Lesen alter Bücher und Sagen und bemühte sich, darin neues Wissen zu gewinnen und damit seine Zeit zu vertreiben. Er lebte allein und besuchte auch niemanden mehr, denn die Besuche seiner früheren Freunde störten ihn jetzt bei der Beschäftigung mit seinen Büchern.

Als er eines Tages, wie es ihm zur Gewohnheit geworden war, in seinem Garten im Schatten saß und las, begab es sich, dass ein alter Bettler durch das Tor hereinkam, zu ihm trat und um Almosen bat. Da Antonius freundlich gesonnen und bar jeder Knauserigkeit war, zog er seine Geldbörse und gab dem alten Bettler eine Handvoll Münzen, entbot ihm freundlich seinen Gruß und wünschte ihm, dass ihn das Glück auf seinem weiteren Wege begleiten möge.

Aber jener alte Bettler bedankte sich für die ungewöhnliche Freigebigkeit und sprach: »Eile nicht so, mich zu entlassen, du Großmütiger, damit ich nicht ziehe, ohne zu vergelten, was du mir getan hast; denn das wäre wahrlich undankbar, weil du mir mehr geschenkt hast, als ich je zu empfangen hoffte.« Antonius dachte bei sich: »Was kann ein einfältiger Bettler besitzen, wenn er von Vergeltung redet?«, und lächelte nachsichtig, ließ ihn verweilen und blickte ihn von der Seite an in Erwartung, was er wohl zu sagen haben könnte. Doch auch der alte Bettler lächelte nachsichtig, und er sprach:

»Wisse denn, angehender Philosoph, dass der äußere Schein trügerisch und Weisheit oftmals in ein sehr bescheidenes Gewand gekleidet ist, ist sie doch eigen dem Armen sowohl als dem Reichen. Wisse auch, dass Zufall nur ein Trugbild ist, das keinen Platz vor der Wahrheit hat, und was mich zu dir bringt, ist kein Zufall, wie du annahmst, sondern Frucht des Verlangens, das unsichtbar durch die Kräfte der Natur wirkt. Denn mein Kommen ist wahrlich nur die Folge deines Durstes nach Wissen, und deine Großzügigkeit ist dein Sesam-Öffne-Dich, das mir gestattet, dich durch das erste Tor auf dem geheimen Weg zur Wahrheit schreiten zu lassen. Denn die Wahrheit, die ich für dich im Auge habe, kann nur erreicht werden vom Freigebigen und Großmütigen, und von keinem sonst – wahrlich, von keinem sonst.«

Da begann Antonius aufzuhorchen und dachte für sich: »Diesen alten Bettler habe ich verkannt, denn trotz seines Bettlergewandes scheint er ein Weiser zu sein, und er spricht mit den Worten eines Wissenden und nicht eines Unwissenden, deshalb tue ich wohl daran, seinen Worten zu lauschen und zu beachten, was er mitzuteilen hat.« Laut aber sagte er: »Fremder, so reich an Weisheit und doch so arm an Besitz! Denke nicht, ich lasse dich ziehen, ohne dich anzuhören; nein, ich bitte dich, Platz zu nehmen, und mein Diener soll dir Erfrischung bringen, bevor du dich wieder auf den Weg begibst, denn du scheinst mir ein Wanderer zu sein, und ich nehme auch an, dass du sehr alt bist?« Und so setzte der alte Bettler sich nieder, faltete die Hände über dem Knauf seines knorrigen Stabes, während Antonius zum Haus ging und Anweisung gab, dass Früchte, Brot und Wein in den Garten gebracht werden sollten; dann kam er zurück und wartete, was der alte Mann sagen würde.

Der alte Mann dankte ihm höflich, sah ihm forschenden und festen Blickes in die Augen und sprach: »O Suchender! Nur die allerersten Früchte des Wissens lassen sich von den Seiten der Bücher pflücken, und obgleich du schon lange und unermüdlich gelesen hast, wäre dein Studium doch so gut wie vergeblich, wenn du nicht wenigstens dieses gelernt hast. Wisse denn, dass wahres Wissen allein in der Seele zu finden ist, und der Weg zu deiner Seele geht durch das Herz, aus dem alle Dunkelheit verbannt werden muss durch das Licht der Selbstlosigkeit. Da dies so ist, so lege denn nun deine Bücher beiseite und suche anderswo nach Wissen, und vertraue dein Haus und deinen Besitz der Obhut deiner Diener an, bis zu deiner Rückkehr. Denn was du erstrebst, ist hier nicht zu finden, sondern auf dem Gipfel der schneebedeckten Berge dort drüben. Dort wohnen die Meister der Weisheit und warten immer darauf, ihre unermesslichen Schätze der Erleuchtung mit jenen zu teilen, die mutig und ausdauernd genug sind, den großen Anstieg zu bewältigen. Nur die Selbstlosen jedoch können das Recht erlangen, dieses Wissen zu erwerben, und so ist eine der Bedingungen, dass du die Reise nicht allein unternimmst, sondern auch andere zu ihrem Tempel der Weisheit führst. Und selbst wenn diese, der Mühen des Anstieges überdrüssig, wieder umkehren und dich den Rest des Weges allein ziehen ließen, werden dich die Meister dennoch empfangen und dir deinen Lohn geben. Aber wisse, dass deine Reise lang ist, wie du sehen kannst an der Ferne jener Bergzüge, und die Aufgabe schwierig und mühsam. Doch es gibt viele Herbergen und Rastplätze am Wege, Städte und Dörfer, in denen du haltmachen und verweilen sollst. An jedem dieser Plätze jedoch wirst du nicht nur den weiteren Abschnitt des vor dir liegenden Weges erfahren, sondern auch ein weiteres Fragment des Wissens, das dich als Vor-Initiation vorbereiten soll auf die Erleuchtung am höchsten Ziel. Dieses Ziel ist nichts anderes als das Finden des Steins der Weisen – wie es in bildhafter Sprache ausgedrückt ist[3] –, wodurch du den Sieg über den Tod und den Besitz unendlicher Glückseligkeit erlangen sollst.«

Darauf sprach Antonius: »O ehrwürdiger Alter, auch wenn lange Jahre deinen Körper abgezehrt haben, hat deine Rede doch die Kraft der Jugend behalten, und die Worte fließen aus dir, so wie ein Fluss dem Meer der Weisheit entgegeneilt, und sie sind Wahrheit in meinen Ohren. Und dennoch begehrst du Unmögliches, indem du verlangst, dass ich andere finde, die mir Gesellschaft leisten auf einer so langen und anstrengenden Reise. Denn wo sollte ich suchen nach solchen, die nach Wissen dürstet? Ist dies doch seltsam genug und dazu nur durch solch mühsamen Preis zu erwerben. Und wer wird mir glauben, wenn ich ihm erzähle, dass auf jenem fernen Gipfel der Stein der Weisen in der Obhut einiger Einsiedler zu finden sei, wenn sie von diesem noch nie gehört haben und aller Wahrscheinlichkeit nach auch gar nichts hören wollen? Glaubst du, meine früheren Zechbrüder würden etwas anderes tun, als mich zu verlachen, wenn ich ihnen einen so fantas-

---

[3] Forschungen haben gezeigt, dass der Stein der Weisen nie etwas anderes sein sollte als ein rein symbolischer Ausdruck.

tischen Vorschlag machte zu einem Ziel, das überhaupt nicht zu beweisen ist? Wahrlich, deine Rechtschaffenheit mag über jeden Zweifel erhaben sein, doch deine Bedingungen sind schwerlich zu erfüllen.«

Der alte Bettler ließ es zu, dass die Andeutung eines Lächelns über sein runzliges Gesicht huschte, und antwortete: »O Unwissender! Wären die Bedingungen, die die Großen auferlegen, unmöglich auszuführen – sei es in deinem Fall oder dem eines anderen –, dann wäre ich wahrlich nicht hierher gekommen, um meine Energie für ein unnützes Gespräch zu verschwenden und um Lügen zu erzählen; aber habe ich nicht gesagt, dass ich aufgrund des unerbittlichen Ratschlusses des Schicksals gekommen bin, um deinem Bestreben entgegenzukommen und nicht durch eine Illusion wie den sogenannten Zufall oder zufällige Verkettungen von Umständen? Daher, bevor du mir von Unmöglichem redest, gib acht und höre, was ich dir weiter zu sagen habe; ohne dass du es weißt, hast du schon ein kleines Stück des Weges zum Wissen hinter dir und einige der Bedingungen der Großen erfüllt, die ich bis jetzt noch nicht genannt habe.«

Während er sprach, kamen Diener aus dem Haus über den grünen Rasen und trugen ein Tablett, beladen mit Früchten, Brot und Wein. Der Alte zögerte, hielt inne und wartete, bis sie wieder im Hause waren; höflich ignorierte er eine Geste seines Gastgebers, die ihn einlud, sich mit dem angebotenen Mahl zu stärken. Dann fuhr er fort: »Und jetzt will ich dir sagen, in welcher Beziehung du schon eine kleine Wegstrecke zum Wissen zurückgelegt hast: Bist du nicht überdrüssig des Essens und Trinkens und deiner Liebe zu den Frauen und all den Freuden, die dir deine Reichtümer ermöglichten? Hast du dich nicht abgewendet von ihnen, weil sie dich anwiderten und deine Sinne übersättigten, wie ein Übermaß an Honig im Gaumen Übelkeit erregt; hast du sie nicht aufgegeben ohne Schmerz, da sie dir keine Freude mehr bieten konnten?«

Da blickte Antonius den alten Mann an und antwortete: »Wahrlich, ich habe getan, was du sagtest, aber was sonst hätte ich tun können, als ich erkannte, dass es der Gipfel der Torheit wäre, an Freuden zu hängen, die keine Freuden mehr sind, gleichsam Schatten zu umarmen, deren Körper hingeschwunden sind? Aber soll ich darin ein Verdienst sehen, wenn ich wegwarf, was mich nicht mehr befriedigte? Wäre es nicht eher ein Verdienst gewesen, wenn ich mich überwunden hätte, das zu lassen, was doch mein eigenster Wunsch war?«

Da lächelte der alte Bettler weise und sprach: »O Einfältiger, der doch schon einen Tropfen der Weisheit gekostet hat! Nur wer ohne Mühe aufgibt, hat wirklich aufgegeben, denn zu verzichten auf das, was die Sinne noch begehren, heißt, am Rande eines Abgrundes zu stehen, immer in der Gefahr, in die Tiefe zu stürzen. Aber was nützte ein zerschmetterter Leichnam jenen, die Wissen geben wollen; denn wie ein Leichnam nicht hören kann, da er allem Klange taub ist, so kann auch jener nicht hören, der von den Würmern des Verlangens zerfressen ist und taub für alle Weisheit. Doch nun überlege und suche in den Winkeln deiner Erinnerung, ob unter deinen Gefährten nicht einige sind, die du auf deiner Reise zur Wahrheit mitnehmen kannst; und wenn da keiner sein sollte, den du liebst, so sind da vielleicht solche, die dich noch lieben und – wenn aus keinem anderen Grunde – dir um dieser Liebe willen folgen werden auf dem Pfad.« Und dann, nachdem er ein wenig von den dargebotenen Speisen genommen hatte, erhob sich der Alte von seinem Platz, sagte seinem verblüfften Gastgeber Lebewohl und ging seines Weges.

II

Nun besaß Antonius einen Freund, der nicht zu dem Kreis seiner früheren Zechkameraden gehörte; den liebte er mit zärtlicher und unerschütterlicher Hingabe und sah in ihm ein Vorbild an Gelehrsamkeit, Güte und Liebe. Er wohnte nicht weit entfernt, in einer von Zypressen umgebenen Villa am Meer. Ein Mann – wie man so sagte – mit unermesslichem Reichtum, der jedoch ein Leben in Einfachheit und Mäßigung allen Ausschweifungen und Gelagen anderer Reicher vorzog. Antonius dachte sich: »Ich werde mich zu meinem Freund Pallomides begeben und ihn fragen, was ich von den Worten dieses geheimnisvollen alten Bettlers halten soll. Denn war er es nicht, der mir jene Bücher geliehen hat, in die ich mich nun seit langem vertiefe? So ist er vielleicht auch in der Lage, mir zu sagen, welchen Weg ich einschlagen soll – falls ich überhaupt einem Weg folgen soll.«

Und kaum war ihm dieser Gedanke gekommen, machte er sich auch schon auf den Weg und ging die weiße, schattige Straße entlang. Sie war überdacht von den sich miteinander verflechtenden Zweigen der Bäume, die wie Schildwachen die Seiten der Straße säumten und dem Blau eines wolkenlosen Himmels nur an manchen Stellen gestatteten, durch die Zwischenräume ihrer grünen Blätter hindurchzublicken.

Als er sich der Villa näherte, in der sein Freund wohnte, erkannte er ihn schon von weitem an seiner hochgewachsenen und schönen Gestalt. Er ging auf der Terrasse hin und her, von der man die stille, ruhige See überblicken konnte. Sein Haupt war über ein Buch geneigt, in dem er im Gehen las und von dem er zuweilen aufblickte. Zur Terrasse blühten unzählige zarte Rosen empor und verströmten ihren Duft in der Sonne. Als er Antonius kommen sah, strahlte die Freude des Willkommens über die ruhigen und klaren Züge seines Antlitzes. Er ging ihm entgegen, um ihn zur Begrüßung in die Arme zu schließen, wie es in jenen Tagen Brauch war. Dann teilte Antonius ihm mit, aus welchem Grund er gekommen war, und erzählte ihm von dem geheimnisvollen alten Bettler, der versucht hatte, ihn zu überreden, sich auf eine so seltsame und ungewisse Reise einzulassen. Er bat ihn, seinen verwirrten Geist aus der Wirrnis von Neigungen und Zweifeln zu befreien.

Pallomides blickte ihn mit unergründlichem Lächeln an und sagte: »Bist du nicht ein wenig leichtgläubig, mein Freund, wenn man sich vorstellt, dass ein gewöhnlicher alter Bettelmann, der daherkommt, um Almosen zu erbitten, dich so beeindrucken kann mit seinem Vorschlag? Es könnte sich herausstellen, dass diese Reise nichts mehr ist als schlimmste Torheit, so dass sie, falls du beschließt, sie zu unternehmen, nur in Enttäuschung und Bedauern enden würde? Doch auch ich habe vernommen, dass auf dem Gipfel jenes Berges ein Kloster geheimnisvoller Mönche steht, die im Besitz eines unermesslichen Schatzes an Wissen sein sollen, und dass, wer sie nach einem langen und mühsamen Anstieg erreicht, damit einen Lohn verdient, den alle materiellen Reichtümer der Welt nicht aufwiegen können. Dir aber zuzureden, dorthin zu gehen, wäre eine Verantwortung, die ich wirklich nur sehr ungern übernehme, und dich zu überreden, hier zu bleiben, wäre mit der gleichen Verantwortung verbunden; denn, wer weiß, ob der alte Bettler nicht doch aufrichtig war in seiner Dankbarkeit und dir einen Dienst tun wollte, wonach du von einem Wissen profitieren könntest, das zu nützen er selbst zu alt ist? Außerdem, selbst wenn deine Reise sich als vergeblich erweisen sollte, hast du wenig, was dich hier unten in dieser Welt hielte, und deshalb scheint es, dass so oder so kein großer Schaden erwüchse, denn du befindest dich in der Blüte deines Lebens und hast noch viele Jahre vor dir, so dass du nach deiner Rückkehr deine Studien immer noch fortsetzen könntest, ja, vielleicht umso besser nach deinen Reisen und Abenteuern.«

Da sagte Antonius: »Du sprichst wohl, aber die geforderten Bedingungen sind schwierig zu erfüllen, und wo sollte ich nach einem Freund suchen, der mir auf einer so seltsamen und scheinbar fantastischen Reise Gesellschaft leisten würde? Wer außer dir würde meinen Plan billigen, der du es aufgrund deiner Großherzigkeit und Gelehrtheit tust? Wen könnte ich dazu überreden, an meine Aufrichtigkeit zu glauben und mich nicht als Verrückten oder Narren anzusehen?«

Da sprach Pallomides: »Sicherlich schmeichelst du einem, der dessen nicht würdig ist, da meine Großherzigkeit nichts mehr ist als ein wenig weltliche Weisheit, die erkennt, dass keine Gelegenheit, die einem Menschen gegeben wird, gänzlich verschmäht und versäumt werden sollte. Es ist auch nicht so schwer, wie du annimmst, einen Begleiter für die Reise zu finden, denn wenn kein Mann sich finden lassen sollte, mag sich vielleicht eine Frau einstellen.«

Da erwiderte Antonius: »Aber welche Frau kenne ich schon außer jenen, mit denen ich meine Kurzweil hatte in früheren Tagen und die doch ungeeignet sind für solch ein Unterfangen? Denn selbst, wenn ich sie dazu bringen könnte, mir zu folgen, würden die Weisen sie schwerlich als Schüler ihres erhabenen Wissens annehmen. Darüber hinaus habe ich sie vernachlässigt und wie Träume aus meinem Leben fortschmelzen lassen. Fast habe ich schon ihre Namen vergessen, so dass ich sie nicht wiederfinden könnte, selbst wenn ich wollte.«

Da blickte Pallomides seinem Freund väterlich in die Augen und sprach: »Wer nach Weisheit sucht, verachtet auch seine Träume nicht: Es könnte sich hinter ihrer durchscheinenden Gestalt ein bedeutungsvoller und gewichtiger Sinn finden lassen. Und selbst, sollte da nichts sein, so wäre doch der Versuch, sie festzuhalten, eine Übung für das Gedächtnis, die man nicht geringschätzen sollte. Und wahrlich, das meine müsste das schlechteste sein, wenn du dich nicht mindestens an den Namen einer deiner vielen Geliebten erinnern kannst. Sicherlich sprachst du unbedacht, oder du suchst eine Ausflucht, um deine Abneigung vor mir zu verbergen, eine vom schwächeren Geschlecht als Weggefährtin mitzunehmen, damit sie sich nicht als Hindernis statt als Hilfe erweise.«

Da lachte Antonius ein wenig verlegen und sagte: »Du liest meine Gedanken! Du bist auf einiges Wahre gestoßen, denn ich fürchte, mich zu belasten mit einer Frau, die immer wünschte auszuruhen, zurückzubleiben oder umzukehren und so unberechenbar und launisch wie der Wind wäre, so verschwenderisch mit ihren Tränen wie eine regenschwere Wolke beim Mondwechsel.«

Aber Pallomides antwortete ihm ernst und sagte: »Aber vergisst du damit nicht die Bedingungen, die dir gestellt werden, und trachtest nach deiner eigenen Bequemlichkeit; du meidest die erste Aufgabe, die dir gestellt ist, um deinen Lohn zu erlangen. Denn wahrlich, hat nicht jener alte Mann dir gesagt, dass allein Selbstlosigkeit dir Einlass in den Tempel gewährt und es dieser Grund war, warum du von anderen begleitet werden sollst und nicht etwa die Befriedigung deiner Bequemlichkeit oder um die Langeweile auf einem langen Weg zu mildern? Gib also acht; ich werde dich nicht überreden zu gehen, aber auch nicht dazubleiben. Wenn du dein Glück gern allein auf Grund der Worte jenes weisen Alten versuchen möchtest, dann wäre es töricht, dies nur halbherzig zu tun und einen Teil seiner unzweideutigen Anweisungen unbeachtet zu lassen und nur den anderen zu folgen. Denn es scheint wahrlich der Teil, den du vernachlässigen wolltest, ebenso viel Wert zu besitzen wie der, den du befolgen willst.«

Antonius lächelte betrübt und sagte: »Ohne Zweifel hast du in diesem Fall recht, wie du es meines Wissens auch in den meisten anderen hattest, denn wirklich, was wert ist, nur teilweise getan zu werden, sollte man auch ganz tun. Obwohl ich zuerst nach einem männlichen Begleiter suchen werde, der mit mir auf die Reise geht, werde ich doch, wenn ich keinen Erfolg dabei habe, tun, wie du sagtest, und eine Frau an seiner Stelle mitnehmen.« Er zögerte einen Augenblick, sah bittend zu seinem Freund und fügte dann hinzu: »Vergeblich wäre es wohl, nehme ich an, dich zu fragen, ob du selbst mit mir kommst?«

Und Pallomides lachte vergnügt auf und sprach: »Ja, ich fürchte, es wäre wirklich vergeblich.«

So verabschiedete sich Antonius und ging zurück nach Hause. Er verlor sich in seine Sorgen und Überlegungen und versuchte, sich einen Plan für die Suche nach einem Gefährten und eine Rede auszudenken, mit der er ihn vom Wert seines Unternehmens überzeugen wollte – sollte er überhaupt einen finden. So überlegte er mehrere Stunden, bis allmählich die Dämmerung sich über seinen Garten senkte. Dann machte er sich auf den Weg in die Stadt, um viele seiner früheren Kameraden zu besuchen, wobei er sich nur wenig Erfolg für das Ziel erhoffte, zu dem er sich entschlossen hatte.

Nachdem er so von einem zum andern gegangen war und nichts als Gelächter und gutmütigen Spott für sein Bemühen geerntet hatte, sah er sich gezwungen, seine Suche aufzugeben, die fehlgeschlagen war, wie er richtig vorausgesagt hatte. Dann sprach er zu sich selbst: »Bei den Männern ist mir jeglicher Erfolg versagt, wie ich es erwartet hatte, denn schließlich mochten sie mich nur wegen des guten Essens und Weines, die ich früher an sie verschwendet habe, nicht um meiner selbst willen. Deshalb verweigern sie sich, wenn ich nun etwas von ihnen erbitte, verlachen mich und halten mich für einen Narren. So will ich es nun bei den Frauen versuchen. Zumindest eine liebte mich und schwor, mich immer zu lieben, obgleich ich sie schlecht behandelt und mich ohne Bedauern von ihr abgewandt habe. Wer weiß, vielleicht liebt sie mich noch; und wenn sie selbst auch nur ganz wenig an das Ziel glaubt, das ich erreichen will, so mag sie doch aus Liebe mit mir ziehen, wenn auch aus keinem anderen Grund. Was gäbe es schon, was Kurtisanen an den einen oder anderen Ort binden könnte? Angesichts meines Geldes, das mehr als genug ist für uns beide und noch viele andere, kann es bestimmt nur wenige Hinderungsgründe geben.«

Und so gelangte Antonius schließlich zu dem Haus von Cynara, seiner früheren Geliebten. Er legte ihr seinen Plan dar, der ihm schon ans Herz gewachsen war. Sie hörte ihm zu mit weit geöffneten Augen, voller Erstaunen und voll der Liebe, die nie gestorben war. Aber während er ihr seine Geschichte erzählte, bemerkte er, dass Cynara gealtert war, und viel von ihrer früheren Schönheit war im Laufe der

Jahre vergangen: Ihr Leib war abgemagert, und ihre Augen hatten den Glanz verloren durch den Überdruss der Seele. Das rührte einerseits sein Herz mit ein wenig Mitleid, andererseits ließ es ihn etwas zurückweichen. Und er dachte bei sich, als er sie im Dämmerlicht der Kerze betrachtete und zu ihr sprach: »Ich wünschte wahrlich, sie liebte mich nicht mehr so sehr wie früher, denn sonst würde sie mich mit ihrer Zuneigung beschämen; und vielleicht werde ich auch vortäuschen müssen, was ich nicht mehr empfinde. Und doch, wenn sie mich gar nicht mehr liebte, würde sie bestimmt nicht tun, worum ich sie bitte, und mich auf meinem Weg begleiten. Deshalb muss ich ihre Liebe über mich ergehen lassen und als Preis für ihre Begleitung in Kauf nehmen und sie, so gut ich kann, ertragen.«

Als er zu Ende gesprochen hatte, seine Geschichte erzählt und seine Bitte vorgetragen war, blickte sie ihm in die Augen und antwortete scherzhaft: »O du treuloser, aber geliebter Mann! Obwohl du mich diese langen Jahre ohne einen Gruß oder eine Frage nach meinem Befinden gelassen hast, suchst du mich nun schließlich als – wer weiß? – letzte Zuflucht auf, da du etwas von mir willst. Doch weil ich dich noch immer liebe, werde ich an deiner Seite diese seltsame Reise antreten und bin froh, dass ich dich wiedergefunden habe, denn ich dachte, du wärest mir für immer verloren. Denn so, wie du deiner Reichtümer überdrüssig bist, so bin ich meines Liebesdienstes müde und würde gerne ganz damit aufhören und etwas Besseres an der Straße des Lebens suchen. Bestand doch meine Liebe, nachdem du von mir gegangen warst, zu allen anderen Männern nur aus Worten und nicht in Wirklichkeit, denn hinter jedem Mann schimmerte dein unauslöschliches Bild und die unvergängliche Erinnerung an dich. Obgleich ich sehr wohl weiß, dass du dir nichts mehr aus mir machst, will ich doch deine treue Begleiterin sein und dich um keine Gegenleistung bitten.«

Antonius freute sich in seinem Herzen und dachte bei sich: »Endlich habe ich jemanden gefunden, der mich auf meinem Weg begleiten wird. Nun brauche ich mich nicht mehr zu sorgen und kann mich ohne weitere Umstände auf meine Reise vorbereiten.« Zu Cynara aber sprach er: »Du warst immer edel und hast andere besser behandelt, als sie mit dir umgingen; selbst bei mir Pflichtvergessenem hast du keine Ausnahme gemacht in deiner Gutherzigkeit. Doch in diesem Fall sollst du sie tausendfach vergolten bekommen durch eine Belohnung, von der du nicht einmal träumen kannst, bevor du nicht etwas mehr darüber erfahren hast, was dich erwartet. Aber nun will ich gehen. Wenn ich alle Vorbereitungen für unsere Reise getroffen habe, werde ich dich benachrichtigen, und zur verabredeten Stunde werde ich nach dir schicken lassen. Bis dahin, lebe wohl.«

III

Frohen Herzens ging Antonius wieder zu seinem Haus zurück; er war voller Erwartung und Begeisterung und gab sich keine Mühe, dies zu verbergen. Vertieft in seine Überlegungen ging er so des Weges und kam um eine Straßenbiegung. Da sah er plötzlich in weiter Ferne die Silhouette der schneebedeckten Berge, die, vom aufgehenden Vollmond bestrahlt, sich vor dem unergründlich tiefen Blau des Nachthimmels abzeichneten. Bei diesem Anblick kam ihm plötzlich, gleich einem Pfeil, ein Gedanke in den Kopf, der ihm einen Augenblick das Gefühl gab, als wäre sein ganzes Vorhaben in der Luft zerplatzt wie eine Seifenblase. Und er dachte bei sich: »Wahrlich, ich bin verrückt, wenn ich denke, ich könnte je hinaufsteigen auf jene wolkenhohen Gipfel, wohin, nach meinem Wissen, noch keines Menschen Fuß gefunden hat, und auch kein Reisender kam je von dort zurück, um seine Geschichte zu erzählen. Bestimmt musste der alte Bettler insgeheim über mich gelacht haben, zumal er mir ja keine Aufklärung darüber gab, wie ich den Weg finden sollte, sondern mir nur die Bedingungen nannte, unter denen ich die Reise antreten sollte. Und habe ich selbst nicht diesen geheimnisvollen Alten gehen lassen, ohne ihn versprechen zu lassen, dass er zurückkehren und mir weitere Anweisung geben würde? Und jetzt ist er aller Wahrscheinlichkeit nach über alle Berge, und der Versuch, ihn wiederzufinden, wäre wohl fast so vergeblich, wie eine bestimmte Muschel am Meeresgrund wiederfinden zu wollen.«

Als er um die letzte Biegung des Weges ging und sein Haus vor sich hatte, sah er – wie zum Hohn seiner Zweifel – den nämlichen alten Bettler sitzen, der vor seinem Haus am Tor wartete. Sein Herz machte einen großen Sprung vor Freude und Erwartung, und er eilte ihm froh entgegen.

Der alte Bettler erhob sich, verbeugte sich und begann zu sprechen, ohne jede Vorrede und ohne Antonius' Begrüßung abzuwarten: »Nun, da du beschlossen hast zu gehen und jemanden gefunden hast, der dich begleitet, höre gut auf das, was ich dir mitzuteilen habe, denn ohne meine Wegweisung wäre es wirklich schwierig für dich, den Weg zu finden oder die Wegweiser und Rastplätze auf deiner Reise. Aber lasse mich dir zuerst dieses kleine Amulett übergeben, das du um den Hals, unter deiner Kleidung verborgen, tragen musst, denn es ist ein Zeichen, an dem dein künftiger Lehrer erkennen wird, wer du bist und was dein Begehren ist. Du darfst auch nicht versäumen, es vorzuzeigen, wann immer es verlangt wird, sonst kannst du keine Weisung bekommen, und deine Reise wäre vergeblich.«

Antonius unterbrach ihn voll Bewunderung und sagte: »O du geheimnisvoller Alter! Wie kannst du nur wissen, dass ich mich entschlossen habe, diese seltsame Reise überhaupt anzutreten, ganz zu schweigen davon, dass ich einen Gefährten gefunden habe?«

Doch der alte Mann hob seine Hand, um ihm Einhalt zu gebieten, und sprach: »Ich habe keine Zeit übrig, um unnütze Fragen zu beantworten; so nimm denn dieses Amulett, wie ich gesagt habe, und höre weiter, was ich dir mitzuteilen habe.« Antonius nahm das Amulett aus der Hand des Alten, der sofort weitersprach:

»Und nun wisse, dass dein erstes Ziel ein Dorf ist, das auf jenem untersten Hang zu Füßen der beiden großen überhängenden Felsen gelegen ist, die du erkennen wirst, wenn du näher kommst. Und am letzten Haus am anderen Ende des Ortes, der – wie du wissen musst – nur aus einer einzigen langen Straße besteht, wirst du anklopfen, und der Besitzer des Hauses wird dich empfangen und dir sagen, wie du weiter zu verfahren haben wirst. Aber nimm nur wenig Geld mit dir und trage nur bescheidene Kleider, so dass du eher wie ein Bettler als wie ein Reicher aussiehst. Diener darfst du überhaupt keine mitnehmen, nur eine Waffe, um dich gegen einen Angriff zu schützen, und einen Stab, auf den du dich beim Anstieg stützen kannst. Und nun lebe wohl; mögen die Götter dich leiten und schützen auf deinem Weg.« Und ohne ein weiteres Wort zu verlieren, wandte sich der alte Bettler um, ging um die Straßenbiegung und war nicht mehr zu sehen.

Antonius war einerseits verwirrt ob dieser erneuten Begegnung, andererseits jedoch völlig überzeugt von der Aufrichtigkeit des Alten. Er ging ins Haus und beschloss, seine Reise ohne weitere Verzögerung in Angriff zu nehmen. So rief er nach seinen Dienern und teilte ihnen mit: »Ich werde bald auf die Reise gehen, um ein mir wichtiges Geschäft zu erledigen, und weiß nicht, wie lange es dauern wird, bis ich wieder zurückkehre. Aber da ich unterwegs zu Gast bei Freunden sein werde, wünsche ich deshalb, keine Diener mitzunehmen und zudem ohne Gepäck, Gefolge und weitere Belastung zu reisen. Ich habe den Tag nach dem morgigen zum Termin meiner Abreise bestimmt.« Nachdem er dies gesagt und das Essen eingenommen hatte, das auf ihn wartete, ging er zu Bett und schlief bis weit in die Morgendämmerung. Er träumte von dem geheimnisvollen weisen Alten, von Pallomides, Cynara und schneebedeckten Bergen, durcheinander, wie eben Träume häufig sind.

IV

Am vereinbarten Tage traten Antonius und Cynara gemeinsam ihre Reise an; er hatte ihr eine Nachricht überbringen lassen, die ihr Ort und Zeit ihres Treffpunkts mitteilte. Er hatte auch nicht versäumt, Pallomides in seiner Villa am Meer Lebewohl zu sagen, da er dachte, dass ihnen womöglich eine lange Trennung bevorstünde oder gar eine, die gar kein Ende haben würde.

Und so zogen die beiden Reisenden viele Stunden die staubigen Straßen entlang. Hin und wieder machten sie halt, rasteten ein wenig oder erfrischten sich kurz in einem Gasthaus an der Straße, oder sie legten sich am Ufer eines Flusses ins Gras, um kurz auszuruhen. Manchmal tauchten sie ihre heißen und schmerzenden Füße in das kühle Wasser des Flusses und spritzten es sich ins Gesicht, um sich von der Hitze der brennenden Sonnenstrahlen abzukühlen und den Staub der Straße und den Schweiß abzuwaschen.

Doch als Antonius im Laufe der Zeit müde wurde, dachte er bei sich: »Oh, ich armer Tor, so zu reisen, ohne Pferd und Diener, wie ein Bettler; ich schleppe meine Beine hinter mir her, als wären es Steine, die mit jedem Schritt schwerer werden. So weit bin ich nun mit all meinem Wohlstand, nur wegen des Geschwätzes eines alten

Bettelmannes, lasse jegliche Bequemlichkeit zurück und gehe zu Fuß auf die Suche nach etwas, das ich kaum kenne.« Aber als er seine Begleiterin ansah, die treu an seiner Seite ging, bemerkte er, dass ihre Miene ruhig und ohne Klage war, obschon die Schatten unter den Augen durch die Ermattung tiefer geworden waren. Auf seinen Seitenblick hin lächelte sie, ermattet und ermutigend zugleich, aber sie sagte nichts, denn sie war zu müde, um noch Worte zu finden, die sie hätte sagen können. Und Antonius dachte bei sich: »Oh, wenn ich sie nur lieben könnte, wie sie mich liebt! Ihr Lächeln würde mich meine ganze Mühsal vergessen lassen, so wie Cynaras Miene sich aufhellt, wenn ich nur Notiz von ihrer Anwesenheit nehme. Wahrlich, sie muss ein gutes Herz haben, um mir so bedingungslos zu vertrauen und mich zu lieben all diese Jahre hindurch, trotz all der vielen anderen Männer; und wenn sie nicht so verblüht wäre – wer weiß, vielleicht könnte ich sie auch wieder ein wenig lieben?« Und er blickte wieder zu ihr hinüber, aber diesmal lächelte er mit einer Freundlichkeit, wie er sie bisher noch nicht gezeigt hatte, so dass er, als sie mit verstohlener Freude zurücklächelte, das Gefühl hatte, er könnte auf ihrer Seele spielen, so wie die Hand eines Barden auf den Saiten seiner Leier spielt, um freudige Klänge hervorzubringen.

Und sogleich kam ihm ein Gedanke, der ihn sehr beglückte, denn er sagte sich: »Habe ich ein neues Spiel gefunden, das mir die Stunden meines langen Weges verkürzen und mich um so schneller zu meinem Ziel bringen wird? Und allein die Einfachheit dieses Spiels macht schon die Hälfte seines Reizes aus, denn man kann es fast überall spielen, nicht nur zwischen meiner gegenwärtigen Begleiterin und mir. Dabei ist es merkwürdig, dass ich noch nie zuvor auf diesen Einfall kam und der Blick aus den Augen einer müden Frau, die mich liebt, der ich aber nicht vortäuschen kann, sie ebenso zu lieben, der erste sein sollte, der mich darauf gebracht hat. Doch wäre es anders und hätte ich sie wiedergeliebt, so wäre mein Sinn höchstwahrscheinlich gar nicht empfänglich gewesen, da er – berauscht von Liebe und Leidenschaft – blind für die feineren Dinge des Herzens wäre.

Und nun will ich wieder zu ihr hinübersehen, noch etwas freundlicher als vorhin, und ihre Erwiderung beobachten, denn es macht mir nicht nur selbst etwas Freude, ihr eine kleine Freude zu bereiten und die Wirkung auf ihren Zügen zu verfolgen, sondern es öffnet auch gleichsam die Pforten meines Herzens um einen Spalt.« Also blickte er sie wieder an, diesmal mit einem Lächeln voll Mitgefühl, und er nahm ihren Arm, um ihr zu helfen, eine kleine Steigung zu bewältigen, die die Straße gerade hatte. Und Cynara warf ihm einen Blick zu, der Glück, Zuneigung und Dankbarkeit zugleich zeigte, und drückte seinen Arm etwas gegen ihren Körper, sprach aber kein einziges Wort. Und er sagte besorgt: »Wenn wir die Kuppe dieses Hügels erreicht haben, wollen wir ein Weilchen ausruhen, bevor wir weitergehen zu jenem Dorf dort. Dann suchen wir ein Gasthaus, das uns ein Lager bietet in der Nacht, denn du bist weit genug gegangen und hast deine Aufgabe treu erfüllt und ohne Murren, obgleich die Hitze sehr groß und der Tag endlos gewesen ist.«

Als sie höher kamen, fühlten sie eine erfrischende Brise vom schon fernen Meer herüberstreichen. »Ich hoffe, deine Glieder fühlen sich nun etwas leichter an, so wie meine, denn die Luft hier ist kühler zwischen den Pinien auf dem Hügel«, sagte Antonius. Cynara antwortete ihm: »Wirklich, die Ermattung meiner Glieder ist fast vergessen bei der Leichtigkeit meines Herzens, und selbst wenn die Erschöpfung meine Füße an die Erde zu ketten scheint, so ist mein Geist doch frei und hat seine Ketten abgeschüttelt, die viel schwerer sind als alle Fesseln, die meinen Körper binden könnten. All dies verdanke ich dir, da du mich als Begleiterin erwählt hast aus allen anderen, die geeigneter wären, mit dir solch seltsames Abenteuer zu wagen.« Antonius antwortete ihr darauf: »Dem ist nicht so, und darin möchte ich dich nicht täuschen: All die anderen verlachten mich und mein Vorhaben und weigerten sich, mit mir zu gehen. Wärest du nicht gewesen, hätte ich überhaupt nicht gehen können und meinen Plan ganz aufgeben müssen. Und doch bin ich jetzt glücklich, dass du meine Begleiterin bist, und ich denke, das Schicksal hat eine bessere Wahl getroffen, als ich es getan hätte, denn wo könnte ich einen Kameraden finden, der so geduldig und vertrauensvoll wäre wie du? Und, wer weiß, vielleicht werden mir Anweisungen auch von dir kommen, da diese Reise nichts anderes als eine Reise zur Erkenntnis ist. So hat alles auf dieser Reise seine Botschaft für den, der hellhörig genug ist, sie zu verstehen.« Cynara erwiderte seinen Blick mit solcher Innigkeit, dass Antonius ihr gealtertes Gesicht überstrahlt schien von der Seelenfülle ihrer Augen, und er dachte im Stillen: »Wer weiß, ob ich sie nicht doch noch ein wenig liebe, denn trotz allem sind ihre Augen so unbeschreiblich sanftmütig und ihre Stimme ist so liebevoll wie früher.« Und er drückte ihren Arm ein wenig fester und half ihr weiter auf die Hügelkuppe.

V

Des Nachts schliefen sie, wie er vorgehabt hatte, in einem Gasthaus, und als der Morgen dämmerte, standen sie schon früh auf und machten sich auf den Weg, der den Windungen eines murmelnden Baches folgte. Sie gingen durch Pinienwälder, durch Orangen- und Olivenhaine, und über all diese Fülle schien die strahlende Sonne. Sie sahen Kuppen, Hügelketten und grüne Täler, die von Blüten übersät und erfüllt waren vom Gesang zahlloser Vögel, den das Summen von Myriaden von Insekten begleitete, die trunken schienen von der frischen Morgenluft. Während die Sonne höher stieg und mit aller Kraft auf die Hügel hernieder brannte, führte der Weg die beiden Wanderer den ganzen Tag über immer wieder durch schattige Abschnitte, bewaldete Hänge und Täler, die kühl und von kleinen Bächlein durchfeuchtet waren. Und ihre Herzen waren voll Freude und Harmonie, als sie Seite an Seite gingen. Leichte Brisen, die sanft durch die Täler wehten, erquickten und beschwingten sie.

Antonius hatte sich in der Frühe vorgenommen: »Heute will ich mein neu entdecktes Spiel weiter spielen als gestern und die Wirkung auf meine Begleiterin beobachten, während wir unseres Weges gehen.« Die Wiesen standen in vollster Blüte, herrlich wie ein bunter, duftender Märchenteppich. Und wie sie so ihres Weges gingen, verließ er ihn manchmal, um eine Blume für sie zu pflücken, die ihm besonders aufgefallen war. Und er überreichte ihr die Blume und beobachtete den Ausdruck ihrer haselnussbraunen Augen, wenn sie das Geschenk aus seiner Hand entgegennahm. Als er sie so genau betrachtete und ihr einen Blick voll brüderlicher Liebe schenkte, dachte er bei sich: »All diese Jahre habe ich gelebt, und doch nicht so etwas Einfaches gelernt – ein klein wenig von meinem Herzen mit jeder Gabe aus meiner Hand zu schenken! Als ich meine Kameraden um mich gesammelt habe, sie mit Speisen und Weinen der erlesensten Lagen überreich bewirtete, so tat ich all dies doch nicht um des Gebens willen, sondern nur, um mich ihrer Gesellschaft zu erfreuen und mich durch ihre Zoten und Späße unterhalten zu lassen. Es ist kein Wunder, dass ich der Tollheit und Torheiten überdrüssig wurde, als ich erfuhr, dass sie keine Freude in meinem Herzen zurückließen, sondern statt dessen nur unerträgliche Leere, die mich wiederum zu weiteren Tollheiten und Torheiten reizte, damit ich darin eintauchen und vergessen konnte, um dann von Neuem nach weiteren Torheiten zu verlangen.«

Und als es des Abends dämmerte und die rote Scheibe der untergehenden Sonne allmählich hinter dem nun schon weit entfernten Meer verschwand, erblickten sie schließlich ihr Ziel – das Dorf, das sich am Fuße zweier großer Felsen an den Hang schmiegte, gerade so, wie der alte Bettler es beschrieben hatte. Und sie gingen die lange Straße durch den Ort hindurch, wie ihnen gesagt war, während die staunenden Einwohner sie mit Neugier betrachteten, und schließlich gewahrten sie das letzte Haus, das – etwas abseits von den anderen – von Bäumen umgeben inmitten eines Gartens stand. Antonius pochte mit seinem Wanderstab an die Tür, die sogleich von einem stillen und würdevollen Mann geöffnet wurde, dessen gütiger Blick ihre Herzen berührte.

Er aber sprach: »Willkommen, ihr Fremden und doch nicht Fremden – es sei denn, ich irre mich, und ihr seid nicht die Reisenden, die ich erwartet habe?« Sogleich zog Antonius das Amulett hervor, das er angewiesen war vorzuzeigen, und sagte: »Deine Vermutung ist richtig, wie du bei der Prüfung dieses Amuletts erkennen kannst. Aber wie wusstest du, dass wir kämen, denn sicherlich eilte uns kein berittener Bote voraus, der dir unser Kommen ankündigte?«

Der Mann in der Tür jedoch lächelte nur und sprach: »Komm zuerst herein und erfrische dich; danach frage mich, was du willst, denn du musst müde sein nach einer so langen Reise, die du zu Fuß an diesen heißen Sommertagen angetreten hast. Meine Frau erwartet deine Begleiterin auf der Veranda, die sich zum Garten öffnet, um sie auf ihr Zimmer zu führen und ihr dort aufzuwarten, so wie ich mich um deine Wünsche und Bedürfnisse kümmern will.«

Nachdem sie sich beide erfrischt hatten, nahmen sie gemeinsam mit ihrem Gastgeber und seiner Frau das Mahl ein. Dabei erwiesen sich Aristion und Portia, beide von schöner Gestalt, als Meister der Gastlichkeit. Später nahm Aristion seine beiden Gäste mit in einen anderen Raum, bat sie, sich niederzulassen und setzte sich ihnen dann gegenüber. Dann wandte er sich mit freundlichem Lächeln zu Antonius und sprach: »Und so strebst du also nach dem großen Mysterium, und die Meister der Weisheit haben dich zu mir gewiesen, dass ich dir die erste Einweihung gebe?« Antonius antwortete: »Ich weiß nur wenig von diesen Meistern, von denen du sprichst, und mein kleines Körnchen Wissen habe ich aus einigen alten Büchern und von einem alten Weisen. Er hatte sich als armseliger Bettler verkleidet und mich, nachdem er mich aufforderte, mein Studium als nutzlos zu betrachten, zu dir geschickt. Doch war es mir nicht gestattet, allein zu kommen, sondern ich erhielt Weisung, einen Begleiter mitzubringen – wie du siehst –, so dass auch dieser solches Wissen, wie ich es erlangen mag, erwerben kann. Das war die Bedingung, die mir gestellt wurde; sie zu missachten, hätte bedeutet, gänzlich zu versagen.«

Aristion sprach darauf: »Du hast wohlgetan und die erste Weisung jenes Großen erfüllt, der dich geschickt hat. Da dies so ist, bin ich bereit und glücklich, als dein Lehrer zu dienen, jedenfalls bis zu einer gewissen Stufe, und wenn du dich dann willig erweist, dich weiterzusenden zu einem, der weiter fortgeschritten ist als ich selbst.« Antonius aber fragte: »So war denn jener alte Bettler schließlich überhaupt kein Bettler, sondern einer, den du einen Großen nennst? Ich habe es geahnt, denn seine Worte fügten sich nicht mit seinem Bettlergewand, und seine Rede verriet ihn; sie zeugte nicht von Unwissenheit, sondern von hoher Bildung!« Aristion lachte und antwortete: »Deine Vermutung ist nicht ganz falsch, aber auch nicht die Wahrheit, denn auch jener alte Bettler ist noch ein Schüler und war von seinem Meister geschickt; wohl kam er aus eigenem Willen, dich aufzuklären, aber nicht ganz aus eigenem Antrieb. Er war es auch nicht, der dich hierher gesandt hat, sondern ein Meister, der ihn nur als Sprachrohr und Boten gebrauchte, und nichts weiter. Und tatsächlich hing es davon ab, wie du ihn aufnahmst, ob dein Herz bereit war für unseren Weg des Wissens oder nicht. Hättest du ihn fortgeschickt, dann hättest du mit eigener Hand das allererste Tor auf dem Weg geschlossen, denn der

Schlüssel zu aller Erleuchtung ist wahrlich das Vertrauen und die erkennende Bereitschaft, zu glauben; ohne diese Voraussetzungen kann überhaupt kein Wissen erworben werden.«

Als er dies gesprochen hatte, wandte er sich zu Cynara und sagte: »Und du, bist du auch willens, dich unterweisen zu lassen wie dein Begleiter? Dann erzähle mir ein wenig über dich, denn obwohl ich schon einiges über Antonius weiß – auf eine Art, über die im Augenblick noch nichts zu sagen ist –, weiß ich doch überhaupt nichts von dir.«

Cynara errötete ein wenig und antwortete zaghaft: »Wahrlich wünsche ich, mit ihm zu gehen, wohin auch immer sein Weg führen mag, und mit ihm zu lernen, was immer er lernen mag, denn ich habe mein Wort gegeben, dass dies so sein soll. Aber ich zweifele, ob du bereit bist, mir ein so herrliches Wissen zu eröffnen, denn mein Leben war schlecht gewesen: Ich bin den Weg des Fleisches statt den des Geistes gegangen, ich war eine Kurtisane und damit wohl sicher ein Mensch, der ganz unwürdig ist, von dir unterwiesen zu werden.« Aristion lächelte ihr freundlich zu und erwiderte: »Und hast du sehr viel geliebt, ist er deine letzte Liebe, die dich bewegte, deine frühere Lebensweise aufzugeben und statt dessen an seiner Seite nach Weisheit zu streben?«

Cynara antwortete: »Obwohl ich vielen ein wenig Liebe gegeben habe, so habe ich doch wahrlich nur ihn wirklich geliebt: Er ist nicht der Letzte, wie du annimmst, sondern vielmehr der Erste, den ich nie vergessen habe und an den ich nie aufgehört habe zu denken, obwohl wir lange getrennt waren und ich mit anderen mein Brot verdiente.«

Antonius unterbrach sie und sagte: »Es ist wahr, wir waren lange getrennt, wie sie sagte, aber diese Trennung erfolgte auf mein Betreiben und war nicht ihr Wille; denn als ich meiner Zechbrüder und jenes wilden Lebens müde wurde, schickte ich alle fort – und Cynara mit ihnen – und sagte ihr, ich wolle sie nicht mehr sehen. Und so bin ich daran schuld, nicht sie.«

Aristion blickte sie wohlwollend an und antwortete lächelnd: »Nein, von Schuld wollen wir nicht sprechen, denn wie sollte ich einen Vorwurf machen denen, die mir nichts getan haben? Außerdem – auch wenn dies billig klingt – ist Erfahrung die beste Lehrmeisterin; und jene, die überhaupt nicht geliebt haben, sind ungeeignete Lehrlinge für die Kunde von der Seele, denn was sie nie geschmeckt haben, das mögen sie vielleicht in der Zukunft kosten wollen, und sei es aus bloßer Neugier und keinem anderen Grund. So ist Übersättigung für manche der erste Schritt auf dem Weg des Wissens, und nicht etwa Unerfahrenheit; denn nur jene, die die Begierde selbst kennengelernt haben, können sie bei anderen verstehen und verzeihen und somit Nachsicht und Mitgefühl entwickeln, ohne die das echte Glück und Weisheit nie zu erlangen sind.[4] Denn im Bösen ist immer etwas Gutes für den, der zu finden weiß, und deshalb ist auf der Ebene der äußeren Erscheinungen der Unterschied zwischen Gut und Böse eher ein gradueller als ein wesensmäßiger. Dies ist eine tiefe Wahrheit, die allein der Weise kennt. – Ich bin weit davon entfernt, euch zu beschuldigen, weil ihr von den Früchten der Sinne gekostet habt, im Gegenteil, dies ist ein Punkt zu euren Gunsten, denn die Lektion, die ihr dadurch gelernt habt, wäre in eurem Fall auf keine andere Weise zu bewältigen gewesen. Außerdem sind die Kalten und Leidenschaftslosen, da es ihnen an Kraft und Vitalität mangelt, als Anwärter auf die Wissenschaft der Seele nicht zu gebrauchen, denn hier sind Gefühl, Wärme und Kraft gefragt, nicht etwa Schwäche und Unfähigkeit. Wie könnte denn ein niederes Verlangen in ein höheres gewandelt werden, wenn gar kein Verlangen existiert, da doch die Quintessenz der Weisheit die Wandlung von Niederem in Höheres ist, ohne die das Erreichen des höchsten Zieles völlig unmöglich wäre, und daher schon der Versuch vergeblich ist?

Nun, da die Nacht über uns hereinkommt und der Geist zu müde ist, um göttliche Weisheiten zu verstehen und zu lernen, wollen wir die Kühle des Gartens aufsuchen und unsere Seelen mit dem Anblick des Mondes erquicken, der – wie ihr durch das Fenster sehen könnt – gerade über dem Hügel aufsteigt und die Landschaft mit dem Silberglanz seiner Strahlen vergeistigt. Morgen aber wollen wir unser Gespräch fortsetzen, und so soll es jeden Tag geschehen, bis die Zeit kommt, da ihr einen anderen Lehrer sucht; doch bis dahin seid ihr meine Gäste, und seid mir willkommen, so lange ihr es wünscht.«

---

[4] Mögen jene, die denken, Aristion sei zu tolerant oder im Irrtum, wenn er Cynaras früheres Leben verzeiht, daran erinnert sein, dass Jesus zu den Hohenpriestern und Ältesten sagte: »Die Zöllner und Huren mögen wohl eher ins Himmelreich kommen denn ihr.«

VI

Am Morgen stand Antonius beizeiten auf; er war erfüllt von freudiger Erwartung und einem stillen Glück, wie er es noch nie zuvor kennengelernt hatte. »Dieses Haus strahlt Frieden aus«, dachte er bei sich, »der alles übertrifft, was mir in anderen Häusern bisher begegnet ist, abgesehen vielleicht vom Hause des Pallomides, meinem Freund. Ich fühle mich hier so wohl, dass es mir dereinst gewiss sehr schwerfallen wird, dieses Haus zu verlassen. Darüber hinaus sind mein Gastgeber und seine Frau von einer solchen Heiterkeit und Güte, die sie mir so liebenswert machen, dass ich das Gefühl habe, sie schon viele Jahre zu kennen und nicht erst wenige Stunden. Doch nun bin ich gespannt, was für eine Art von Lehre ein so großzügiger und weitherziger Mensch uns zu vermitteln hat, denn ich glaube, er wird kein gestrenger Lehrmeister sein, wenn ich daran zurückdenke, wie er gestern Abend gesprochen und unsere Vergehen entschuldigt hat – ganz anders als die strengen Grundsätze, die ich aus meinen verschiedenen Büchern kannte.«

Da kam ein Diener an seine Tür und sagte: »Mein Herr erwartet dich, wenn es dir angenehm ist, im Garten beim Springbrunnen zum Frühstück.« Nachdem Antonius sich fertig angekleidet hatte, ging er in den Garten hinunter, wo er, gemeinsam mit Aristion, seiner Frau und Cynara, im Schatten der Bäume ein leichtes Mahl einnahm. Das Geplätscher des Springbrunnens gab ihrer Unterhaltung einen sanften, melodischen Hintergrund. Die Luft war erfüllt von einem funkelnden Schleier feiner Wassertröpfchen, den ein leichter Morgenwind zu ihnen herüberwehte. Nach dem Mahl sagte Aristion: »In dem kleinen Tempel dort, unter den Pinien, werden wir unsere Unterweisung fortsetzen; ich werde euch beide dort in einer Stunde erwarten, wenn meine anderen Pflichten erfüllt sind.«

Als er in der Zwischenzeit mit Cynara umherging und die ansteigenden Hänge hinter dem Garten sah, dachte Antonius bei sich: »Wahrlich, sehr weit entfernt und unerreichbar erscheint mir jener schneegekrönte Gipfel, den ich eines Tages erklimmen soll; und ob ich ihn je erreichen werde, ist eine Frage, die mich von Neuem mit Zweifeln erfüllt; er scheint eher weiter von uns zu sein als näher, und das ganze Gebirge wirkt von hier aus noch gewaltiger als von meiner Heimatstadt.« Und er wandte sich zu Cynara und sprach: »Die Frage, wie deine kleinen Füße auf jenen hohen Berg steigen sollen, beschäftigt und bekümmert mich – es sei denn, wir werden durch Wunderkräfte der Magie fortbewegt, die den Gesetzen der Natur spottet und uns auf den Flügeln des Windes hinauf in die beschneiten Gipfelhöhen trägt.« Cynara blickte ihn an und lächelte wie jemand, der sich keine Sorgen über die Zukunft macht, sondern damit zufrieden ist, zu vertrauen und zu warten, ohne zu fragen. Und sie sagte: »Das Heute ist zu erfüllt, um es mit den Ängsten des Morgen zu verderben, und warum ein leichtes Herz niederdrücken mit der Last der Befürchtungen, die vielleicht nichts als Hirngespinste sind und überhaupt keine Realität besitzen?« Da lachte Antonius und antwortete anerkennend: »Du sprichst schon jetzt nach Art des Weisen und scheinst mit einer Weisheit von Natur aus begabt zu sein, ohne der Mühen des Studiums zu bedürfen, so wie ein Vogel von sich aus singen kann. Ich glaube, Aristion wird in dir wohl einen geeigneteren Schüler finden als in mir, der ich so viel gelesen habe, so dass du mich, wenn ich mich nicht wirklich bemühe, gewisslich überholen und das Ziel zuerst erreichen wirst. – Aber nun müssen wir zu dem kleinen Tempel gehen und dort unseren Lehrer aufsuchen, denn ich glaube, eine Stunde ist inzwischen verstrichen, und ihn warten zu lassen, wäre unentschuldbar und würde es an jeglicher Höflichkeit fehlen lassen, da er uns doch alles gibt und nicht das Geringste von uns verlangt.«

Und als sie in den Garten zurückkamen und auf den vereinbarten Treffpunkt zugingen, sahen sie schon die hochgewachsene Gestalt Aristions über den Rasen näher kommen. Er begrüßte sie freundlich und bat sie, auf einer steinernen Bank Platz zu nehmen zwischen zwei der Säulen, die das gewölbte Dach trugen und von herrlichen Rosen umrankt waren. Aristion selbst setzte sich auf eine andere Bank ihnen gegenüber. Er schwieg einen Augenblick, bevor er zu sprechen anfing.

Und dann begann er ruhig: »Wäre es möglich, alle irdischen Freuden zu genießen ohne alle ihre Schattenseiten und Auswirkungen, so wäre die Summe dieser Genüsse doch nicht vergleichbar mit nur dem tausendsten Teil jener Glückseligkeit, die aus dem Wissensschatz der

Seele erwächst, denn nur dieses Wissen ist wahrlich die Quelle aller Glückseligkeit. Sie liegt gleichsam im Inneren des Menschen und nicht außerhalb von ihm. So wie alle Freude, die von außen kommt, Bedingungen unterworfen ist, so ist alle Glückseligkeit aus dem Inneren von solchen frei und deshalb jederzeit gegenwärtig; ob wir uns dessen bewusst sind oder nicht. Und wie ist es denn eigentlich mit der Freude, die von außen kommt? Gibt es sie denn in Wirklichkeit? Enthalten denn Reichtum oder Landbesitz, köstliche Speisen oder prachtvolle Kleidung Freude in sich, oder dienen sie nicht etwa nur dazu, einen winzigen Teil jener unendlichen Freude hervorzulocken, die in der Seele jedes Wesens verborgen ist? Das kann auch nicht anders sein, da wohl dem einen Menschen reiche Kleidung Freude bereitet, dem anderen jedoch nicht; dieser freut sich über große Besitztümer, die einem dritten gleichgültig sind; der dritte schätzt köstliche Speisen über alles, die nicht nach dem Geschmack des vierten sind, und so könnte man diese Reihe fast endlos fortsetzen. Wenn nämlich die Freude in all diesen Dingen läge und nicht im Menschen selbst, dann könnte es keine Unterschiede des Geschmacks geben, sondern nur völlige Übereinstimmung. Nein, die Gegenstände der Sinnenfreude sind vergleichbar mit einer Reihe von Rohrflöten – der menschliche Geist spielt auf ihnen, und Freude ist dabei die Luft, die den Ton erzeugt. In Wahrheit aber wird die Luft vom Spielenden in die Flöte geblasen und kann gewiss nicht von dieser selbst ausgehen, denn ohne die Geschicklichkeit und ohne den Atem des Spielmanns würde das Instrument überhaupt keinen Ton von sich geben und wäre ein nutzloses Stück Holz.«

Aristion hielt einen Moment inne, um sicher zu sein, ob seine Schüler verstanden hätten; dann sprach er weiter: »Diese innere Weisheit will in euch bewirken, dass euer Geist eins wird mit der Glückseligkeit der unbedingten Freude, der unbedingten Schönheit und der unbedingten Liebe. Sie allein sind Wirklichkeit; alles, was ihr im Äußeren sucht, ist Illusion. Denn ohne diese beiden letzteren Qualitäten wäre es unmöglich, die vollkommene Freude zu erlangen. Dazu aber muss der menschliche Geist geläutert und gereinigt werden von allen Schlacken durch eine bewusste Willensanstrengung – wie auch ein Tautropfen frei sein muss von allem Staub, um die Sonne vollkommen widerzuspiegeln. Die Seele gleicht der Sonne unendlicher Freude, und das geläuterte Denken ist es, was sie widerspiegelt – doch dieser Vergleich ist bestenfalls ein hinkender Versuch, um euch die Wahrheit verständlicher zu machen. Nein, vielmehr muss der Geist gesättigt werden mit der Seele, und jede Empfindung, die jener unbeschreiblichen Freude feindlich ist, vom Willen beseitigt werden, wie der Staub vom Spiegel fortgewischt wird von der Hand dessen, der ihn säubert. Denn die Staubteilchen auf dem Spiegel des menschlichen Geistes sind nichts anderes als die Laster und die niedrigen Empfindungen und Gedanken der Menschheit, die eigentlich Illusionen sind, da sie in Wirklichkeit ohne Gewicht sind, sondern aufgrund eben dieser Illusion nur so erscheinen. Denn was ist zum Beispiel Kummer anderes als die Abwesenheit von Freude – wie Dunkelheit die Abwesenheit von Licht ist, wenn die Sonne ausgesperrt wird durch geschlossene Fensterläden, obgleich sie die ganze Zeit draußen hell strahlend scheint? Wisset also: Wie jener, der die Fensterläden seines Zimmers öffnet, alle Finsternis verbannt, so vertreibt jener, der die Verdunklungen seines Geistes öffnet und die Freude der Seele hereinlässt, allen Kummer, der dann dabei von ihm abfällt, so leicht, wie das Wasser von den Federn eines Schwans abperlt oder wie die kleinen Ärgernisse des Kindes dem Erwachsenen nicht mehr anhängen. Denn so, wie kein Ding – was immer es auch sein mag – Freude in sich enthält, so hat auch kein Ding und keine Kette von Zusammenhängen, wie auch immer es uns erscheinen mag, Kummer in sich. Das zu wissen, ist die erste und kostbarste Lektion, die es zu lernen gilt; sie nimmt dem Menschen jede Illusion und macht ihn schließlich frei.«

An dieser Stelle hielt Aristion wieder einen Augenblick inne. Liebevoll lächelte er seinen Schülern zu, erhob sich von seinem Sitz und sagte: »Nun, das war genug Philosophie für diesen Tag. Denn obschon der Unterweisende immer bereit sein mag zu lehren, so sind die Schüler doch geneigt, des Zuhörens überdrüssig zu werden und damit die Fähigkeit zum Lernen zu verlieren. Außerdem hat jener auch noch andere Pflichten, die nicht vernachlässigt werden dürfen und seine Aufmerksamkeit anderswo erfordern, so dass er euch eine Zeit lang eurer eigenen Beschäftigung überlassen muss.« Mit diesen Worten verabschiedete sich Aristion und kehrte erst am Abend zum Essen zurück. Auf Empfehlung seiner Frau wanderten Antonius und Cynara während des Tages in den angrenzenden Wäldern. Sie hörten mit Freuden dem Wasser der Bäche und dem Zwitschern der Vögel zu und genossen es, alles überdenken zu können, was sie am Morgen gehört hatten; sie waren voll Erwartung, was der nächste Tag ihnen bringen würde.

VII

Am nächsten Tag trafen sich die drei wieder zur gleichen Stunde in dem kleinen Tempel unter den Pinien. Nachdem sie alle Platz genommen hatten, begann Aristion mit freundlichem Augenzwinkern: »Es war einmal eine Gans. Sie lebte unter ihresgleichen auf einem Bauernhof am Berghang und verbrachte ihr eintöniges Dasein, wie jede andere Gans es tut, indem sie umherwatschelte und unermüdlich schnatterte und damit zum allgemeinen Lärmen und Schreien auf dem Hof ihren persönlichen Beitrag leistete. Ihr Besitzer jedoch war ein Mann, der, wie es schien, nicht damit zufrieden war, nur eine Reihe von Tieren zu züchten, sondern auch eine Anzahl von Kindern zeugen musste. Diese Kinder tobten den ganzen Tag auf dem Hof herum und machten ebenso viel Lärm wie die Tiere, allzeit bemüht, einen neuen Streich zu ersinnen, den sie spielen konnten, und wenn es nur ein weiterer Vorwand war, noch größeren Lärm zu erzeugen. Eines Tages sagte das Älteste – es war ein Junge – zu seinen Geschwistern: ›Ich habe von meinen Kameraden erfahren, was für einen Streich wir jener Gans dort spielen können. Man braucht dazu nur ein Stück Kreide, mit dem man einen Kreis auf die Erde zeichnet. Wenn wir das tun und die Gans in diesen Kreis setzen, so wird sie darin bleiben, weil sie glaubt, sie wäre gefangen, und wir werden viel Spaß dabei haben, ihre lustigen Sprünge zu beobachten.‹ Kaum hatte er das vorgeschlagen, als er schon ein Stück Kreide aus der Tasche zog und damit einen großen Kreis auf die Erde zeichnete, während er seine Brüder hieß, die Gans zu fangen und sie in der Mitte des Kreises abzusetzen. Kaum war das geschehen, da begab sich genau das, was er angekündigt hatte, denn der dumme alte Vogel watschelte in seinem eingebildeten Gefängnis umher und schien völlig außerstande, einen Weg hinaus zu finden.

Und die Gans dachte bei sich: ›Weh mir, denn ich bin hier eingesperrt in diese Umzäunung, die diese unerträglichen Kinder aufgestellt haben. Jetzt kann ich nicht mehr umhergehen und Futter suchen, und so werde ich, wer weiß, verhungern müssen und auf solch schändliche Weise zu Tode kommen, während meine Kerkermeister über mich lachen.‹ Und sie schnatterte und schlug ihre Flügel, so weit sie konnte, litt unter ihren Fesseln, aber bemerkte nie auch nur einen Augenblick lang, dass sie die ganze Zeit frei war.«

Aristion hielt einen Moment inne und lächelte, dann sagte er langsam: »Wir wissen aber nun, dass jene Gans nichts anderes ist als ein Abbild des Menschen, der sich von Illusionen irreführen lässt und von Ängsten gequält ist, die eingebildet sind und daher jeder tatsächlichen Grundlage entbehren. Denn so, wie jene irregeleitete alte Gans in Wirklichkeit absolut frei war und jederzeit die eingebildete Grenze hätte überschreiten können, so ist der Mensch in Wirklichkeit ewig glücklich, und er braucht dieses Glück nur zu erkennen, um zu werden, was er in Wahrheit schon ist. Denn seine Kümmernisse sind die geringeren Illusionen, die von der großen Illusion ausgehen und nur durch die Erkenntnis der Wahrheit vertrieben werden können, da nämlich Wahrheit und Illusion nicht nebeneinander bestehen können, ebenso wenig, wie Feuer und Wasser zugleich am selben Ort sein können. –

Es war einmal eine ängstliche Frau, die des Nachts eine einsame Straße in der Dunkelheit entlang ging, als sie, wie sie dachte, einen Mann entdeckte, der unbeweglich an der Straßenseite stand. Sie war von Angst überwältigt, ging aber weiter, und als sie näher kam, entdeckte sie, dass es sich nur um einen Baum handelte. Mit dieser Erkenntnis der Wirklichkeit des Baumes verschwand die Illusion des Mannes, und ihre ganze Angst, die auf die Illusion gegründet war, verschwand ebenso. Nun, gestern sagte ich, dass es, um die Illusion zu vertreiben, gilt, eins mit der Wahrheit zu werden, denn das bedeutet das Wesen aller Glückseligkeit. Theorie ohne Praxis bringt nicht weiter, genauso wie bloßes ›Kunst! Kunst!‹-Rufen wenig zur Entstehung eines Gemäldes beitrüge. Und so verlangt die innere Weisheit unter anderem die Übung der Konzentration, durch die die Wechselhaftigkeit der menschlichen Gedanken unter Kontrolle gebracht wird, um diesen nicht länger zu gestatten, wie Affen endlos herumzuspringen, von einer Sache zur anderen. Denn wie ein Teich ist der Geist bedeckt mit unzähligen kleinen Wellen, die vom Wind des Verlangens und den Launen des oberflächlichen Denkens hervorgerufen sind, und bevor diese nicht geglättet sind, kann man den Grund des Teiches nicht erkennen, der der Seele entspricht.«

Aristion erhob sich von seinem Platz und sagte: »Aber das soll genügen für diesen Tag. Morgen, zur gleichen Stunde, werden wir die Unterweisung fortsetzen. Inzwischen steht es euch frei, euch zu freuen, wie immer ihr möchtet.« Darauf ging er ins Haus zurück.

VIII

Am folgenden Tag gingen die drei zum dritten Mal zu dem kleinen Tempel unter den Bäumen, und nachdem sie alle Platz auf den steinernen Bänkchen genommen hatten, blickte Aristion seine Schüler freundlich an und begann: »Alle Tugenden fallen denjenigen Menschen schwer, die nicht bedingungslos glücklich sind und zuerst nach den geistigen Dingen trachten. Denn so, wie nur der vollkommen Gesunde nicht ermüdet, wenn er seinen Körper anstrengt, so empfindet der bedingungslos Glückliche das tugendhafte Leben nicht als Last. Und so sind die Weisen fortwährend im Zustand des Glücks der Seele, das, einmal erreicht, ewig erhalten wird. In ihm sind alle selbstlosen und edelmütigen Taten eine Freude und nie eine Last. Die Toren andererseits denken nicht an die Glückseligkeit in ihrer Seele, sondern an das Vergnügen der Sinne, und klagen ständig: ›Ich armer Mensch, wie schwierig ist es, Tugend zu leben, und wie langweilig ist das Leben ohne das geringste Vergnügen, das einem doch das Dasein würzen könnte, das aber nun in seiner Schalheit eine Beleidigung für den Gaumen geworden ist.‹ Und sie gehen umher und suchen, wie sie ihrer Langeweile ein Ende bereiten könnten, finden jedoch nichts, da sie das nur in sich selbst erreichen könnten, und nirgends sonst. Doch kaum weniger töricht sind jene, die sagen: ›Ich will nach Tugend streben und all meine Emotionen unterdrücken und mich gleich einem Stein werden lassen, der überhaupt nichts fühlt und damit niemandem weh tun kann; und wenn ich in diesem Leben das Glück nicht finde, so werde ich es zumindest danach erlangen und dadurch meinen Lohn empfangen.‹«

Aristion hielt einen Augenblick inne, um nachzudenken, und fuhr dann fort: »Wisset, dass es zwei Wege gibt, sich des Schlechten zu entledigen: Einen richtigen Weg und einen falschen Weg, einen langsamen und ungewissen, und einen raschen und sicheren Weg. Wie der dumme Arzt die Krankheit studiert, um gesund zu machen, so studiert der weise Arzt die Gesundheit, um die Krankheit auszuschalten, und sagt zu seinen Patienten: ›Erfüllt die Bedingungen der Gesundheit, und die Krankheit wird euch von selbst verlassen. Und wenn das für den Körper gilt, dann gilt es ebenso auch für den Geist, der voller Gebrechen ist in der Gestalt von Hass, Eifersucht, Sinnlichkeit, Zorn und anderen Auswüchsen, voller Schmerz und bitterer Gefühle, die unaufhörlich quälen und uns keine Atempause gönnen.‹ Dann, fragt der Leidende: ›Wie soll ich mich von diesen bösen Neigungen befreien, die mich quälen und mir keinen Frieden lassen?‹ Und der Seelenarzt in Gestalt eines Priesters antwortet: ›Töte sie durch Gift, so dass sie sterben und dich nicht weiter belästigen.‹ Der Leidende bemüht sich, sie abzutöten, manchmal nach großer Mühe mit Erfolg und manchmal völlig ergebnislos. Und wenn sie schließlich tot sind, nachdem sie sich noch wie wild gebärdet hatten und am Ende aufgeregt flackerten wie eine Kerzenflamme kurz vor dem Verlöschen, stellt er bei sich fest: ›Nun habe ich meine Schwächen ausgeschaltet, und das Ganze war unerträglich schmerzhaft, und war es schließlich all der Mühe wert? Sicher muss da etwas falsch gewesen sein, denn es war zuvor weniger ermüdend, ein wenig Hass, etwas Eifersucht oder Leidenschaft zu fühlen, als nun überhaupt nichts.‹ Da kam wie von ungefähr ein weiser Seelenarzt des Weges und sprach: ›Mein Freund, du hast dich bemüht, Krankheiten zu heilen durch die Beschäftigung mit der Krankheit, statt dich mit den Bedingungen der Gesundheit zu befassen und ihrer Erfüllung. So ist deine zweite Notlage nur wenig besser als die erste, da du nun weder Krankheit noch Gesundheit hast, sondern etwas, das in der Mitte zwischen beiden liegt und gänzlich ohne Leben und neutral ist, gleich einem Körper ohne Seele. Denn obgleich du deine bösen Seiten losgeworden bist, sind doch da keine guten, um deren Platz einzunehmen, und auch kein Glück tritt an die Stelle der früheren Schmerzen, sondern lediglich das, was weder gut noch böse ist, weder Schmerz noch Glück, sondern öde Leere, und nichts weiter. Dein ganzes Vorgehen war ein Fehler, denn du hast am falschen Ende angefangen und das Böse vernichtet, anstatt das Gute aufzubauen. Spiritualität nämlich beginnt von oben und nicht, wie alles andere, am Boden. Das reinste Glück ist in der dünnen Luft am azurblauen Himmel zu finden, in welche Höhe der menschliche Geist aufsteigen muss wie ein Vogel, und nicht in der trüben Atmosphäre des Slums. Wie bei der Luft, so ist es auch mit der Tugend und dem wahren Glück: Der Mensch kann nämlich nur die verbrauchte Luft aus seinen Lungen vertreiben, indem er sie mit frischer Luft füllt, und nicht durch eine vollständige Entleerung der Lungen – wie du es, bildlich gesprochen, getan hast und bei diesem Versuch fast erstickt bist. Wie ich schon sagte, ist der einzige Weg, frei zu werden vom Kummer, ihn durch unaufhörliche Besinnung auf das Glück zu vertreiben, wie man Hass vertreibt durch das ständige Besinnen auf Liebe, das Böse durch Gutes und das Laster durch die Tugend. Wahrlich, es ist besser, das Gute zu lieben, als nur das Böse zu hassen, denn Hass ist, ganz gleich, wogegen er sich richtet, immer etwas Böses an sich.‹

Und nun ist unsere Unterweisung für heute beendet. Der Rest des Tages steht euch wieder zur freien Verfügung.« Damit erhob sich Aristion, nickte ihnen aufmunternd zu und ging durch den Garten zum Tor hinaus.

IX

Am nächsten Morgen trafen sich die drei zum vierten und letzten Mal in dem kleinen Tempel zwischen den Pinien. Nachdem Aristion sie wie immer freundlich begrüßt hatte, nahmen sie alle Platz, und er begann zu sprechen:

»Wer Weisheit erlangen will, muss lernen, aus der Kindheit herauszuwachsen und ein Mann zu werden; die Mehrzahl der Menschen sind jedoch Kinder, wenngleich sie sich für erwachsen halten. Die Merkmale eines Kindes sind seine Vorlieben und Abneigungen und sein Hang, über Dinge zu jammern, die überhaupt nicht beklagenswert sind, und auch, sich über Dinge zu freuen, die eigentlich gar nicht erfreulich sind, doch wie der Erwachsene nachsichtig über die Kindlichkeit der Kinder lächelt, so kann der Weise den Menschen ihre Kindlichkeit nachsehen, denn die meisten sind doch nur wie große Kinder, die über Dinge klagen und frohlocken, die beides nicht wert sind. So regt sich ein Mensch auf über das böse Verhalten seines Nächsten und sagt: ›Er soll verflucht sein, ich will ihn nicht mehr sehen, denn er ist mir in seiner Torheit verhasst!‹ Dabei vergisst er ganz, dass sein eigener Ärger und sein Fluch nichts anderes sind als ebenfalls Torheit und er so lediglich Torheit um Torheit vergrößert – und das kann man doch nur kindisch nennen. Oder ein anderer Mensch klagt über den Verlust eines billigen Schmuckstückes: ›Ich Ärmste, ich habe meinen Schmuck verloren, und jetzt kann ich mich nicht mehr damit zieren und mich schön machen!‹ Auch das ist kindisch, denn was ist schon das bisschen Schmuck anderes für den Erwachsenen, als das Spielzeug für das Kind? Wieder ein anderer sorgt und grämt sich und sagt: ›Ich habe erfahren, dass die Leute dies oder jenes über mich verbreiten oder weitersagen, ich sei dies oder das, und weil alles, was da geklatscht wird, nicht wahr ist, will ich mich an ihnen rächen, indem ich ebensolche Gerüchte in die Welt setze.‹ Auch das ist kindisch, denn wie könnte das Geschnatter von ein paar Papageien die Gelassenheit eines Menschengeistes stören, wenn es nicht der eines Kindes ist? Darüber hinaus ist diese Wut und der Wunsch nach Rache nichts anderes als verletzte Eitelkeit, die den Bewohnern einer Kinderstube wohl besser ansteht als denen, die sich in den Hallen der Erwachsenen aufhalten. Um euch das einzuprägen, will ich euch eine Geschichte erzählen:

Es war einmal ein verheirateter Mann, der hatte einen Freund. Dieser war ihm so lieb, dass er ihn für eine Zeit lang in sein Haus aufnahm und ihn gleich einem Bruder behandelte. Aber da seine Frau sehr schön war, entflammte jener Freund in romantischer Leidenschaft für sie und beging – da er der Versuchung nicht widerstehen konnte – eines Nachts mit ihr Ehebruch, als sein Gastgeber außer Hauses war. Als ihm klar wurde, was er getan hatte, schien ihm der einzige Weg der Wiedergutmachung zu sein, ein Ende zu bereiten, indem er abreiste, um nie wieder zurückzukommen. So verließ er das Haus, bevor sein Freund heimkehrte, und begab sich auf eine lange Reise. Doch er wurde von einer Räuberbande überfallen, beraubt und ermordet und ward nie mehr gesehen. Der Ehemann jedoch entdeckte, als er nach Hause kam, durch Zufall, was sich in seiner Abwesenheit zugetragen hatte. Er wurde überwältigt von Eifersucht und war in seinem Stolz gekränkt. In seinem Herzen wuchs ein schreckliches Verlangen nach dem, was er törichterweise für Heldenmut und die Wiederherstellung seiner Ehre hielt. Fast auf der Stelle machte er sich auf, um seinen ›Freund‹ zu suchen, aber er konnte ihn niemals finden, da er ja tot war. Doch er setzte seine Suche wochenlang fort, und aus den Wochen wurden Monate, und aus den Monaten wurden Jahre. Unendliche Mühen nahm er auf sich, und immer von Neuem wurde er angestachelt von diesem einen, unauslöschlichen Gedanken, den aus seinem Kopf zu vertreiben er aber auch nicht den geringsten Versuch machte. Schließlich, als er endlich sah, dass all seine Jagd durch das ganze Land völlig vergeblich und er selbst gealtert, krank und erschöpft war, blieb ihm nichts anderes übrig, als nach Hause zurückzukehren, denn das viele Geld, das er mit auf den Weg genommen hatte, war verbraucht. Seiner Frau hatte er niemals einen Brief oder eine Nachricht geschickt. So war sie, von ihrem Liebhaber und ihrem Mann im Stich gelassen, allein und gequält von Trauer, Reue, Sorge und Verlangen in einem. Sie wurde krank und kränker und starb schließlich einsam. Als ihr Mann nun zurückkam, fand er ein leeres Haus mit den deutlichen Zeichen des Zerfalls vor, voll Staub und Spinnweben, denn seine Frau war schon ein Reihe von Monaten tot. Der Priester hatte sie auf dem benachbarten Friedhof begraben. Als nun dieser Missetäter von Ehemann erfuhr, was geschehen war, brachte er noch nicht einmal eine Spur von Mitleid für seine Frau auf, dafür tat er sich selbst aber umso mehr leid wegen seiner Einsamkeit, der Ergebnislosigkeit seiner Suche und all dem Schlechten, das man ihm, wie er dachte, angetan hatte. Da er sich nach Tröstung sehnte, begab er sich zum Haus des Priesters, der seine Frau beerdigt hatte, und lud sein ganzes Leid ab in einem Schwall kummervoller Worte. Der alte Priester hörte ihm eine Weile zu, sah ihm jedoch kühl in die Augen und unterbrach ihn schließlich: ›Du bist ein böser und kindischer Mann! Was nützt es dir, über Kummer und Elend zu schimpfen, die du selbst in deiner Bosheit und Torheit über dich gebracht hast; in deinem unstillbaren Rachedurst, etwas zu tun, was allein schon auszudenken böse ist, bist du auch noch durch die Welt gezogen, um diese Torheit in die Tat umzusetzen! Nur ein Narr oder ein Kind kann so ohne alle Vernunft sein und über Monate und schließlich Jahre hinweg so viel Schmerz und Mühe aufwenden für so ein zweifelhaftes Vergnügen, wie es ein Mord aus Rache ist. Das Vergnügen hätte doch nur wenige Augenblicke gewährt. Danach wären mit aller Wahrscheinlichkeit endlose Jahre noch größerer Pein und noch größerer Schwierigkeiten in Gestalt von Reue, Selbstvorwürfen und nicht zu beruhigender Gewissensqualen gefolgt. Wessen Geist, wenn nicht der eines Narren oder kleinen Kindes, könnte so bar jeglicher sinnvoller Gedanken sein, dass er sich ein Vergnügen ausdenkt und überlegt, das keiner als solches anerkennen würde, der auch nur ein Körnchen Urteilsvermögen besitzt? Denn selbst, wenn dein Freund sich deiner Frau bemächtigt hätte, dann hätte er das nicht getan, um dich zu kränken oder dir willentlich Unrecht zu tun, sondern einfach, weil er nicht widerstehen konnte. Dies beweist doch sein Verhalten, wenn man betrachtet, was danach geschah: Er verließ das Haus am nächsten Tag, um nicht weiterhin der Versuchung ausgesetzt zu sein, der er nicht widerstehen konnte. Und damit übertrifft deine Torheit die seine bei weitem, wenn man sich vor Augen hält, dass du absolut kaltblütig ein schreckliches Unrecht geplant hast und dich schon beim bloßen Gedanken daran ergötztest, während er niemals daran gedacht hatte, dir Unrecht zu tun. Und was ist nun das Resultat deiner unbegreiflichen Dummheit, die du aufgrund allgemein verbreiteter, jedoch nicht weniger dummer Vorstellungen der Unwissenden und Unvernünftigen für heldenhaft und großartig gehalten hast? Erstens hast du Jahre deines Lebens mit einer erfolglosen Suche vergeudet und dir dabei unendlich viele Schwierigkeiten auferlegt – für nichts; zweitens hast du deine Frau verloren, die aus Kummer gestorben ist, den du ihr leicht hättest ersparen können, indem du ihr vergeben hättest; und drittens hättest du deinen Freund, wenn du ihn gefunden hättest, getötet, und dich damit auch seiner Existenz beraubt. Damit hättest du alles verloren und absolut nichts gewonnen. Außerdem, so wie deine böse Absicht unleugbar kindisch und albern war, so war auch die Idee, die dazu führte, nichts anderes als kindisch, da sie allein das Ergebnis einer Wahnvorstellung und deiner Eitelkeit war, und diese beiden Dinge passen eher zu einem Kind als zu einem erwachsenen Mann. Denn nur Narren bilden sich ein, die Anhänglichkeit eines anderen Menschen ganz für sich allein zu besitzen, und sind völlig blind gegenüber der Möglichkeit, sie oder einen Teil davon zu verlieren durch Umstände, über die sie selbst keine Kontrolle haben, wie es bei deiner Frau und dir der Fall war. Auch wird niemand, der nicht ein Kind oder ein Geizhals ist, nach etwas greifen und es festhalten und beteuern: Das ist meins, und niemand sonst soll es haben außer mir. Nebenbei bemerkt, deine Liebe sowohl zu deiner Frau als auch zu deinem Freund war nicht rein, sondern mit Egoismus, Eitelkeit und Selbstsüchtigkeit behaftet. Wäre es anders gewesen, so hättest du deren Glück über dein eigenes gestellt, und wärst du nicht heldenhaft und großherzig genug gewesen, ihre Liebe füreinander zu verzeihen, so hättest du sie zumindest entschuldigt, was dich, um die Wahrheit zu sagen, unendlich viel weniger gekostet hätte als die Strapazen deiner sinnlosen Verfolgungsjagd durch das ganze Land. Kurzum, dein Verhalten war so schlimm, dass es deine Seele schrecklich besudelt hat und nur ein Leben der Buße, der Wohltätigkeit und der Selbstaufopferung dich vor den Auswirkungen bewahren kann, die fürchterlich wären und die darüber hinaus noch nicht einmal etwas abwenden könnten, da der Mensch das, was er sät, auch ernten muss; darüber besteht nicht der leiseste Hauch eines Zweifels.«

Aristion hielt an dieser Stelle einen Augenblick inne, da er ans Ende seiner Geschichte gekommen war; dann sagte er langsam und mit besonderer Betonung: »Wisset also, dass die Schwächen und Laster der Menschheit nichts anderes als kindisch sind. Nur der Glanz der Unwissenden und Toren umgibt sie mit vermeintlicher Größe, denn in Wirklichkeit sind Groll und Eifersucht und jede Art von Rache, Vergeltung und Verleumdung keine Größe, sondern menschliche Schwäche. Denn, wie der alte Priester richtig gesagt hatte: Es ist leichter zu verzeihen, als nach Rache zu trachten, und nur ein törichter Mensch kann auch nur einen Augenblick lang an so etwas denken. Um also frei zu werden von unseren Schwächen, müssen wir sie in dem richtigen Licht betrachten und nicht in dem vermeintlichen – so wie die Frau in dem Beispiel von gestern den Baum erkannte, den sie zuerst für einen Mann gehalten hatte. Vor allem aber müssen wir unseren Geist mit jenem bedingungslosen Glück identifizieren, das in unserem

Inneren ist, denn dadurch werden wir in das Erwachsenenalter der Seele hineinwachsen, das die Bedeutungslosigkeit aller Fehler erweisen und zeigen wird, dass sie tatsächlich so weit von uns weg sind wie das Blöken einiger Schafe in einer weit entfernten Herde.

Und nun habe ich euch alles gelehrt, was ich zu lehren ermächtigt bin. Euer nächster Lehrer[5] ist ein Einsiedler, der in seiner Hütte unter den Bäumen lebt, oben auf jenem Berg dort in der Ferne. Für ihn will ich dir eine Nachricht mitgeben, Antonius, obwohl er euch beide schon erwartet. Was eure Unterkunft betrifft, so ist dort in der Nähe ein Häuschen, wo ihr Essen und Obdach finden könnt, denn er hat nicht genug Platz für euch in seiner Hütte. Bleibt jedoch bis morgen noch hier, oder so lange ihr wollt, denn die Reise dorthin ist weiter, als sie erscheint, und es wird dauern, einen ganzen Tag, bis ihr an eurem Bestimmungsort ankommt, selbst wenn ihr sehr früh am Morgen aufbrecht.« Aristion erhob sich, lächelte und sagte: »Bis heute Abend dann – und mein Friede sei mit euch beiden.« Dann durchquerte er den Garten und verließ ihn durch das Tor.

X

Am nächsten Morgen standen Antonius und Cynara sehr früh auf, sagten ihrem Gastgeber und seiner Frau etwas traurig Lebewohl und machten sich wieder auf den Weg, nachdem ihnen Aristion gesagt hatte, welcher Richtung sie zu folgen hätten.

Lange Stunden wanderten sie auf einer Straße, die am Hang eines Berges entlang führte und ihnen eine wunderschöne Aussicht bot. Neben und unter ihnen lag ein weites Tal mit einem Fluss, in dessen Mäandern sich das Blau des Himmels spiegelte. Mächtige Pappeln säumten den Fluss, und in ihren Schatten erschien das Wasser bei den Ufern leicht grün. Unten im Tal lagen hier und dort freundliche Dörfer, ebenso auf den gegenüberliegenden Berghängen. An ihnen zog sich Wald und Weideland hinauf, auf dem das Vieh graste; von Zeit zu Zeit vernahmen die beiden Wanderer den hellen Klang ihrer kleinen

---

[5] Sowohl die lange Reise als auch die verschiedenen Lehrer an jeder Station können auch symbolisch für die allmähliche Entwicklung des Aspiranten gedeutet werden.

Glocken über das Tal herüber. Zuweilen konnte man auch die Töne einer Hirtenflöte vernehmen, die aus weiter Ferne das Ohr gerade noch wahrnehmbar erreichten, oder auch die Stimme eines fröhlichen Schiffers, der singend mit seinem Boot den Fluss entlang fuhr.

Als sie um eine Biegung des Weges kamen, trafen sie auf eine Kuh, die behaglich im Gras lag und wiederkäute. Da sagte Antonius: »Ich möchte zu gerne wissen, was diese Kuh von all der Schönheit wahrnimmt, denn wenngleich ihre Augen doch ohne Zweifel den unseren ähnlich sind und ihr deshalb die Berge und Wälder und der Fluss dort unten in gewissem Sinne gleich erscheinen müssen, so sind diese Wahrnehmungen für die Kuh doch bestimmt völlig ohne Bedeutung – zumindest haben sie eine andere, die wir niemals ergründen werden. Umgibt uns nicht von allen Seiten die Schönheit der Schöpfung? Und doch ist da ein Geschöpf, das mit Bewusstsein begabt ist, doch all dieser Dinge sich wohl nicht bewusst ist, so wie ein Fisch all dessen nicht gewahr wird, was sich außerhalb seines Elementes befindet. Hatte Aristion also nicht recht, als er sagte: ›Nichts enthält Schönheit oder Glück in sich, sondern dient nur dazu, ein Teilchen jenes unendlich Schönen und Glückes hervorzulocken, das im Inneren des menschlichen Geistes oder, besser gesagt, in der menschlichen Seele wohnt‹? Und ohne Zweifel ist jener Kuhhirte dort drüben, der gerade aus seiner kleinen Hütte kommt, all dieser Schönheit gegenüber fast ebenso blind wie seine Kühe; denn obschon er die gleichen Umrisse der Berge sieht, das gleiche tiefe Blau des Himmels über uns, so dürfte seiner Wahrnehmung doch unser tiefes Empfinden fehlen, denn er hat wohl keines in sich.« Cynara antwortete scherzhaft: »Mir scheint, du hast von deinen Unterweisungen rasch profitiert, wenn selbst eine Kuh dich etwas lehren kann, nach all dem Bücherlesen und Studieren, das du schon hinter dir hast! Was aber jenen Kuhhirten angeht – wer weiß, welche Weisheit er vielleicht im Umgang mit der Natur gelernt hat? Vielleicht ist er insgeheim ein Weiser, wie dein alter Bettler, dem wir mehr zu verdanken haben, als wir je zurückzahlen könnten. Deshalb wollen wir nicht zu voreilig sein und uns über unsere bescheideneren Mitmenschen erheben, da die äußere Erscheinung doch trügerisch sein kann. So seltsam das auch klingen mag, empfinde ich zu jenem Kuhhirten dort doch eine unerklärliche Zuneigung, selbst wenn er schmutzig und hässlich und völlig unbeholfen sein sollte. So kann ich nur sehr ungern hören, wenn du sagst, er habe keine Empfindungen in seiner Seele.« Antonius aber lachte und erwiderte: »Mir scheint, auch du hast von den Unterweisungen profitiert, denn gewiss ist es der Anfang jener bedingungslosen Liebe, was du in deinem Herzen für jenen Burschen fühlst, der ja nichts an sich hat, das persönlichere Gefühle zu seinen Gunsten hervorrufen würde. Wie ich etwas von der Kuh gelernt habe, so hast du nun etwas von ihrem Herrn gelernt; wir sind also quitt.« Cynara lachte wieder, aber entgegnete: »So ist es nicht. Wenn nämlich meine Liebe wirklich bedingungslos wäre, dann hätte jener Kuhhirte kaum etwas damit zu tun, und ich wäre mir der Liebe die ganze Zeit bewusst, selbst schon, bevor ich den Mann erblickt hatte.

Doch nun will ich dir ein kleines Geheimnis erzählen, das du glauben kannst oder nicht, wie es dir gefällt. Jene, die Liebe in ihrem Herzen haben, müssen sie gleichsam ausatmen, denn das ist das Wesen der echten Liebe, die wie die Sonne ist: Wenn sie erst einmal in einen Raum eingelassen wird, erleuchtet sie alles, die hässlichen Dinge ebenso wie die schönen. Liebe, die das nicht tut, ist gar keine echte Liebe, sondern nur Egoismus, der sich hinter ihrem Namen verbirgt.«

Antonius lächelte ihr zustimmend zu und sagte: »Kleine Philosophin, diesen Titel hast du wahrlich verdient. Habe ich nicht gesagt, dass mir bestimmt ist, viel Weisheit von deinen Lippen zu erfahren, die, so hat es den Anschein, als Sprachrohr deiner erhabenen Intuition dienen.« Und dann begannen sie beide über Aristion und seine Unterweisung zu sprechen, über seinen Gleichmut und seinen Charme und fragten sich, wie wohl ihr nächster Lehrer sein würde und welche seltsame Unterweisungen er wohl für sie bereithielte. Und sie wanderten weiter, den ganzen Tag; nur mittags machten sie eine kurze Pause, um in einem kleinen Dorf zu essen. Es lag am oberen Ende einer Talschlucht, durch die ein gewaltig donnernder Bach ungestüm hinuntertoste, um in den breiten Fluss im Tal zu münden. Nach der Mahlzeit mussten sie durch diese Schlucht hinabsteigen, über Geröll und große moosbedeckte Felsen klettern, die ständig vom Wasser des Wildbachs besprüht wurden. Sie hatten keine Möglichkeit, miteinander zu sprechen, da das Toben des Wassers ihre Stimmen übertönte.

Spät am Nachmittag waren sie unten im breiten Tal angelangt und standen am Ufer des Flusses; vor ihnen schwammen weiße Schwäne majestätisch im Schatten der Zypressen und Pappeln, die den Fluss säumten. Nun hatten sie den Berg vor sich, den sie besteigen sollten, um ihr Ziel zu erreichen. Nach einem mühsamen, beschwerlichen Anstieg gelangten sie bei Sonnenuntergang auf den Gipfel des bewaldeten Berges, wo sie ein kleines Häuschen fanden, das sich zwischen die Bäume schmiegte; hier fragten sie eine alte Frau, die auf der Schwelle stand, nach dem Weg. »Seid ihr die zwei, die Petrius, der Einsiedler, erwartet?«, war die Antwort. »Dann sollt ihr hier in diesem Haus wohnen, und er wird euch am Morgen begrüßen.« Antonius bestätigte die Vermutung der Frau und dachte bei sich: »Mit welchem Zaubermittel gelingt es ihnen, mit dem Tun anderer vertraut zu sein?« Laut aber sagte er: »So soll es denn sein. Doch nun, gute Frau, bitte ich dich, uns etwas Essen zu geben und auch Wasser, um uns zu erfrischen, denn unsere Reise war lang, und wir sind sehr müde.«

Am nächsten Morgen standen sie früh auf, und nachdem sie gefrühstückt hatten, wurden sie von der Alten angewiesen, einige hundert Schritte nach rechts den Hügel hinunter zu gehen, wo der Wald besonders dicht war und der Weg fast zugewachsen und schwer zu finden. Diesen Angaben folgend, gelangten sie voll Erwartung und Begeisterung und nicht ohne eine gewisse Scheu schließlich auf eine grüne Wiese mit einem Bergsee kristallklaren Wassers und einer Steinhütte, die von wilden Schlingpflanzen mit üppigem Grün überwuchert war.

In der Hütte saß ein Mann mit ruhiger Miene, spitzem schwarzen Bart und einem langen Gewand, das an eine Mönchskutte denken ließ, ohne jedoch deren dunkle Farbe zu haben, sondern statt dessen ein schönes, tiefes Blau, etwas dunkler als das Blau des Himmels. Als er sie nahen sah, erhob er sich und kam ihnen entgegen, um sie mit einigen wohlgewählten Worten willkommen zu heißen. Und er sagte: »Es ist lange her, dass ich einen neuen Schüler gehabt habe, denn ein Lehrer ist eher bereit zu unterweisen, als der Schüler zu lernen. Aber wir können nicht auf die Suche nach Novizen gehen, da dies in unserer Wissenschaft nicht üblich ist, und die Schüler können auch nicht von ihren Eltern zur Schule geschickt werden, sondern müssen gänzlich aus eigenem Willen und Antrieb zu uns kommen.« Und er lächelte und sprach weiter: »Mein Heim ist nur sehr bescheiden, aber das grüne

Gras bietet die weichste Sitzgelegenheit, und so wollen wir uns im Schatten dieser Bäume beim kleinen See niederlassen, dessen immer frisches und kühles Wasser aus einer Quelle aus dem Waldesinneren kommt.«

Und als sie sich gesetzt hatten, blickte Antonius den Einsiedler an und sagte: »O Vater, wie kommt man zu dieser anscheinend immerwährenden Gelassenheit und glücklichen Heiterkeit, die mir nicht nur im Antlitz des Aristion, sondern nun auch in deinem Antlitz auffallen? Zudem zeigt dein Antlitz keine Spur von Entsagung und Strenge, obwohl du dich entschieden hast, abseits von der Welt in der Einsamkeit zu leben.« Der Einsiedler lachte ein wenig und antwortete: »Ein trauriger Philosoph, mein Bruder, wäre in der Tat ein Widerspruch in sich, und wäre also nicht würdig, Philosoph genannt zu werden, denn wo bliebe der Wert einer Philosophie, wenn sie uns nicht Frieden brächte?« – »Und doch«, entgegnete Antonius, »habe ich von so manchem Philosophen gehört, der ernst und traurig ist, ein langes Gesicht macht, offensichtlich einsam und menschenfeindlich geworden ist und nicht mehr mit der Welt übereinstimmt.« Wieder lachte der Einsiedler freundlich und erwiderte: »Dann dürften deine Philosophen diese Bezeichnung zu unrecht führen, da sie keine wirklichen Philosophen sind. Wer die Einheit allen Lebens und aller Wesen erkennt, für den kann es keine Einsamkeit, Menschenfeindlichkeit oder Unzufriedenheit geben. Ist es doch die allererste Aufgabe der Philosophie, dies zu bewirken und eine göttliche Gelassenheit in uns zu erzeugen, die es uns völlig unwesentlich werden lässt, ob wir unter den Menschen leben oder nicht, ob wir in einem Palast oder in einer elenden Hütte wohnen, an diesem Ort oder einem anderen.

Denn wisset, dass es zwei Arten der Gleichgültigkeit gibt – eine göttliche Gleichgültigkeit, die die Frucht unveränderlichen Glückes ist, und eine profane Gleichgültigkeit, die aus unveränderlicher Langeweile entsteht. Die eine gehört dem Weisen und die andere nur dem Zyniker. Denn wie der Erstere erklärt: ›Ich bin schon zu glücklich, als dass ich je Kummer verspüren könnte‹, so sagt der Letztere: ›Ich habe schon zu viel Kummer, um noch mehr oder gar jemals Freude empfinden zu können.‹ Die Einstellung des Einen ist also positiv und die des Anderen völlig negativ. Und so pflegt der echte Philosoph eine göttliche Gelassenheit, die erreicht wird durch die immerwährende Betrachtung der Glückseligkeit im Inneren, die ich jenen Schülern zeigen darf, die sie erlernen wollen.«

Petrius lächelte und strich über seinen Bart; er schaute von einem zum anderen seiner künftigen Schüler mit liebevollem Blick. Plötzlich wurden seine Züge ernst, und er sagte: »Aber es gibt Geheimnisse im Laufe der Unterweisung, die den Weltmenschen nicht preisgegeben werden dürfen, denn jenen, die fleißig üben, werden große Kräfte erwachsen, die in der Hand des Bösen schreckliche Instrumente zur Vernichtung wären und damit eine Bedrohung für das Wohl der Menschheit darstellen würden. Und so bin ich gezwungen, von denen, die ich unterweise, Geheimhaltung zu verlangen. Sollten sie mir diese versagen, müssten sie von dem raschen Weg zum Wissen ausgeschlossen werden. Das ließe ihnen keine andere Wahl, als den langsamen Weg zu gehen.

Diese Geheimhaltung ist aber nicht alles, sondern Vertrauen und Toleranz müssen hinzukommen. Denn Toleranz bildet die große Sicherheit gegen den Missbrauch der Kraft für falsche Zwecke, die nur dem äußeren Anschein nach gute sind.

Vor langer Zeit habe ich einmal aus fehlgeleiteter Herzensgüte heraus die Regeln unseres Ordens etwas gelockert und einem meiner Schüler erlaubt, einige Fähigkeiten zu erwerben, bevor er die notwendige Toleranz in seinem Herzen besaß, sie richtig anzuwenden. Jener Schüler hatte eine große Zuneigung zu einem Freund und wünschte dringend, dass dieser den gleichen Weg zum Wissen einschlüge, den er selbst beschritt, da er auf diesem Weg so viel Glück erfahren hatte. Der Freund jedoch hatte daran kein Interesse und reagierte auf die dringenden Bitten mit ärgerlicher Weigerung und lehnte es schließlich ab, noch mehr darüber zu hören. Da sagte mein Schüler in seinem Fanatismus: ›Da du völlig blind zu sein scheinst für alles, was doch nur gut für dich ist, werde ich von meinen Fähigkeiten Gebrauch machen und dich zwingen, meinen Wünschen zu entsprechen.‹ Die Sache kam mir zu Ohren, und ich musste jenen törichten Schüler für drei Jahre ausweisen und ihn heißen, die Tugend der Toleranz zu lernen, bevor er zurückkommen durfte, da alle Fanatiker eine Gefahr für die Gemeinschaft sind und ihnen zudem jegliche Unterscheidungsfähigkeit und Weisheit fehlen. Wisset denn, dass alle Menschen, gleich wer sie sind, dem Weg zum Wissen folgen, der ihnen angemessen ist, gemäß ihrem Charakter und Temperament. Jeder Versuch, andere zu zwingen, raschere oder direktere Wege einzuschlagen, ist nicht nur vergeudete Energie, sondern auch geradezu töricht und sehr dazu geeignet, das Gegenteil zu bewirken.

Denn der Ansporn zu jeder Tat ist das Streben nach Glück, und der einzige Unterschied zwischen einem Heiligen und einem Sünder ist, dass Ersterer den geraden und Letzterer Umwege geht. Doch wie nun der Mutige und Starke hoffen kann, den Berg senkrecht zu ersteigen ohne zu scheitern – während der Schwächere den lang gewundenen Weg einschlagen muss, der wie eine Spirale den Berg hinauf führt –, so kann nur der Mutige und Starke im Geist hoffen, die steile Bergflanke zum göttlichen Wissen emporzuklimmen. Die Schwächeren haben den längeren Weg zu nehmen, da jeder andere zu ihrem Absturz führen würde.«

Und Petrius, der Einsiedler, hielt wieder kurz inne und ließ seinen Blick zum blauen Himmel wandern, als dächte er nach, und dann schmolz seine ernste Miene wieder zu einem gewinnenden Lächeln, und er sagte: »Das Ziel der göttlichen Wissenschaft ist die Verwandlung des gewöhnlichen Bewusstseins in eines, das man mit Worten nicht schildern kann und das man nur selbst erfahren, aber niemals beschreiben kann. Doch das ist kein Argument gegen seine Möglichkeit und Existenz – wie viele Neunmalkluge und gelehrte Ignoranten uns glauben machen wollen –, denn wer könnte jemandem Süße beschreiben, der nie zuvor Honig gekostet hat, oder dem Liebe erklären, der noch nicht geliebt hat, oder dem Blindgeborenen die Fähigkeit zu sehen – und doch sind all diese Dinge sehr wohl von jedem selbst zu erleben. Aber wie man für viele weltliche Erfahrungen bestimmte Bedingungen erfüllen und Voraussetzungen schaffen muss, so erfordert auch die Erfahrung des Gottesbewusstseins gewisse Grundlagen: Die erste ist das Wissen, *was* zu üben ist, die zweite das Wissen, *wie* zu üben ist, und die dritte das Üben selbst, denn ohne diese Dreizahl der Voraussetzungen ist nichts zu erreichen. Meine Aufgabe nun ist es, euch darin zu unterweisen, und nach einer einführenden Erklärung, die ich morgen zur gleichen Stunde geben werde, sollen eure

Übungen beginnen, zu denen ich euch Glück wünsche.«[6] Da erhoben sich Antonius und Cynara, da sie diese Worte für eine Andeutung hielten, dass ihr Lehrer nun seinen eigenen Meditationen überlassen bleiben wollte, und entfernten sich. Nach einem kleinen Spaziergang im Wald kehrten sie zu ihrer Herberge zurück.

Sie stellten fest, dass die Bergluft sie außerordentlich hungrig machte, und sie fragten die alte Frau, die den kleinen Haushalt besorgte, was sie ihnen als Mittagsmahl geben könnte. Aber ihre Antwort war ein erstaunter Blick, als ob sie eine solche Frage noch nie zuvor gehört hätte, und sie sagte: »An einem so abgeschiedenen Ort auf dem Berg kann ich euch nichts anderes bieten als Brot und Milch, Käse und Butter; wie ihr seht, habe ich nichts anderes als meine Kühe dort drüben, die mich mit Essen versorgen.« Antonius blickte Cynara vielsagend an, und als die alte Frau wieder verschwunden war, meinte er: »Ich glaube, das ist der Anfang unserer Leiden; denn wie soll ich es anstellen, meinen Körper zu erhalten, wenn ich auf so magere und eintönige Ernährung angewiesen bin und mir eine Kost, die weder Fleisch noch Wein enthält, völlig ungewohnt ist? Aber ich muss mich wohl mit dem Gedanken trösten, dass so mancher arme Sterbliche gezwungen ist, mit noch weniger auszukommen, weil er nur Wasser und Brot hat und sonst nichts, und nicht wenige unglückliche Menschen müssen sogar verhungern.« Cynara lachte und antwortete: »Es ist, wie du sagst, aber dennoch ist dein Trost erbärmlich und mit Sicherheit nicht sehr edel, ja vielleicht überhaupt kein Trost. Denn wie kann das Leiden anderer einem je Trost spenden, da es doch vielmehr umgekehrt sein sollte? Nein, ein besserer und liebevollerer Trost wäre diese Überlegung: Wenn ich selbst schon Einschränkungen hinnehmen muss, dann sei dem Schicksal Dank, dass es nur mir so geht, und meine Mitmenschen jedenfalls glücklich sind und frei von dem, was ich beklage.« Antonius musste lachen und sagte: »Kleine Philosophin, du bist wirklich schlagfertig zur Hand mit deiner Weisheit und lässt die falschen, törichten und unüberlegten Redensarten platzen wie eine Seifenblase. Sie kommen immer wieder über unsere Lippen, ohne dass wir uns

---

6 Die Übungen, auf die hier Bezug genommen wird, sind die Übungen des Vidya-Yoga, einer Geheimlehre, die ihren Ursprung in Indien hat und sich im Laufe der Zeit über die ganze Erde verbreitete. In England ist sie schon seit über dreihundert Jahren vertreten, allerdings nur sehr im Geheimen.

die Mühe machen, nachzudenken, was sie eigentlich bedeuten und ob sie überhaupt einen Funken Wahrheit enthalten. Du entwickelst dich ja mit Riesenschritten und hast mir nun auch noch diesen Trost genommen! Jetzt muss ich ständig an die viel größeren Entbehrungen anderer Menschen denken, um die ich mich bisher nie gekümmert hatte, anstatt an das bisschen, das ich mir selbst auferlegen muss. Die einzige Möglichkeit, das Unrecht, das du getan hast, wiedergutzumachen, ist, in den Wald zu gehen und wilde Beeren und Kräuter zu sammeln, um unser kärgliches Mahl etwas aufzubessern. Diese Extra-Mühe sei die Strafe dafür, dass du mich mit deiner schlagfertigen Antwort überführt hast.«

XI

Den Rest des Tages verbrachten die beiden Pilger mit dem Sammeln von Beeren, Sauerklee und vielen verschiedenen genießbaren Kräutern, die sie mit Vergnügen aßen. Sie schliefen tief und traumlos, erwachten erfrischt am nächsten Morgen und begaben sich wieder zu der Hütte des Einsiedlers Petrius.

Nachdem er sie freundlich begrüßt hatte, sagte er: »Gestern deutete ich an, dass alles Leben in Wirklichkeit eins ist. Der Gedanke des Getrenntseins ist Täuschung, denn das höchste Bewusstsein ist Einheit und bringt Glückseligkeit, Getrenntsein jedoch Schmerz. Doch nun lernt, diese Wahrheit zu verstehen. Wie die Welle eins ist mit dem Ozean und ihre Eigen-Art nur in Name und Gestalt besteht, aber nicht in Wirklichkeit, so ist jedes lebende Geschöpf eins mit dem universellen Bewusstsein – nur in Name und Gestalt erscheint es getrennt. Und doch ist nicht nur die Welle eins mit dem Ozean, sondern sie ist infolgedessen auch verbunden mit den anderen Wellen, obgleich sie eine eigene Individualität besitzt; keine zwei Wellen sind genau gleich. Ähnlich ist es mit den Menschen; denn obgleich jede Bewusstseinseinheit eine Individualität besitzt, so ist sie doch verbunden mit allen anderen Einheiten, indem, wie schon gesagt, alles Bewusstsein eins ist.

Aus diesem Grunde heißt es in allen höheren Lehren: Liebe deinen Nächsten und tue ihm kein Unrecht, denn deinem Nächsten Unrecht zu tun, heißt, dir selbst Unrecht zu tun, denn in diesem großen Ozean des universellen Bewusstseins gilt das Gesetz der ewigen Wiederkehr. Was von einem Menschen ausgeht, wird schließlich zu ihm wieder zurückkommen nach dem großen Gesetz von Ursache und Wirkung oder Sequenz und Konsequenz.« Petrius unterbrach sich und fragte lächelnd: »Spreche ich klar genug für euer Verständnis?« Cynara antwortete: »Aber gewiss, Vater; wie könnten wir es etwa nicht verstehen, da du deinen Schülern mit so einfachen und wohlüberlegten Gleichnissen hilfst?« Daraufhin fuhr Petrius fort: »Das Ziel unseres Bemühens um die Erkenntnis Gottes ist, dieses Einssein mit allem Leben zu erkennen, so dass, wie ich schon sagte, eine Verwandlung des Bewusstseins stattfindet, der Einzelne sich als eins mit dem universellen Geist erfährt und damit hier und jetzt die bedingungslose Glückseligkeit erlangt – nicht erst in der Zukunft, wie die Unwissenden meinen. Als Voraussetzung dafür sollte der Schüler allen Wesen das Gefühl vollkommener Liebe entgegenbringen und doch zugleich, so paradox dies klingen mag, dieses Gefühl in dem Netz seines eigenen Geistes einfangen und es dort für immer bewahren, um es nie wieder zu verlieren. Denn diese unvergleichliche Übung öffnet die Tür zur Erkenntnis; auch wenn die Methode nur langsam Früchte bringen wird, so sind diese am Ende doch gewiss. Die rasche Methode, diese Erkenntnis zu erlangen, ist ein Geheimnis oder vielmehr eine Serie geheimer Übungen, die ich euch nach und nach enthüllen will, indem ich euch im Laufe der Zeit mehr und mehr offenbare, aber nur, wenn ihr euch würdig erweist. Das sei genug für heute, geht nun zurück in euer Häuschen und kommt morgen wieder zu mir, aber dann kommt einzeln – mit einer Stunde Abstand. Darüber hinaus dürft ihr auch einander nicht mitteilen, was ich jeden von euch lehre, bis ich euch ausdrücklich die Erlaubnis dazu erteile. Denn wie sollte einer erwarten, dass der andere etwas als Geheimnis für sich behalten könnte, wenn er selbst kein Geheimnis bewahren kann? Die Verschwiegenheit ist eine Tugend, die man nur durch Übung erwirbt, und sie ist eine Hilfe für die Beherrschung der Zunge obendrein. Denn diese ist nur allzu bereit zu plappern, wo sie besser schweigen sollte. Aber nun, lebt wohl bis morgen, und möge Frieden euch begleiten.«

XII

Viele Wochen lang übten sich Antonius und Cynara in der großen Wissenschaft unter Aufsicht von Petrius, dem Einsiedler. Gewissenhaft erfüllten sie ihre Aufgabe und verbrachten jeden Morgen damit. Den Rest des Tages wanderten sie in den Bergen oder unterhielten sich. Und – so seltsam das auch erscheinen mag – beide begannen, jünger, gesünder und schöner auszusehen. Die Falten verschwanden allmählich aus Cynaras Antlitz[7], und es erhielt seine Jugendlichkeit zurück, und zugleich bekam es auch einen Ausdruck, den es nie zuvor gehabt hatte. Er berührte das Herz eines jeden, der sie erblickte, ebenso wie auch ihre weiche Stimme, die voll Mitgefühl, Wohlwollen und Liebe war. Antonius dachte bei sich:»Wahrhaftig, Cynaras Reize werden noch zu einer Bedrohung meines Seelenfriedens und stehen meinem Weiterkommen auf dem Pfad des Wissens im Wege, denn mein Lehrer würde gewiss jede Form der Leidenschaft missbilligen und mich nicht mehr weiter unterweisen, wenn ich ihr erläge, so dass ich völlig ruiniert wäre. Doch kann ich Cynara nicht aus dem Wege gehen, um meinen Seelenfrieden wiederherzustellen, und sie einem Leben ohne Begleiter oder Beschützer überlassen. Außerdem scheint sie mich mehr zu lieben als je zuvor, und ich würde eher alles andere tun, als sie leiden zu lassen, nach all dem, was sie für mich schon getan hat.« Diese Gedanken beschäftigten Antonius, und er fragte sich, was das noch für ein Ende nehmen sollte, sprach aber weder zu Petrius noch zu Cynara darüber.

Nachdem sie alle anderen Wege in der näheren Umgebung des Häuschens schon kannten und nun etwas weiter gewandert waren, gelangten Antonius und Cynara eines Nachmittags in ein kleines Dorf, das etliche Meilen entfernt in einem Tal gelegen war. Und da es ein heißer Tag war und beide nach ihrer Wanderung etwas ermüdet waren, kehrten sie in ein Wirtshaus ein, wo sie essen wollten; danach beabsichtigten sie, bei Mondlicht wieder den Heimweg anzutreten. Als sie im Garten des Wirtshauses ihre Abendmahlzeit einnahmen, hörten sie ein Gespräch anderer Gäste, die jedoch hinter einer grün bewachsenen Trennwand saßen und deshalb ihrem Blick verborgen blieben,

---

7 Das ist nicht erfunden, sondern Tatsache: Einige, die die Wissenschaft des Vidya-Yoga praktizieren, erhalten ihre Jugendlichkeit zurück.

allerdings sehr gut zu verstehen waren. »O ja«, beteuerte da einer, »er treibt Zauberei dort oben im Wald, und er lauert Unschuldigen auf und gibt vor, ihnen große Geheimnisse zu offenbaren.« – »Ja«, ergänzte ein anderer, »und das alles nur, um sie in seine Macht zu bekommen, damit sie sich hinterher völlig seinem Willen unterordnen.« – »Und deshalb«, meinte ein dritter, »traut er sich nicht, in einem der Dörfer zu wohnen, denn er weiß sehr wohl, dass alle ehrbaren Leute ihn aus ihrem Ort hinausjagen würden, diesen Hexer und Verführer.« – »Und jetzt«, meldete sich wieder der erste zu Wort, »habe ich erfahren, dass er wieder eine Frau in seinen Fängen hat, so eine nichtsnutzige, die mit einem Mann daherkam. Aber ich weiß genau, wie das ausgehen wird, denn der Mann wird dann fortgeschickt, und die Frau behält er bei sich, und wenn er dann genug von ihr hat, wird er sie auch wegschicken. Und so wird das immer weitergehen, bis das Maß voll ist und eines Tages die Rache über sein böses Haupt hereinbricht.« – »Und was noch wichtiger ist«, sagte da der zweite, »er ist nicht allein mit seiner Verruchtheit, denn es soll da eine ganze schwarze Geheimbande von dieser Sorte geben, die einander bei ihren üblen Plänen helfen und Unschuldige ins Verderben stürzen.« Dann waren Geräusche von Schuhen zu hören, und die beiden Wanderer konnten, da die Sprecher aufstanden, um zu gehen, die noch folgenden letzten Bemerkungen nicht mehr verstehen.

Antonius und Cynara blickten einander an und fühlten eine seltsam ungute Empfindung in ihrem Herzen, die zwar nur einige Augenblicke anhielt, dann aber doch einen winzigen Keim von Zweifel zurückließ. Auf dem Heimweg stellten sie miteinander Überlegungen an über das Vernommene, gestatteten sich aber nicht den geringsten Zweifel in Bezug auf die Integrität ihres Lehrers. Sie hatten ihn inzwischen verehren und lieben gelernt, und die Beweise für den Wert seiner Lehre fanden sie täglich von Neuem in sich selbst bestätigt.

Am nächsten Morgen jedoch brachte Antonius – obwohl Cynara ihrem Lehrer gegenüber nie davon gesprochen hatte – ein Thema zur Sprache, das, wie er rechnete, vielleicht etwas Licht auf das gestern Mitgehörte werfen könnte. So sagte er: »Vater, Cynara wird von Tag zu Tag immer schöner, und ich fürchte, dass die Asche meiner früheren Wünsche wieder zu Flammen entfacht werden könnte, ganz besonders, da diesmal, im Unterschied zu früher, Liebe und Bewunderung mit im Spiel wären – zwei Kräfte, die schwer zu überwinden sind –, selbst wenn ich mich noch so sehr bemühen sollte, sie zu besiegen. Wenn aber eintreffen sollte, was ich befürchte, dann weiß ich wirklich nicht, was ich weiter tun sollte, und ob es nicht das Beste wäre, wenn ich ganz von hier fortginge; das würde meine Schwierigkeit sicherlich zu einer Lösung führen, die anders nicht zu erreichen wäre.« Petrius dachte einen Augenblick nach und antwortete dann sinnend: »Diese Maßnahme wäre immerhin eine Möglichkeit, denn Trennung ist in der Regel das beste Heilmittel gegen Leidenschaft; aber warum sollten wir uns im Voraus mit Dingen belasten, die – wer weiß – vielleicht gar nie eintreffen werden, und dabei unserem Denken erlauben, alle möglichen Befürchtungen anzustellen, die sich dann als völlig überflüssig erweisen? Nein, etwas zu befürchten, ist der erfolgversprechendste Weg, es in die Welt zu bringen, denn das Denken ist schöpferisch, und was der Mensch denkt, dem verhilft er auch zur Wirklichkeit – früher oder später. Weigert er sich dagegen, bestimmte Dinge zu denken, dann hungern sie gleichsam aus, so dass jeder Keim davon aus Mangel an Nahrung abstirbt.« Petrius lächelte und fügte noch hinzu: »So, und nun gehe nach Hause und sei glücklich, und denke nicht mehr an die Sache, so oder so, denn das ist der beste Rat, den ich dir geben kann.«

Antonius ging zurück zum Haus, tief versunken in das Labyrinth einer Vielzahl von Gedanken, in dem Vertrauen und Zweifel wie ein Pendel hin- und herschwangen. Denn er überlegte sich: »Wenn mein Meister falsch ist, wie jene Leute im Garten behaupteten, warum hat er dann nicht sofort die Gelegenheit genutzt, die ich ihm angeboten habe, um mich fortzuschicken unter dem Vorwand, meine Leidenschaft zu Cynara gar nicht erst entflammen zu lassen und sie dann für sich zu behalten? Doch andererseits, warum hat er zugelassen, dass ich überhaupt davon sprach, Cynara im Stich zu lassen, statt mir einfach zu befehlen, diese Gedanken an Trennung und Schmerz energisch zu verbannen, was er ebenso leicht hätte tun können? An ihm zu zweifeln, ist nicht recht, wenn ich betrachte, was er alles für mich getan hat. Es ist doch alles so eingetroffen bei den Übungen, wie er es vorausgesagt hatte. Er hat mich also noch nie getäuscht. Ist nicht der

Geschmack einer Frucht der Beweis für ihre Qualität?« Doch dann wurde Antonius ärgerlich auf sich selbst und dachte: »Ich werde der ganzen Angelegenheit ein Ende machen und morgen meine Zweifel gestehen und ihm die ganze Geschichte ohne weitere Umstände erzählen.«

Am nächsten Tag verwirklichte er seine Absicht und erzählte von ihrer Wanderung, von der Einkehr im Gasthof und von den verleumderischen Stimmen im Garten und wie sie auf ihn gewirkt hatten. Als er fertig war, blickte Petrius ihn liebevoll an, ohne dabei eine Andeutung einer Enttäuschung zu verbergen, die Antonius im Herzen berührte und ihn Kummer, Scham und Reue empfinden ließ, schlimmer, als Ärger, Zurechtweisung oder Groll es je hätten tun können. Und Petrius sagte: »Mein Bruder, die Unwissenden erklären in ihrer Unwissenheit alles weg, da sie es nicht besser wissen, und wenn sie zur gleichen Zeit auch noch böse sind, dann sind auch ihre Erklärungen böse. Denn die Menschen, die du reden hörtest, stehen vor einem Rätsel, das sie aber in ihrer Lieblosigkeit nicht lösen können ohne Zuhilfenahme von Verleumdung. Da dies so ist, hängen sie sich an die lieblose Unwahrheit statt an die liebevolle Wahrheit und denken nicht einen Augenblick darüber nach, ob sie damit recht tun oder nicht, da sie nur allzu froh sind über eine Gelegenheit, verleumden zu können. Denn die Welt ist weitgehend völlig unfähig zu verstehen, dass man ohne Eigennutz aus reiner Selbstlosigkeit handeln kann. Sie ist eher geneigt, an gar keinen Beweggrund zu glauben als an einen selbstlosen. Und doch waren jene Leute nur die Sprachrohre der Mächte des Bösen, die als die Schwarze Bruderschaft bekannt sind und sich überall bemühen, einen Menschen vom rechten Weg abzubringen, sobald es Anzeichen dafür gibt, dass er eine Kraft für das Gute wird. Diese waren es nämlich, die – ohne dass du es wusstest – dafür gesorgt haben, dass ihr in jene Schenke eingekehrt seid, damit ihr zu hören bekommt, was ihr dann auch gehört habt. Der Eingeweihte dagegen hat seine Sinne so verfeinert, dass sich die Finsterlinge mit ihren Absichten nicht vor ihm verbergen können. Daher wusste ich, dass dies geschehen würde. Ich habe euch trotzdem nicht gewarnt, da ich es für ratsam hielt, dass ihr beide dieser Prüfung unterworfen werdet und euer Vertrauen in der Weise auf die Probe gestellt würde, wie es dann auch geschah.

Solche Prüfungen sind wichtig für euer Weiterkommen und gehen der Offenbarung neuer und größerer geistiger Wahrheiten voraus. Wisse nämlich, dass wir von der Weißen Bruderschaft auch danach streben, das Böse in Gutes zu verwandeln, indem wir genau die Mittel unserer Widersacher einsetzen und sie damit selbst für unsere höheren Ziele gebrauchen. Obwohl die vergiftete Spitze jenes Pfeils aus ihrer Hand dir kein Leid getan hat, so ritzte doch die schärfere und reine Spitze, die wir verwenden, deine Haut ein wenig, denn du bist wohl siegreich aus der Prüfung hervorgegangen, aber nicht völlig unversehrt. Denn der erste und beste Weg ist, überhaupt nie zu zweifeln, der zweitbeste, deine eigenen Zweifel in Frage zu stellen, und der dritte und falsche Weg ist, immer zu zweifeln, denn er bedeutet Aufenthalt und schließlich am Ende Versagen.«

Traurig blickte Antonius seinen Lehrer an und sagte: »O Meister, sowohl deine Freundlichkeit als auch deine Überzeugungskraft tadeln mich, und ich schäme mich meiner Zweifel, und ich bedaure das, was ich nun als meine Undankbarkeit erkannt habe. Aber wäre es richtiger, wenn ich blind weiterginge, ohne je etwas zu fragen?« Petrius erwiderte mit liebevollem Lächeln: »Nein, das wäre wirklich nicht wünschenswert; aber schon deine Frage zeigt mir ganz eindeutig, dass du Fragen mit Zweifeln verwechselst und denkst, sie wären ein und dasselbe. Das sind sie aber in Wahrheit nicht. Im Gegenteil, es gibt einen sehr deutlichen Unterschied: Zu fragen bedeutet, Vertrauen zu haben und an die Gültigkeit dessen zu glauben, was man erfragt; damit ist es positiv und konstruktiv. Zweifeln aber bedeutet, nicht an die Nützlichkeit des infrage Gestellten zu glauben, und somit ist es negativ und destruktiv. Oder, um die Sache mit anderen Worten auszudrücken: Das Fragen ist die Methode, durch die wir etwas aufbauen möchten auf einer Grundlage, die wir als stabil erkannt haben – wie einer, der einen festen Fels gefunden hat, sich mit Plänen für Konstruktion und Aussehen des Hauses beschäftigt, das er bauen will. Zweifeln aber heißt, die Möglichkeit des Hausbaus überhaupt zu bezweifeln in der Annahme, dass schon die Grundlage schwach und schlecht ist und damit nicht tragfähig für irgendein Gebäude, welches auch immer man später darauf errichten möchte. Denke aber nicht, dass der Zweifel an sich eine Sünde ist, sondern lediglich ein Anzeichen, welches das Maß der Unwissenheit zeigt – oder, wenn du willst, des Wissens – im Geist dessen, der zweifelt. Denn wer wirklich zwei Paar Kiesel sehen muss, um überzeugt zu sein, dass zwei mal zwei vier ist – woran er zweifelte –, zeigt seinem Lehrer sofort seine mangelnde Intelligenz, da er nicht imstande ist, eine einfache Tatsache zu erkennen, ohne den greifbaren Beweis vor sich zu haben. – Doch nun gehe nach Hause und belaste dich nicht mehr mit Reue, denn Gewissensbisse sind eine Vergeudung guter Energie, da sie den menschlichen Geist mit Traurigkeit und Depression erfüllen, statt mit Freude, die sein göttliches Erbe ist.« Als er zu Ende gesprochen hatte, ergriff Antonius seine Hand und küsste sie, dann wandte er sich ohne ein weiteres Wort um und ging.

XIII

So gingen viele weitere Wochen ins Land. Jede Woche brachte ein wenig mehr an Wissen, Kraft und Glück, dazu innere und äußere Schönheit.

Eines Tages sagte Petrius zu Antonius: »Nun bist du so weit, dass einige der verborgenen Kräfte kurz vor dem Erwachen sind; es genügte gewissermaßen nur eine Berührung, um sie zur Offenbarung zu bringen. Deine Sinne sind nun empfindsamer geworden, so dass einige der feinstofflichen Bereiche der Natur für dich wahrnehmbar werden. Doch vorher habe ich noch einen Auftrag für dich, der einen mehrstündigen Weg erforderlich macht, den ich dich bitte, zu Fuß und allein zu gehen. Ich habe hier ein Päckchen mit einem wertvollen Inhalt, das du einem Bruder bringen sollst, der auf dem Rücken jenes Berges wohnt, den du dort drüben zwischen diesen beiden Bäumen hindurch sehen kannst.« Er zeigte Antonius die Richtung, nahm dabei ein kleines Päckchen und übergab es ihm mit verschiedenen weiteren Anweisungen.

Am nächsten Tag trat Antonius seinen Botengang an. Er war zwar froh, dass er seinem geliebten Lehrer auch einmal einen Dienst erweisen konnte, bedauerte aber zugleich, dass er auf die Unterweisung dieses Tages verzichten musste. Als er sich auf den Weg machte, war der Himmel mit dichten Wolken bedeckt, die sich bald zu sturzbachartigen Regengüssen öffneten. Antonius wurde bis auf die Haut durchnässt, als er sich mit Hilfe seines Wanderstabes, so gut er konnte, seinen Weg bahnte. Denn Wasserströme überquerten den Weg und rissen Schlamm, groben Sand und Steine mit sich hinab. Als er in das breite Tal hinunterkam, hörte der Regen auf, die großen, grauen Wolkenvorhänge öffneten sich, um hier und da einen Blick zum Himmel freizugeben. Er sah aus wie eine Vielzahl blauer Seen. Und dann konnte Antonius durch ein solches Wolkenloch die schneebedeckte Bergspitze erblicken, die eines Tages sein Ziel sein sollte. Weißfunkelnd ragte sie in der Ferne über die grauen Wolken hinaus gegen das blaue Firmament. Und er dachte bei sich: »Wie lange wird es wohl dauern, bis ich auf jenen Berg steigen werde? Ja, werde ich überhaupt so weit kommen, ihn zu besteigen, da ich es doch zufrieden bin, hier unten zu bleiben, denn bin ich nicht hier schon glücklich genug? Was soll ich weitere Wagnisse eingehen? Und doch, wenn die Freude, die dort zu erleben ist, im gleichen Maße über das hinaus anwächst, wie ich es bisher erfahren habe, dann wäre es töricht, für immer da zu bleiben, wo ich jetzt bin.«

Mit solchen Gedanken durchquerte er das breite Tal und begann, auf der anderen Seite den Berg hinaufzusteigen. Er beschleunigte seine Schritte, um sein Ziel bald zu erreichen, weil er hoffte, noch rechtzeitig vor Sonnenuntergang seinen Rückweg antreten zu können. Aber das Unwetter hatte ihn so sehr aufgehalten, dass es ihm bald unmöglich erschien, noch bei Tageslicht zu Petrius zurückzukommen; es würde wohl Nacht werden, bis er seinen Auftrag erfüllt hätte. Der Aufstieg war steil und glitschig nach den schweren Regenfällen. Es schien ihm, als ob sein Weg kein Ende nehmen wollte.

Die Dämmerung hatte bereits eingesetzt, als er endlich ein Licht in dem Dorf erblicken konnte, das es zu erreichen galt; er sah es in der Höhe durch die feuchte Abendluft blinken. Als er so hinanstieg, immer darauf bedacht, in der Dunkelheit keinen Fehltritt zu tun, sprang zwischen den Bäumen ein Mann hervor, stürzte sich, ohne ein Wort zu sagen, auf den Boten und versuchte, ihm das Päckchen aus den Falten seiner Kleidung zu entreißen. In der ersten Überraschung des Angriffs wollte er sich gegen den Fremden mit seinem Stock verteidigen, aber blitzschnell kam ihm der Gedanke, dem Mann keinen Schaden zuzufügen, und so versuchte er ihn niederzuringen. Auf einmal hatte dieser sich freigewunden, und Antonius sah einen Dolch in seiner Hand blitzen; der Fremde bedrohte ihn damit und rief: »Gib mir das Päckchen, oder ich werde dir diesen Dolch in die Brust stoßen!«, Antonius erwiderte: »Das kann nicht sein, denn dieses Päckchen gehört nicht mir, dass ich es dir geben könnte.« Da sagte der Mann: »Ich will gnädig zu dir sein und dir das Päckchen lassen, wenn du es jetzt öffnest und mir vorliest, welches Geheimnis es enthält; nur unter dieser Bedingung will ich dein Leben schonen.« Da antwortete Antonius: »Nur wenn du mich im Kampf getötet hast, kommst du an dieses Geheimnis; dann kann dich keiner mehr davon abhalten, es zu nehmen. Ich aber würde nur versuchen, dich zu entwaffnen, nicht aber zu töten, wenn wir kämpfen. Deine Not muss sehr groß sein, wenn du bereit bist, Unschuldige zu berauben, die dir nichts getan haben. Deshalb habe ich Mitleid mit dir. Sieh hier, ich habe selbst eine Waffe bei mir, mit der ich dich ohne Zweifel vernichten könnte, zumal ich der Stärkere bin; aber sie gegen dich zu gebrauchen, wäre böse, und deshalb werde ich es nicht tun.« – »Dann«, sagte sein Gegner, »feiger Bursche, hast du Angst um deine eigene Haut und verbirgst nur deine Feigheit hinter dem Vorwand der Großzügigkeit. Obwohl ich der Schwächere bin, werde ich doch um den Besitz des Geheimnisses kämpfen, denn es bedeutet mir mehr als mein Leben.« Auf diese Beleidigung hin wollte ihn der Zorn übermannen, und Antonius brauchte seine ganze Kraft, ihn im Zaum zu halten. Doch im nächsten Augenblick durchfuhr ihn der Gedanke, seinen eigenen Dolch fortzuwerfen (um nicht mehr in Versuchung zu sein, ihn zu gebrauchen), und er tat dies ohne Zögern.

Doch wie überrascht war er, als plötzlich sein Gegner mit der sanftesten Stimme zu ihm sprach: »Mein Bruder, der Sieg ist deiner, und die Prüfung ist zu Ende; du hast sie vortrefflich bestanden. Ich bin in Wirklichkeit gar kein Räuber, sondern eben der Bruder, für den das Päckchen bestimmt ist. Ich sollte dir entgegenkommen, um zusammen mit deinem Lehrer die Prüfung durchzuführen, die nur zu deinem Guten geplant war. Doch nun hebe deinen Dolch wieder auf und nimm ihn zurück; eines nicht allzu fernen Tages wirst du ihn nicht mehr brauchen, denn wer vollkommene Liebe erlangt hat, erfährt keinen Angriff mehr, denn er hat gelernt, sich mit mächtigeren Waffen als dem Schwert zu schützen.« Überwältigt von Freude, Erleichterung und Verwunderung hob Antonius seinen Dolch auf. Er war zu überrascht, um sprechen zu können, und schon kam ihm sein Feind, der plötzlich sein Freund war, entgegen, nahm seinen Arm und sagte: »Nun ist es mir eine Freude, dich den Rest des Weges zu begleiten und diese Nacht in meinem Haus zu beherbergen, wo du mir herzlich willkommen bist. Du sollst Speise, Wärme und Ruhe haben, die du wohl verdient hast.« Antonius konnte zwar das Gesicht seines Begleiters wegen der Dunkelheit im dichten Wald nicht sehen, aber von ihm, vor allem von seiner sanften Stimme, ging ein so wohltuender Friede aus, wie er es noch nicht erlebt hatte. Sein Begleiter sagte: »Die Prüfung war schwer gewesen, aber weit schwerer, als du es dir vorstellen kannst, denn du weißt ja nicht, wie sehr dabei dein Herz geprüft werden sollte. Aber darüber werden wir später sprechen. Zunächst einmal sollst du trockene Kleider bekommen, deinen Hunger stillen und dich etwas ausruhen; nur noch wenige Minuten, dann sind wir bei mir zu Hause.«

So befand sich Antonius kurz darauf im Haus seines neuen Freundes und konnte nun sehen, was für ein Gesicht zu der sanften Stimme gehörte. Im Licht der Lampe sah er einen etwa fünfunddreißigjährigen Mann, schlank, fast hager. Seine kraftvolle männliche Erscheinung war ein überraschender Gegensatz zu der auffallend sanften Stimme. Sein Heim war bescheiden und ohne Luxus, aber doch hübsch und geschmackvoll, und offensichtlich von einem Diener gepflegt, der Antonius jetzt ein Bad vorbereitete und für trockene Kleidung sorgte. Hierfür war dieser wirklich dankbar, denn er war durchnässt, schmutzig und müde und fröstelte leicht.

Später sagte er zu seinem neuen Freund: »Und jetzt bitte ich dich, mir mehr zu erzählen, wie du mir versprochen hast. Ich habe zwar verstanden, dass ich einer Prüfung unterworfen war, aber mir ist nicht klar, was diese Prüfung bedeutete und welchen Wert, welche Wichtigkeit sie hat.« Sein Gastgeber antwortete: »Wie dir ohne Zweifel schon Petrius gesagt hat, ist die Zeit gekommen, dass du in die Methode eingewiesen wirst, Fähigkeiten zu erlangen, die den Weltmenschen verwehrt bleiben. Bevor das aber sein kann, muss der Lehrer sicher sein, dass man dem Schüler so mächtige Kräfte auch anvertrauen kann, um nicht gleichsam Feuer in Kinderhände zu geben. Wisse, dass das

Herz frei und rein sein muss von jeder Versuchung, Rache zu üben oder Groll zu hegen, wie auch immer es herausgefordert wird; es muss auch frei sein von Zorngefühlen, die unkontrollierte Handlungen auslösen, sowie von jeder Form des Vergelten- und Heimzahlenwollens. Doch das ist noch nicht alles, denn in Bezug auf jene Kräfte ist absolute Geheimhaltung erforderlich, so dass der Schüler eher bereit ist, sein Leben zu verlieren, als ein Geheimnis preiszugeben. Und da ich ein Mitglied der Weißen Bruderschaft bin, erhielt ich die Anweisung, dich dieser schweren Prüfung zu unterziehen und dich anzugreifen, um herauszufinden, ob du zurückschlagen würdest, und um zu versuchen, dir noch dazu ein Geheimnis zu entringen, so dass deine Integrität insgesamt erprobt würde.« – »Dann«, meinte Antonius, »verstehe ich das jetzt alles. Aber in einem Punkt brauche ich noch eine Erklärung: Als ich mich weigerte, auf Leben und Tod zu kämpfen, und dir sogar sagte, dass ich, selbst wenn du in meiner Gewalt wärst, nur mich selbst schützen, aber nie umgekehrt versuchen würde, dich ernsthaft oder überhaupt zu verletzen – warum hast du mich dann Feigling geschimpft, da mit solcher Überlegenheit zu kämpfen doch kaum dieses Schimpfwort verdiente?«, Da lächelte sein Freund wohlwollend und sagte: »Mein Bruder, das war der Höhepunkt der Prüfung, der den höchsten Mut in deinem Herzen herausforderte, der wichtiger ist für den Novizen als alles andere. Wisse nämlich, dass Mut (oder umgekehrt Feigheit) in zwei Qualitäten existiert, der geringeren physischen und der höheren moralischen. Während ersterer lediglich von der Gesundheit und dem allgemeinen Wohlbefinden abhängt, so der letztere von etwas weitaus Höherem und damit auch Selteneren. So seltsam das auch klingen mag, scheint doch das eine oft dem anderen zu widersprechen, wie es in deinem Fall gewesen ist. Wer sich nämlich weigert zu kämpfen, muss häufig heldenmütiger genannt werden als der, der sich der Schlägerei stellt. Das ist so, weil dem moralischen Helden die Schmähungen von Freund oder Feind ebenso wenig bedeuten wie dem physischen Helden die Prahlerei seines Gegners, der allein an den Sieg denkt und an nichts sonst. Doch wie ließe sich so etwas vergleichen mit der Großzügigkeit dessen, der sagt: ›Wahrlich, mein Widersacher, auch wenn ich in den Augen der ganzen Welt ein Feigling bin, will ich es doch nicht riskieren, dir das

Leben zu nehmen, selbst wenn du mir vielfältig Unrecht getan hast. Denn was ist der Tod meines guten Namens im Vergleich mit dem Tod deines Leibes, der sicher deine Mutter und Geschwister in Trauer und Leid stürzen würde!‹ Und so, mein Freund, erkennst du jetzt, warum ich dich einen Feigling genannt habe, als du in Wirklichkeit nichts dergleichen warst; es galt allein, die Tiefe deines moralischen Mutes zu erproben. Die Prüfung war wirklich schwer, da du den Bruchteil eines Augenblickes schwanktest und deine Waffe fortwerfen musstest, um der Versuchung nicht zu erliegen, sie zu gebrauchen.« Er blickte anerkennend auf Antonius, doch dieser sagte: »Dann war der Sieg schließlich doch kein ganzer, denn sonst hätte ich den Dolch gar nicht wegzuwerfen brauchen?« Sein Freund antwortete ernst: »Nein, wäre jeder von uns absolut vollkommen, so gäbe es überhaupt keine Notwendigkeit, solche Prüfungen durchzuführen. Aber denke jetzt nicht mehr daran, denn wenn das Herz richtig ist, dann wird die Hand davon abgehalten, etwas Falsches zu tun, und der Impuls, den du spürtest, war nichts weiter als ein letztes Aufflackern des erlöschenden Feuers der Gewohnheit, die du aus Hunderten früherer Leben mitgebracht hast und die nicht in einem einzigen Augenblick völlig ausgelöscht werden kann. Doch nun gib mir das Päckchen, das dir der Bruder anvertraut hat, und ich werde dir ebenfalls eines für ihn mitgeben.«

Am Morgen machte sich Antonius wieder auf den Weg zurück zu seinem derzeitigen Zuhause; er war in einem Hochgefühl von Freude, Liebe und glücklicher Erwartung. Die Regenwolken waren abgezogen, der Himmel strahlte wieder in Blau, das durch wenige schneeweiße Wolkenstreifen noch tiefer erschien. Der Duft der regennassen Erde war eine willkommene Erfrischung für Herz und Sinne. Unzählige kleine Blumen waren über Nacht erblüht und mischten ihre bunten Farben unter das leuchtende, frisch gewachsene Grün der Wiesen und Wälder. Die von Liebe erfüllte Seele des Antonius sang Lobeshymnen auf die Natur, als er seines Weges ging, und er dachte bei sich: »Erst einen Tag und eine Nacht bin ich von Cynara getrennt, und doch sehne ich mich danach, zurückzukommen und ihr schönes Antlitz wiederzusehen. Irgendwie verschmilzt es mit all dieser Schönheit hier und bereichert diese auf geheimnisvolle Weise. Aber nicht nur das, auch das ruhige Antlitz meines geliebten Lehrers verbindet sich mit allem, und je mehr ich Cynara liebe, desto mehr liebe ich ihn, und je mehr ich ihn liebe, desto mehr liebe ich Cynara, und alle sind eins, verschmolzen in eine große Einheit der Freude.« Und er beschleunigte seine Schritte, fühlte sich getragen von der Heiterkeit seiner Gedanken und hatte das Gefühl, als wenn er auf Wolken schwebte, die aus dem Duft von Blumen, Gras und bemoosten Wegen bestanden und nicht den geringsten Widerstand boten.

Der Abend nahte, und das kleine Haus kam in Sicht. Als er nur noch wenige hundert Schritte entfernt war, sah er, wie Petrius ihm den Berg herunter entgegenkam. Er nahm das Päckchen hervor, um es ihm sogleich zu übergeben. Als sie aufeinander zutraten und Petrius es erblickte, umarmte er seinen Schüler und sagte: »Mein Bruder, du hast es gut gemacht, und ich bin froh, dich wieder hier zu sehen; du trägst die Siegespalme. Aber dort, bei meiner Hütte, erwartet dich Cynara, die sich schon ungeduldig nach deiner Rückkehr sehnt. Doch sage noch nichts von allem zu ihr, denn sonst machst du meine Pläne zunichte, denn auch sie hat ihre Prüfungen zu bestehen.«

Antonius versprach es ihm, als sie gemeinsam auf die Hütte zugingen. Voll inniger Freude küsste er Cynara und gab sich keine Mühe, seine Gefühle zu verbergen. Petrius stand dabei und sah zu wie ein liebender Vater, wenn er seine zwei spielenden Kinder betrachtet.

XIV

Nach der gewohnten Unterweisung machten Antonius und Cynara auch am folgenden Tag einen Spaziergang in den Wäldern, wie es ihr Brauch war. Besonders gegen Abend, wenn es kühler wurde, verbrachten sie ihre Zeit bei glücklichen Gesprächen im Wald. Aber an diesem Tag schien Antonius traurig und nachdenklich, und Cynara fragte ihn nach der Ursache seiner Schweigsamkeit und bat ihn, ihr nicht vorzuenthalten, was er in seinem Herzen verbarg. Aber er blickte sie traurig an und sagte: »O Cynara, ich bin nur ein Stück weit den Weg des Wissens gegangen, habe einige Hindernisse mit etwas Erfolg überwunden, aber kaum daran gedacht, dass das mächtigste die ganze Zeit in meinem Herzen lag und nur darauf wartete, zu erwachen und zum Leben zu kommen.« Cynara fragte ihn: »Bitte, sag mir, was ist es?« Und er antwortete: »O Cynara, du bist es selbst und meine Liebe zu dir. In all diesen Wochen lag sie im Schlummer, und nun ist sie auf einmal erwacht und pocht an die Tür meines Bewusstseins wie jemand, der nicht länger verleugnet werden will!« Cynara lächelte weise und fragte weiter: »Aber warum ist das ein Hindernis, da meine Liebe zu dir doch die ganze Zeit schon wach war?« Und Antonius antwortete: »Oje, das macht es in einer Beziehung sogar noch schlimmer für mich und gar nicht besser, denn eben die Schranke, die du durch Nichterwiderung vor meine Leidenschaft gestellt hättest, ist damit fortgefallen, und nun steht meine körperliche Askese am Rande eines Abgrundes, und nichts kann ihren Absturz verhindern, der – falls nicht etwas Unvorhergesehenes geschieht – früher oder später kommen muss, was ich auch tue.«

Cynara zeigte wieder ihr kluges Lächeln und erwiderte: »Bist du denn so sicher, dass absolute Askese, wie du es nennst, von denen verlangt wird, die lieben – wenn doch die Liebe selbst das Niedere in Höheres verwandelt und damit rein macht? War denn nicht unser früherer Lehrer Aristion verheiratet und widerlegte damit durch sein eigenes Beispiel, was du gerade gesagt hast?« Antonius antwortete: »O du Versucherin! Bist du denn auch insgeheim eine Prüfung für mich? Wenn das so ist, dann ist dies sicherlich die schlimmste bisher, und ich glaube, diese kann ich nicht bestehen.« Cynara widersprach: »Nein, zumindest soweit ich weiß, bin ich keine Prüfung, aber wer weiß schon, was unser Lehrer im Sinn hat? Vielleicht bin ich eine Prüfung, aber ganz anders, als du denkst, und nicht, um deine Askese auf die Probe zu stellen, sondern vielleicht deine Selbstlosigkeit; da es doch schöner ist, wiedergeliebt zu werden, wenn man so liebt, wie ich es tue, als überhaupt nicht geliebt zu werden.« Antonius antwortete: »Aber habe ich dir denn nicht gerade gesagt, dass ich dich sehr liebe?« – »Aber«, entgegnete Cynara, »was ist die Liebe wert, wenn sie keinen Ausdruck findet? Denn seine Liebe im Herzen zu verbergen und ihr Glück denen vorzuenthalten, die sich danach sehnen, sie zu empfangen, bedeutet, den ersten Grundsatz der echten Liebe zu missachten, der nichts anderes verlangt, als andere glücklich zu machen und sie immer vor das eigene Selbst zu stellen.«

Da sagte Antonius leidenschaftlich: »Oh, meine geliebte Cynara, ein Meer von Edelsteinen würde ich dir geben, um dich glücklich zu machen; deine Worte treffen mich wie ein Dolch ins Herz. Aber ich bin hin- und hergerissen zwischen meiner Liebe zu dir und der Sehnsucht, dir alles Glück zu schenken, das in meiner Macht liegt, und meinem Streben nach Wissen. Und dieses Wissen, nach dem mich so verlangt, wird mir dann sicher verwehrt, wenn ich ein Opfer der Leidenschaft werde, denn so habe ich es in den alten Büchern gelesen. Aber das ist nicht alles, hier hört mein schrecklicher Zwiespalt noch nicht auf: Wenn ich bei dir bleibe, werde ich bestimmt deiner Schönheit erliegen, und wenn ich fortgehe, wird mich das Verlangen quälen, zurückzukehren, nicht nur, um dich wiederzusehen, sondern auch aus Mitleid über deine Traurigkeit, die mir fast das Herz brechen würde.«

Cynara erkannte seinen schlimmen Konflikt, legte seinen Kopf an ihre Brust und strich ihm übers Haar. Wieder und wieder küsste und besänftigte sie ihn wie ein Kind. Und er klagte: »Weh mir! Ich habe gedacht, das Glück erlangt zu haben, das von nichts abhängig ist als von der Seele, aber jetzt scheint sich dieses Glück zu verbergen, und ich bin völlig meiner Leidenschaft ausgeliefert und sehne mich nur noch nach deinen Küssen[8], und dies um so mehr, da ich dich glücklich machen will und nun erkenne, wie sehr du all diese Zeit gelitten haben musst, als ich dich kaum geliebt habe. Aber du bist stärker und hast dich nie beklagt oder mir meinen Egoismus vorgehalten, obwohl du die ganze Zeit wusstest, dass ich, als ich dich zum ersten Mal sah, nur bei dir war, um mich zu vergnügen und meine Leidenschaft zu befriedigen und aus keinem tieferen Grund. Denn in jenen Tagen war mir Liebe unbekannt, ein bloßer Traum und Torheit, über die ich zu lachen pflegte mit der Zynik des Unwissenden und Unerfahrenen. Und das ist jetzt meine Strafe, die mir durch das Gesetz von Ursache und Wirkung aus der Hand der Natur zukommt für das Schlechte, das ich getan habe.«

Plötzlich hob Antonius seinen Kopf, ein Gedanke schoss ihm durch den Sinn, und er rief: »Einmal habe ich dich selbstsüchtig fortgeschickt,

---

[8] Dies scheint eine weitere Tendenz während der spirituellen Entwicklung zu sein: die Geburt einer tiefen Leidenschaft für einen hohen Seelentyp.

weil ich Wissen erlangen wollte und nur an mich selbst dachte, nicht an dich. Aber das Schicksal ist freundlich gewesen und gewährt mir die Chance, meinen Fehler wiedergutzumachen, und schickte dich aus diesem Grunde zurück. Jetzt habe ich einen Augenblick daran gedacht, dich abermals zu verlassen oder zu verleugnen, meine Liebe, und war dabei im Begriff, den gleichen Fehler zu wiederholen, den ich früher schon begangen hatte, und dabei die Lektion, die ich lernen sollte, ganz außer Acht zu lassen. Aber das kann nicht sein, und dich, meine Liebe, zu verlassen, scheint mir jetzt so tadelnswert, wie es mir noch vor wenigen Augenblicken geraten schien. Denn haben wir nicht die ganze Zeit gelernt, dass Wissen nicht mit Egoismus oder dem Leiden anderer erkauft werden kann und darf? Selbst wenn ich mich irren sollte und dieses Wissen mir deshalb verschlossen bleiben wird, so wäre es doch besser, ein wenig länger zu warten, als es zu so einem verhängnisvollen Preis zu erstehen. Nun habe ich mich entschieden, und morgen werde ich Petrius von meinem Problem und meiner Lösung erzählen, denn ich weiß, er wird verstehen, und er wird Nachsicht mit mir haben in seiner Liebe und Toleranz, wie vielleicht kein anderer auf der Welt.«

Als er geendet hatte, umarmte ihn Cynara vor Freude und Glück und drückte ihn fest an sich, wie wenn sie ihn nie mehr gehen lassen wollte.

XV

Am nächsten Morgen ging Antonius zur gewohnten Stunde zu seinem Meister hinunter, den Kopf voller Gedanken und Zweifel, was er sagen solle und welche Lösung gefunden werden könne. Dabei erinnerte er sich, dass eben dieser Lehrer vor nicht allzu langer Zeit ihm ja in der gleichen Sache schon einmal einen Rat gegeben hatte. Doch als er an jenen Rat zurückdachte, beunruhigte und wunderte ihn etwas, denn Petrius hatte ganz klar gesagt: »Trennung ist das beste Heilmittel gegen Leidenschaft.« Und deshalb seine Geliebte verlassen zu müssen, war nicht völlig außerhalb des Denkbaren. Aber gerade jetzt, nach so vielen weiteren Wochen der schönsten und engsten Gemeinsamkeit, traf ihn der bloße Gedanke wie ein vergifteter Pfeil mitten in sein mitfühlendes, liebendes Herz. Doch dann fanden seine Überlegungen ein Ende, denn er ging um die Wegbiegung und sah nun Petrius, der ihm schon beim Nahen winkte.

Nach der üblichen Begrüßung erzählte ihm Antonius sofort von seinen Schwierigkeiten und Befürchtungen und der Lösung, die ihm in den Sinn gekommen war. Er bat Petrius um seinen Rat, die Frucht seiner Weisheit, aber auch um Trost und Vergebung, denn er wusste selbst, dass er schwach war und doch voller Verlangen und immer nur stark sein wollte. So erzählte er Petrius alles, was ihn bedrückte, und schloss mit den Worten: »Und wenn das eine weitere Prüfung ist, die du für mich vorgesehen hast, Vater, dann scheint es, dass ich versagen muss.«

Petrius blickte ihn einen Augenblick voll Liebe und Mitleid an, dann sagte er behutsam: »Mein Bruder, die Weisen gehen mit Bedacht und ohne Leidenschaft vor, verlangen nicht zu viel von sich selbst und sind es zufrieden, gehen zu können, bevor sie hoffen, zu laufen oder zu rennen, um vom Fliegen ganz zu schweigen. Die Weisen haben in ihrer Toleranz und Nächstenliebe auch gelernt, nichts von anderen zu verlangen, und gestehen sich zumindest das Recht zu, nicht das völlig Unmögliche von sich selbst zu verlangen – was du praktisch tust. Du versuchst, die stärkste Kraft der Natur zu hintertreiben, ohne das notwendige Wissen und die Macht zu besitzen, diese ungeheure Aufgabe zu vollbringen. Damit bist du – wenn du mir diesen Vergleich gestattest – wie ein Kind, das mit einem Riesen kämpfen will, und über seine Hilflosigkeit und Schwäche klagt, wenn es mit einem so gewaltigen Gegner konfrontiert ist, statt über seine Anmaßung, überhaupt kämpfen zu wollen. Denn dein Irrtum besteht nicht in deiner Niederlage, sondern vielmehr in deinem Mangel an Bescheidenheit, der dich dazu bringt, dass du dich für stärker hältst, als du es in Wahrheit bist. Vollkommenheit lässt sich nicht in ein paar Wochen erlangen, auch nicht in Monaten oder Jahren, und oft genug auch nicht in einem einzigen Erdenleben. Außerdem hast du das Wesen des Problems missverstanden, denn dies ist nicht die völlige Ausschaltung aller Leidenschaft durch einen Prozess des Abtötens, sondern vielmehr deren Läuterung und Kontrolle.

Lerne nämlich, dass es drei Arten von Leidenschaft gibt: Die egoistische Befriedigung der eigenen Begierde um der bloßen sexuellen

Lust willen, ohne dabei das Wohl seines jeweiligen Partners zu berücksichtigen; das ist die erste und niederste Art, denn sie entbehrt nicht nur der Selbstlosigkeit, sondern auch des läuternden Einflusses der Liebe. Die zweite Form ist das Verlangen nach Vereinigung mit dem Leib einer Frau oder dessen, dem man seine Zuneigung und Verehrung entgegenbringt, wobei man noch in seiner Leidenschaft mehr an das eigene Vergnügen denn an das ihre denkt. Die dritte und höchste Form ist, wenn man überhaupt nicht mehr an sich selbst denkt, sondern allein an das Wohl und die Freude des Geliebten, und dann den Akt nicht zur Befriedigung der Sinne vollzieht, sondern allein als Ausdruck der Liebe auf physischer Ebene, mit anderen Worten, um ein anderes Wesen in die Menschenwelt zu bringen.

Jetzt musst du also wissen, dass dies keine Prüfung ist, die ich ersonnen habe, sondern eine, die einen sehr natürlichen Ursprung hat und durch die du eine unbezahlbare Lektion lernen und zugleich die Schuld zwischen dir und der Geliebten begleichen kannst. Denn obwohl ich erst vor kurzer Zeit – einzig, um dein Vertrauen zu testen – andeutete, dass die Behandlung der Leidenschaft durch Trennung von ihrem Gegenstand in manchen Fällen zu einer Heilung führte, so wäre es doch im gegenwärtigen Fall sträflich, sich zu dieser Lösung zu entschließen, denn deine Geliebte ein zweites Mal zu verlassen, bedeutete nicht nur, die bereits vorhandene Schuld zu ignorieren, sondern sie noch zu vergrößern. Du musst erkennen, dass das vollkommene Wissen erst zu erlangen ist, wenn die Leidenschaft in ihre höchste Form geläutert wurde, aber nicht etwa durch Schmerzen und Leid anderer – wie man auch nicht den Himmel erreichen kann über eine Leiter aus den Gebeinen Getöteter. So war alles in allem dein Entschluss richtig, und der Prüfung, die die Natur dir auferlegt, hast du standgehalten. Doch nun sieh zu, dass du die gesamte Lehre daraus ziehst: Zügele deine Leidenschaft durch die läuternden Wasser der Mäßigung, Selbstlosigkeit und Kontrolle, denn dann wirst du gewinnen, statt zu verlieren, und zugleich den Weg zu jenem Glück bereiten, das zu beständig ist, um zuzulassen, dass der Leidenschaft oder jeder Form der Begierde ein Platz übrig bleibt.«

Da sagte Antonius: »O Meister, deine Worte trösten und belehren mich, und ich bin voller Dankbarkeit. Aber sage mir, warum ich in jenen alten Büchern gelesen habe, dass völlige körperliche Enthaltsamkeit notwendig sei, um zur höchsten Weisheit zu gelangen?« Petrius lächelte und antwortete: »Die Welt macht wirklich eine Jagd nach der Begierde und versucht mit allen Mitteln, sie zu vermehren, statt sie ihren natürlichen Lauf gehen zu lassen. Das ist völlig im Gegensatz zur göttlichen Weisheit. Denn wer vom Fleischlichen schon ganz in Anspruch genommen ist, ist nicht mehr in der Lage, an geistige Dinge zu denken. Da sie um diesen Umstand wussten, betonten die Schreiber jener alten Bücher die Notwendigkeit, Enthaltsamkeit zu üben, und meinten jedoch Mäßigung und sauberes Leben, aber nicht eine Folterung des Körpers in Gestalt des Versuchs, gegen die natürlichen Triebe überhaupt anzukämpfen. Denn das würde nicht bedeuten, von ihnen frei zu werden, sondern sie ins Denken zu drängen, was der Gipfel der Torheit ist, denn dort neigen sie dazu, zur Besessenheit zu werden und ihre Opfer unablässig zu quälen und von allen höheren Gedanken und Taten abzulenken.

Ich will dir von einem einfachen Mann erzählen, der seinen Lebensinhalt darin sah, für andere da zu sein. Er tat viel Gutes und meditierte über Liebe und das göttliche Bewusstsein und strebte danach, allen Menschen, die er traf, Trost, Glück und Erleuchtung zu bringen. Eines Tages aber lief ihm ein ausgemergelter alter Frömmler über den Weg und pries ihm alle Seligkeiten der Frömmigkeit und schloss mit den Worten: ›Wenn du den höchsten und reinsten Geisteszustand erreichen willst, ist es notwendig, zu fasten und mehrere Tage hintereinander auf Nahrung zu verzichten; diesen Rat habe ich schon vielen gegeben, und die Erfolge, die damit erzielt wurden, sind herrlich, wie ich aus eigener Erfahrung weiß.‹ Und jener arglose und leichtgläubige Altruist befolgte diesen Rat ohne Bedenken sofort und begann noch am selben Tage mit dem Fasten. Aber, o weh, statt irgendwelcher Wunder in Gestalt ekstatischer Visionen oder Glücksgefühle stellte sich etwas ganz anderes ein: Das Gefühl nagenden Hungers nahm seinen Geist ganz in Beschlag und ließ es nicht zu, dass er noch an irgendetwas anderes dachte. Darüber hinaus wurde er schwach und leidend, so dass er weder die Kraft hatte, gute Werke zu tun, noch die Konzentration für gute Gedanken. Als er in diesem erbärmlichen Zustand war, suchte ihn ein befreundeter Priester auf, der zugleich Arzt war und erfahren hatte, dass es ihm so schlecht ging, dass er nichts mehr tun konnte. Und er fragte ihn voller Teilnahme: ›Mein Sohn! Was für Beschwerden hast du, und wie bist du zu diesem erschöpfenden Leiden gekommen, das dich so schmerzlich deinen vielen Pflichten der Barmherzigkeit entzieht?‹ Und er erzählte seinem Beichtvater die ganze Geschichte. Der alte Priester wusste kaum, ob er lachen oder tadeln sollte, und tat schließlich von jedem ein bisschen. Er sagte: ›Das Erste ist einfach, und das ist das Heilmittel: Essen, und zwar sofort und ohne weitere Umstände. Aber das ist noch nicht alles, was ich dir zu sagen habe. Denn ich will dir noch etwas raten: Lasse dich nie von dem Verlangen irreführen, andere nachzuahmen bei Methoden, die vielleicht für den einen richtig sind, aber für einen anderen ganz falsch; denn was ein Akrobat vollbringen kann, gelingt einem gewöhnlichen Menschen nie. Oder man kann auch so sagen: Die Frucht, die zwanzig Leuten gut schmeckt, schmeckt vielleicht dem einundzwanzigsten nicht. Und das gilt für die ganze Menschheit: In allen Dingen gibt es Ausnahmen, denn die Menschen, ihre Umstände und ihre Umgebung sind zu verschieden.‹«

Petrius hielt einen Augenblick inne und fügte dann lächelnd hinzu: »Verstehst du jetzt die Moral meiner Geschichte und wie sie sich auf dich bezieht und die Frage beantwortet, die du gestellt hast? Denn, wie der alte Priester sagte, das ist etwas, das jeder Mensch für sich selbst herausfinden muss in der Erkenntnis, dass die Regeln, die wir in Büchern finden, Wegweiser sein sollen für die große Masse der Lernenden und der ganzen Menschheit: Es sind keine Gesetze, die von jedem Einzelnen blind zu befolgen wären. Nein, der schnellste Fortschritt wird immer erreicht durch das Gute, das man anderen tut, und nicht dadurch, dass man sich des Bösen enthält und ein ganzes Leben damit verbringt, ein bestimmtes Laster auszumerzen aus seinem Charakter, besonders, wenn diese Beschäftigung einen davon abhält, Gutes zu tun. Denn wahrlich, wer am wenigsten an seinen Charakter denkt, hat den größten Gewinn.« Antonius antwortete: »Ich habe verstanden: Wie die Nahrung ein von der Natur vorgesehenes Mittel zur Erhaltung des Lebens im Körper ist, so ist Leidenschaft ein ähnliches Mittel, um das Leben des Menschengeschlechts zu erhalten. Deshalb wäre eine Verweigerung der Leidenschaft wie eine Nahrungsverweigerung, eine Weigerung also, die, statt beim geistigen Weiterkommen zu helfen, sich als Hindernis auswirkt, Gutes zu tun, da der Hungergedanke vom Denken Besitz ergreift, wie im Falle des leichtgläubigen Menschenfreundes in deiner Geschichte. Beide, Nahrung und Leidenschaft, sind recht, um den Hunger zu stillen. Aber wenn sie nur noch der Befriedigung der Gelüste dienen, werden sie schlecht und stellen ein gewaltiges Hindernis auf dem Weg dar – wie auch das Gegenteil, der Versuch, sie gänzlich zu ignorieren.«

Petrius unterbrach ihn und sagte: »Und nun will ich dir ein weiteres Stückchen Weisheit anvertrauen, das du aber vielleicht schon aufgrund der Resultate deiner Übungen erraten haben magst. Ohne Zweifel beeinflusst Reinheit des Herzens auch den Körper und damit alle seine Funktionen, so dass der, der seine Geliebte in einem Akt der liebevollen Hingabe ohne jeglichen Egoismus im Herzen umfasst, nichts an geistiger Kraft dadurch verliert und keine Reaktion oder Müdigkeit danach fühlt. Wer aber andererseits seine Geliebte aus bloßer Neugierde umfasst und ein unreines und liebloses Herz hat, schwächt und schädigt sowohl Körper als auch Geist. Die Moral ist also: Gib in alles, was es auch immer sein mag, Reinheit und Liebe, das ist das Geheimnis von Gesundheit und Harmonie des Körpers und der Seele.«

Antonius stand auf, küsste Petrius die Hand und sagte dankbar: »Wahrlich, eure Weisheit ist wunderbar und voller Trost. Nie verlangt ihr Unmögliches oder Unverständliches, wie es die sogenannte Weisheit der Welt tut, die Leere und Scheinheiligkeit hinter ihrer Maske verbirgt. Jetzt werde ich mit erleichtertem Herzen und ermutigt mit dem großen Werk fortfahren.« Damit verabschiedete er sich und ging zurück nach Hause, den Berg hinauf.

Vor dem Häuschen saß Cynara und erwartete ihn voll Ungeduld. Sie war gespannt, was er erzählen würde. Als er freudigen Antlitzes näher kam, rief er entzückt: »O Liebste, wieder hat mir dein weiser Einfall geholfen, und du bist wirklich keine Versuchung für mich, sondern das Sprachrohr der Wahrheit, und mein Entschluss war richtig.« Und er führte sie zu einer kleinen Bank unter den Bäumen im Garten, und nachdem sie sich gesetzt hatten, küsste er sie wieder und wieder. Dann sagte sie: »Nun ist der Becher meines Glücks voll bis zum Rand, auch durch das lange Warten, über das ich jetzt glücklich bin und es nicht bedauere.« Und er antwortete liebevoll: »Du warst immer die großherzigste aller Seelen, hast mir nie meine Fehler vorgeworfen, und selbst jetzt, glaube ich, hast du mir zu der Lösung geholfen, nicht so sehr in deinem eigenen als in meinem Interesse, da du weißt, dass jeder andere Weg Unglück für mich bedeutet hätte, was auch zweifellos stimmt.« Statt einer Antwort drückte sie nur seine Hand an ihr Herz und schwieg zustimmend. Antonius sagte: »Ich weiß, dass es so ist, da du mir nichts erwiderst.« Dann fügte er plötzlich noch hinzu: »O Cynara, wo kommt der Adel deiner Seele her, denn, wie ich immer wieder festgestellt habe, du bist viel weiter als ich.« Lächelnd entgegnete sie: »Das ist nicht so, denn du hast etwas, was ich nicht besitze, und vielleicht habe ich ein klein wenig, was du nicht hast, und damit sind wir eher gleich, als dass ich dir überlegen wäre. Außerdem, wenn ich wirklich meine Seele etwas veredelt habe, dann weißt du ja, dass mein Lebenswandel alles andere als dafür geeignet war, ja, er wird von vielen sogar als durch und durch schlecht beurteilt. Doch auch aus dem Bösen kann man immer ein wenig Gutes lernen, und wenn es aus der Erfahrung ist, und nichts weiter. Denn durch eben diese Erfahrung und das damit verbundene Leid habe ich einige Dinge erworben, die ich anders nie erlangt hätte. Von den schmerzhaften Schlägen des selbst gewählten Schicksals wurde ich sozusagen geradezu dahin geprügelt, wo ich ein bisschen Weisheit finden konnte. Ja, als einer nach dem anderen mich verließ, lernte ich, nicht traurig zu sein, sondern die Dinge zu nehmen, wie sie kommen; ich erkannte die Zwecklosigkeit des Grolls und den Wert des Verzichtens. Und wenn ich sah, wie sich ihre Herzen von mir abwandten, da sie von anderen, anmutigeren und hübscheren Frauen angezogen wurden, lernte ich, nicht eifersüchtig zu sein, sondern von meinem Stolz, meiner Eitelkeit abzulassen und auch meinen abziehenden Liebhabern keine Vorwürfe zu machen, dass sie mich im Stich gelassen haben. Jetzt bin ich froh um all dies, da ich dir so eine bessere Freundin und Geliebte sein kann als ohne jene Erfahrungen.« Antonius rief: »Sprich nicht von der Geliebten, sondern von der Gattin, denn jetzt werde ich dich nie mehr von mir gehen lassen, es sei denn, auf deinen eigenen Wunsch.« Cynara antwortete rasch: »Nicht doch, denn ein Mann deines Standes darf keine wie mich heiraten, die in den Augen der Welt unehrenhaft ist und wie ein um deinen Hals gebundener Mühlstein wäre, wenn du einst als großer Meister in eben diese Welt zurückkehren wirst, die du jetzt aufgegeben hast. Denn, wenn die Zeit kommt, ist es deine Mission, andere Weisheit zu lehren, aber wer wird dir zuhören und an die Integrität eines Philosophen glauben, der nicht eine gelehrte Göttin in Gestalt einer hochwohlgeborenen Dame als Lebensgefährtin nimmt, sondern nur eine verachtete und unwissende Dirne?«

Da brach Antonius voll Bewunderung aus: »Oh, Cynara, du bist wirklich noch edler, als ich es überhaupt für menschenmöglich hielt! Nie habe ich dich so geliebt wie gerade jetzt; mein Herz will zerspringen vor Liebe! Und doch stimmen deine Worte mich traurig, da sie bedeuten, dass du gerade in diesem Augenblick an Trennung denken kannst, was mir völlig unerträglich wäre, und ich hoffe doch, auch dir. Und was deine hochwohlgeborene Dame angeht, so bleibe sie mir mit ihrem konventionellen Gerede gestohlen. Denn was bedeutet schon ein Adel von Geburt, verglichen mit dem Adel deiner Seele! Denn wahrlich, die viel gepriesene Unschuld und Tugend der meisten wohlbehüteten Frauen ist nichts als ein zufälliger Verzicht, ein Mangel an Gelegenheit, der infolgedessen einen Mangel an Erfahrung mit sich bringt und damit überhaupt nichts wert ist, wie die Zahmheit eines Käfigvogels (der, ließe man ihn frei, sofort wegfliegen würde).« Da sagte Cynara lachend: »Deine Argumente scheinen zweifellos unwiderlegbar und eines großen Redners würdig; trotzdem ist wahr, was ich gesagt habe, und so will ich ganz und gar dein sein, dir aber zugleich deine Freiheit lassen[9], denn solange du von der Liebe berauscht bist, bist du nicht im richtigen Zustand, um zu entscheiden, ob ich eine passende Frau für dich bin oder nicht. Dein Verstand hat dich ein bisschen verlassen, und es braucht Zeit, bis er wieder zurück ist. Aber nun will ich deinen weiteren Argumenten lieber mit Küssen zuvorkommen und mit dir tiefer in den Wald gehen, wo wir an nichts anderes als an unsere Liebe denken wollen.«

---

9 Dies ist symbolisch für die Tatsache, dass konventionelle Moralbegriffe nicht selbstverständlich als Anzeichen der Spiritualität gesehen werden können, nein, oft sogar das Gegenteil, da sie in vielen Fällen auf Egoismus und eitlem Stolz beruhen.

XVI

Es gingen wieder einige Wochen ins Land, doch dann war die Zeit gekommen für einen neuen Abschnitt der Reise. Und so kam es, dass Petrius seinen beiden Schülern mitteilte, dass es nun gelte, Abschied zu nehmen und neuen Bereichen entgegenzugehen. Dazu müssten sie eine Stadt aufsuchen, die einige Tagesreisen entfernt weiter oben in den Bergen läge. »Ihr sollt von nun an«, sagte er, »für einige Zeit ein anderes Leben führen und nicht wie bisher abseits von euren Mitmenschen. Ihr sollt als Missionare wirken, die danach streben, ein wenig Licht zu verbreiten, doch zugleich ist es eure Aufgabe, das Geheimnis zu bewahren, nämlich jene Übungen und Praktiken, die ich euch anvertraut habe. – Ihr werdet also Geld brauchen und außerdem mehr Kleidung und andere Dinge, auch ein Haus beziehen, das für euch bereit sein wird und das auf meine Anweisung für euer Kommen vorbereitet wurde. Was Geld und Kleidung angeht, so werde ich einen der Brüder benachrichtigen, der in der Nähe eures Hauses wohnt, dass er einen berittenen Boten schickt, der die nötigen Anweisungen von euch selbst erhalten soll. Denn wir von der Bruderschaft haben Mittel, miteinander zu kommunizieren, die auch ihr in naher Zukunft kennenlernen werdet, wenn ihr erfahrt, dass der Raum kein Hindernis ist für die Macht der Gedanken oder die Projektion des Bewusstseins von einem Ort zum anderen. So wird morgen Abend euer Diener hier sein, und am Tage darauf werdet ihr euch auf den Weg machen, um neue Taten zu vollbringen. Weiterhin werdet ihr in der Stadt, die euer Bestimmungsort ist – sie heißt übrigens Marmorstadt, da dort alle Gebäude aus weißem Marmor errichtet sind –, einen anderen Lehrer finden, Florian den Weisen. Er ist für seine Weisheit berühmt und überhaupt eine bewundernswerte Persönlichkeit. Sucht ihn sofort nach eurer Ankunft auf, denn er wird euch euer Haus zeigen und euch die Anleitung für eure Aufgaben geben. Sonst habt ihr keine regelmäßigen Unterweisungen, sondern werdet nur hin und wieder zu ihm gehen.«

Und alles geschah so, wie Petrius es gesagt hatte. Der Diener kam am nächsten Abend mit Geld und Ausrüstung und brachte auch Maultiere mit zum Reiten, denn für einen Fußmarsch war die Reise zu lang und zu beschwerlich. Als die Stunde des Aufbruchs nahte, war Antonius' Herz vor Kummer schwer und bewegt vom Abschiedsschmerz, so dass er nicht mehr die Tränen zurückhalten konnte, die ihm ungewollt in die Augen stiegen. Und als er zum letzten Mal Petrius ansprach, sagte er mit erstickter Stimme: »Vieles habe ich zu deinen Füßen gelernt, o Meister, aber eines habe ich nicht lernen können, und das ist, keine Schmerzen zu empfinden, wenn ich Abschied nehmen muss von einem Menschen, den ich liebe. Und jetzt bin ich von meinem Kummer ganz überwältigt. Ich kann meine Verehrung und Dankbarkeit nicht mehr in Worten ausdrücken, sondern nur noch in Tränen.« Petrius blickte ihn an mit all seiner Liebe und voll Mitgefühl, nahm seine Hand und sagte tröstend: »Schäme dich nicht deiner Tränen, Bruder, die aus der Tiefe deines Gemüts fließen und viel beredter der Dankbarkeit Ausdruck geben als manches wohl gewählte Wort. Doch bin vielmehr ich es, der dir zu danken hat für dein vorbehaltloses Vertrauen, deine Geduld, deine Aufnahmebereitschaft und deine Begabung. Und wenn ich dabei auch nicht weine, so ist es, weil der Abschied von dir mir keine Trennung bedeutet, denn ich werde dir mit meinem Bewusstsein bis zum Ende der Welt folgen – auch meiner geliebten Cynara« (und er zog sie an sich, da sie ebenso bekümmert dabeistand). »Wisset nämlich, dass die Verbindung zwischen Meister und Schüler nie abreißen kann und euer Bewusstsein nun zu einem Teil des meinen geworden ist und damit für alle Zeit verschmolzen in der großen Weltseele. Deshalb, geliebte Freunde, seid nicht bekümmert wegen einer Illusion, und denkt nicht, ihr könntet mich wirklich verlassen, nur weil der Körper fortgeht. Denn bald wird die Zeit kommen, da ihr mich wiedersehen und mit mir in Verbindung treten könnt, wann immer ihr wollt, wenn ihr nämlich die Augen erworben habt, die sehen, was eurer Wahrnehmung jetzt noch verschlossen ist. Nein, ein Abschiedsschmerz ist vergeudete Traurigkeit, obwohl diese sein muss, solange die Augen noch der Tränen fähig sind und getrocknet werden können vom reinen Sonnenschein der Freude, die von der Seele ausstrahlt. Wenn aber meine Liebe eure Tränen trocknen könnte, würde sie es tun, aber da sie es nicht kann, so wisset, dass die Trennung nur kurz sein wird, weil sehr bald euer inneres Sehen erwachen wird, und ihr werdet euren alten Lehrer schauen können, wie er liebevoll an eurer Seite steht, als ob ihr ihn überhaupt nie verlassen hättet.« Und dann nahm er sie beide lange und liebevoll in die Arme und sagte: »Und nun, geliebte Freunde, geht; denn diesen Abschied hinauszuzögern hieße nur, eure Traurigkeit zu verlängern. Mein Frieden und mein Segen mögen euch auf eurem Wege begleiten.« Dann führte Cynara unter Tränen den schluchzenden Antonius den Berg hinauf. Petrius sah ihnen mit einem Blick nach, der Liebe, Mitgefühl und Väterlichkeit ausstrahlte, bis er sie nicht mehr sehen konnte.

Von da an änderte sich das Leben unserer beiden Freunde, denn der Reise zur Marmorstadt folgte ein langer Aufenthalt in ihren weißen Mauern.

Dieses Mal war die Reise weder lang noch mühsam, da sie Maultiere mit sich führten. Antonius war noch eine Weile traurig im Herzen und gab wenig Acht auf den Weg und die Landschaft. Seine Gedanken waren noch immer bei Petrius und ihrem Abschied, der ihn tief bewegt hatte. Schließlich verschwand sein Kummer, und er sagte zu seiner Begleiterin: »Wirklich wunderbar ist diese Wissenschaft Gottes, die die Trauer so schnell vertreibt, dass sie von einem abfällt wie das Wasser vom Gefieder eines Schwans, wie es einst unser Lehrer Aristion ausdrückte. Und irgendwie habe ich das Gefühl, dass selbst ihr Kummer schöner ist als die schönsten Freuden der Welt, wenn diese überhaupt schön sind, denn alles wird sublimiert, was auch immer es ist, und am allermeisten die Liebe, meine geliebte Herzensgefährtin.« Cynara blickte ihn zärtlich an und hauchte ihm einen Kuss hinüber, als ihre Maultiere sich näher kamen.

Als es Spätnachmittag wurde und sie auf einen Bergkamm gelangten, sahen sie unter sich in einer Talmulde die weiße Herrlichkeit der Marmorstadt vor sich, die überragt wurde von den gewaltigen Bergen auf der anderen Seite. Das Rot der untergehenden Sonne färbte die Spitzen, Gipfel und Zinnen der Berge und tauchte sie in ein tiefes Orange, so dass sie in ihrer erhabenen Schönheit weit über allem irdischen Treiben zu schweben schienen. Große Zypressen ragten hier und da zwischen den marmorweißen Häusern auf und blickten gleich riesigen Wächtern über die Stadt. Dieses Bild beeindruckte die Reisenden so sehr, dass sie eine Weile sprachlos dastanden, bis Cynara ausrief: »Solche Erhabenheit, Stille und Schönheit habe ich noch nie erlebt!« Sie beschleunigten ihren Abstieg in das Tal.

Nach vielem Fragen und Suchen standen die Reisenden vor Florian dem Weisen, der diesem Titel in jeder Hinsicht entsprach. Sein weißes Haar war lang, nach hinten gekämmt und zeigte eine hohe, breite, faltenlose Stirn. Ebenso schneeweiß war sein Bart, der bis fast zur Herzgegend hinunterwallte. Seine Augen lagen auffallend tief in ihren Höhlen und blickten ihr Gegenüber an, als könnten sie bis in die Seele vordringen. Des Weiteren hatte er das Betragen eines hohen Würdenträgers, von einer Feierlichkeit, die kaum einmal von einem Lächeln gemildert wurde; wenn er jedoch lächelte, verwandelte sich sein ganzes Antlitz und strahlte so viel Liebe aus, dass man glaubte, einen völlig anderen Menschen vor sich zu haben. Auch seine Stimme entsprach dem Gesamteindruck: Sie war tief, klangvoll und beeindruckend, denn er sprach gemessen und ausdrucksvoll, auch wenn seine Worte manchmal eine Andeutung von Witzigkeit enthielten, die noch humorvoller wirkte dadurch, dass er sich ihrer überhaupt nicht bewusst zu sein schien. Selbst bei seinen prägnantesten Bemerkungen blieb seine Miene völlig beherrscht.

Als Cynara und Antonius von einem Diener zu dieser Ehrfurcht gebietenden Persönlichkeit geleitet wurden, erhob Florian sich von seinem Stuhl. Er legte die Schriftrolle, in der er gelesen hatte, zur Seite, verneigte sich und machte mit seiner schlanken weißen Hand eine Geste, die sie einlud, Platz zu nehmen. Dann sagte er: »Ihr kommt von meinem Freund Petrius, denke ich? Das ist gut. Euer Haus ist vorbereitet. Es ist ganz in der Nähe, und mein Schüler Leonidas wird euch hinführen.« Nun dankte ihm Antonius für seine Freundlichkeit, und Florian fuhr fort: »Die Götter haben euch gesandt, mir in unserem Werk zu helfen. Diese Stadt ist voll angehender Philosophen, die der Anleitung bedürfen; es sind zum größten Teil gelehrte Müßiggänger, die sich innerhalb eines engen Kreises bewegen, in dem sie die Wahrheit zu finden meinen, und völlig blind gegenüber der Tatsache sind, dass die Wahrheit außerhalb ihres Kreises ist.« Da sagte Antonius: »O ehrwürdiger Vater, sie haben doch dich in ihrer Mitte und können deshalb keinen Hunger leiden in ihrem Streben nach Erleuchtung!« Der Weise aber antwortete: »Ich trage, wie ihr seht, an der Last der Jahre, und so werde ich für altmodisch, ja veraltet, gehalten und von diesen Jungen nur mit Nachsicht geduldet, die auch mit einiger Verachtung und Geringschätzung vermischt ist. Aber andererseits ist das mein Schutz, der mich unbelästigt gleichsam die graue Eminenz bleiben lässt. Denn sie sagen: ›Er ist nur ein alter Mann, der die baufälligen Gassen antiquierter Philosophen entlangschlurft, und seine Meinung ist nichts wert.‹ Und damit lassen sie mich völlig in Frieden; das ist mir nur recht. Sie ermöglichen es mir somit, meine jüngeren Schüler zu unterweisen und für unsere Sache zu arbeiten, ohne dass ich selbst dabei allzu offensichtlich beteiligt zu sein scheine. Das war schon immer die zweckmäßigste Art zu wirken, die Menschheit zu beeinflussen und sein Scherflein für ihre Weiterentwicklung zu geben. Denn leider stürzt sich das Zeitalter, in dem wir gegenwärtig leben, kopfüber in den Sumpf des Materialismus und ignoranten Unglaubens. Die Menschen lernen kein geistiges Wissen; das ist gefährlich, da Unwissen keine Bescheidenheit kennt und deshalb ein überaus fruchtbarer Nährboden für den Stolz ist. Und so stellen diese Philosophen ein materialistisches Schein-Wissen auf, das allein in der Unwissenheit seine Grundlage hat und daher die Unsterblichkeit der Seele und die Existenz von Bewusstsein außerhalb oder oberhalb der physischen Hüllen leugnet. Sie versuchen sogar jene, die in der Lage sind, feinstoffliche Wesenheiten und Realitäten wahrzunehmen, davon zu überzeugen, dass all diese Wahrnehmungen reine Fantasiegebilde sind und nichts weiter. Mit Sicherheit jedoch kann Ignoranz nie den Wissenden überzeugen, ebenso wenig wie die Unerfahrenheit nie die Früchte der Erfahrung zu nichts werden lassen kann – was mich, nebenbei bemerkt, an eine Geschichte erinnert, die ich euch erzählen will, da sie euch selbst eines Tages als gutes Argument dienen mag.

Vor langer Zeit war einmal eine Stadt voll von unwissenden und abergläubischen Menschen. Sie erzürnten die Götter, denn sie frevelten mit schrecklichen Grausamkeiten. Unschuldige Männer und Frauen wurden den Dämonen geopfert. Vorher stach man ihnen sogar noch die Augen aus, während das Volk begeistert zuschaute, berauscht von dem Spektakel und den Schreien der Opfer, die den Platz erfüllten. Doch schließlich – ich sagte es schon – wurden die Götter zornig und beschlossen, solch scheußlichem Treiben ein Ende zu bereiten, wenn die Menschen nicht unverzüglich damit aufhörten. So sandten sie einen heiligen Mann in die Stadt, der ihre Botschaft verkünden sollte. Er kam von weither und stellte sich auf den Marktplatz und rief die Menschen auf, sich zu bessern. Aber mit Ausnahme von fünf oder sechs Menschen hörten sie ihm nicht zu, hörten weg oder spotteten über ihn. Schließlich rief er: ›Da ihr taub und verstockt seid, fällt es mir nun zu, das Geheiß der Götter, meiner Meister, auszuführen und diese Stadt zu verfluchen, so dass außer denen, die meine Botschaft anhörten und befolgten, alle ihre Einwohner sowie deren Kinder, Kindeskinder und Urenkel mit Blindheit geschlagen werden sollen. Und das vollziehe ich jetzt im Namen des Allmächtigen.‹ Und seine Stimme schallte über den Platz, und die Schrecklichkeit seines Fluches überwältigte sie alle. Mit Ausnahme jener fünf oder sechs Bußfertigen verloren alle Einwohner der Stadt ihr Sehvermögen, und ihre Kinder, Enkel und Urenkel wurden blind geboren und hatten keine Erinnerung oder Vorstellung, was Sehen bedeutete. Die Nachkommen jener wenigen Reumütigen aber wurden geboren, wie alle Menschen der übrigen Welt, mit ungetrübtem Sehvermögen. Und so geschah es, dass von Zeit zu Zeit große Streitgespräche entstanden zwischen denen, die von Geburt an blind waren, und jenen, die sehen konnten. Und die Ersten behaupteten: ›O ihr Narren, was ihr Sehen nennt, ist nur Lüge und Unsinn und entbehrt jeglicher Grundlage, und ihr schwätzt darüber nur, um aufzufallen, euch wichtig zu machen und die Oberhand zu gewinnen über uns normale und vernünftigere Sterbliche.‹ Dann versuchten die Sehenden, jene durch Beweisführung und Beispiele zu überzeugen. Als aber alle Argumente versagten, sprachen sie: ›Sehr gut, wir werden euch überzeugen, indem wir Dinge tun, die euch völlig unmöglich sind‹ – was ja nicht schwierig war, da jene nicht sehen konnten. Deshalb vermochten sie vieles zu vollbringen, was jenen versagt war. Aber wieder sagten ihre Gegner: ›Das ist kein Beweis, denn was ihr uns zeigt, sind nur geheime Tricks und die bösen Machenschaften von Scharlatanen und Hochstaplern; davon wollen wir nichts mehr hören.‹

Schließlich kam die Zeit, da der Fluch ablief: Ein fremder Arzt erschien plötzlich in der Stadt und bewirkte die Verwandlung. Er hatte einen Wunder wirkenden Balsam, den strich er auf die Augen. Nach wiederholter Anwendung wurden die Behandelten wieder sehend. Jeder, der sich behandeln ließ, wurde geheilt. Die anderen aber nannten den Arzt einen Quacksalber und ein Werkzeug des Bösen und taten sich gegen ihn zusammen. Die Behörden wiesen ihn aus der Stadt mit der Beschuldigung, er würde Geld nehmen unter Vortäuschung greifbar falscher Tatsachen.

Die Götter lernten daraus und sprachen unter sich: ›Der Fluch, den wir jenen törichten Bürgern auferlegt hatten, um sie zu bestrafen und sie von ihren frevelhaften Wegen abzubringen, ist vorbei und damit zu Ende. Aber wenn sie selbst einen zweiten Fluch in Gestalt von Engstirnigkeit und Torheit auf sich laden wollen und die Gelegenheit, die wir ihnen jetzt bieten, verhöhnen, dann ist das ihre eigene Angelegenheit und nicht mehr unsere Sache‹, und die Götter gingen wieder an ihr Werk. So blieb die Stadt noch zwei weitere Generationen mit Blindheit geschlagen, und sie wäre es noch bis heute, wären nicht jene wenigen Erleuchteten, die geheilt worden waren, hinausgegangen und hätten aus Mitleid zu ihren Mitmenschen den Arzt zurückgebracht und viele andere Ärzte, so dass am Ende alle wieder sehend wurden.«

Da hielt der alte Weise einen Augenblick inne, bevor er die Moral der Geschichte erläuterte, und blickte seine beiden Zuhörer eine Weile durchdringend an. Dann sprach er: »Die Bedeutung meines Gleichnisses ist denen leicht erkennbar, die verstehen, denn die verfluchte Stadt ist nichts anderes als die Welt, und ihre Einwohner sind die Bewohner dieses Erdballs, die einstmals sehende Augen besaßen, hellseherische Fähigkeiten und außersinnliche Wahrnehmung. Aber wegen ihrer Gewinnsucht und Machtgier und anderer Schlechtigkeiten, die Egoismus und Materialismus nach sich ziehen, sahen sich die Hüter des Schicksals gezwungen, ihnen jene Sinne zu nehmen und sie gleichsam mit Blindheit zu schlagen und nur wenige Ausnahmen zuzulassen bei jenen erleuchteteren und altruistischeren Seelen, damit die Wahrheit nie ganz von der Erde verschwände. Doch nun ist die Zeit nähergekommen, da dieser Fluch zu Ende geht, und jene Hüter des Schicksals haben Ärzte gesandt in Gestalt von Adepten, Propheten und Lehrern, um die Menschheit von ihrer Blindheit zu heilen. Anstatt jedoch ihre neuen Befreier willkommen zu heißen, wollen sie sie nicht annehmen und verlängern ihren Fluch durch ihre Engstirnigkeit selbst, durch scheinkluge Negation und den eitlen Stolz der Intellektualität und weitere Attribute der Ignoranz, die sich als Wissen maskiert. Und so verfolgen sie ihre Befreier und versuchen, sie lächerlich zu machen, um sie dadurch zu verbannen. Aus Mitleid zu ihren Verfolgern bleiben die Befreier jedoch und geben dem Geist der Dichter, Philosophen und Schriftsteller, von diesen unbemerkt, kleine Wahrheitsjuwele ein. Wisset nämlich, dass Inspiration nichts Geringeres ist als ein Schimmer der Wahrheit, der aus einer anderen Ebene kommt und ins Herz des Dichters oder Philosophen gesenkt wird, dank der Bemühung jener Intelligenzen, die unermüdlich für die Erleuchtung der Menschheit wirken. Dabei entspricht deren Möglichkeit, inspiriert zu werden, ihrem Vermögen, sich empfänglich zu halten und ihren Geist von Hindernissen wie Blindheit, Eitelkeit und Egoismus zu befreien, die das Herz beflecken wie nichts sonst in der Welt.

Nun, mein Sohn, es ist, wie ich schon sagte: Diese Stadt ist voll von angehenden Philosophen, auch von Dichtern, Bildhauern und Spielleuten jeder Art, da sie die Schönheit dieser Stadt und die Reinheit ihrer Luft anzieht. Manche von ihnen predigen vollendete Dummheiten, andere erhaschen hier und da einen Schimmer der Wahrheit und werden früher oder später zur Bruderschaft hingezogen. Aber da es bisher nur sehr wenige Schüler sind, bin ich froh, dass ihr hier seid und in den Diskussionen ein Wort für mich einlegen könnt sowie hier und da ein Saatkorn der Wahrheit gebt, das auf guten Boden fällt ...

Aber nun will ich meinen Schüler Leonidas rufen, dass er euch zu eurem Haus begleitet, denn es ist nicht gut, euren Diener mit den Maultieren zu lange draußen warten zu lassen.« Und mit diesen Worten verließ er langsam den Raum, mit ungebeugtem Rücken und festem Schritt, als ob er ein junger Mann wäre.

Cynara blickte Antonius schelmisch an und meinte, flüsternd wie ein Schulmädchen, wenn der Lehrer einen Augenblick den Klassenraum verlassen hat: »Ich frage mich, wie alt er wohl sein mag und warum er überhaupt alt aussieht, wenn die anderen vergleichsweise jung sind, aber immerhin ist er nicht nur bewundernswert, sondern auch Ehrfurcht gebietend.« In diesem Augenblick kam er zurück und brachte einen jungen Mann mit herein; dieser war mittelgroß und hatte einen auffallend kleinen Kopf. Mit seinen raschen Bewegungen, die jedoch nicht hastig wirkten, vermittelte er den Eindruck größter Vitalität. Er grüßte die Neuangekommenen freundlich mit einigen herzlichen Willkommensworten und sagte, er stehe zu ihren Diensten und sei bereit, alles zu tun, was sie wünschten. Nachdem sie sich von Florian dem Weisen verabschiedet hatten, verließen sie sein Haus und fanden schon nach kurzer Zeit ihr neues Heim. Es war bescheiden, aber geschmackvoll und gemütlich eingerichtet und makellos sauber. Eine Lampe verbreitete goldenes Licht um sich, das von den weißen Wänden gespiegelt wurde.

XVII

Von da an sah ihr Leben anders aus; sie kehrten wieder unter ihre Mitmenschen zurück, gewannen Freunde und beteiligten sich auf mancherlei Weise am Leben der Stadt. Im Laufe der Zeit stellten sich jene Fähigkeiten ein, die Antonius versprochen worden waren. Zu seinem eigenen Erstaunen entfaltete er eine machtvolle Rednergabe. Ebenso hatte er die Kraft, Kranke von vielerlei körperlichen Gebrechen zu heilen und seelische Nöte zu lindern oder zu beheben.

Daraufhin scharten sich alle möglichen Leute um ihn, manche, um zu lernen, andere, um zu diskutieren, und wieder andere, um geheilt zu werden. Aber es kamen auch Feinde[10], denn er setzte sich über manche Konventionen hinweg und gab Anlass zu Missgunst und Argwohn durch seine guten Werke und Heilungen, denn er nahm kein Geld für seine Bemühungen. Es regten sich nicht allein die Ärzte auf, sondern auch die Priester, die seine religiösen Überzeugungen untersuchten und herausfanden, dass es nicht die ihren waren. Die Ärzte sagten unter sich: »Er heilt umsonst, und so wird er uns ruinieren, denn alle Patienten werden uns fortlaufen und zu ihm gehen. Außerdem sündigt er gegen unser medizinisches Wissen und gebraucht Methoden, die wir nicht gutheißen und die deshalb falsch sein müssen. Wenn ein Patient dabei gesund wird, so muss dies auf seinen Glauben zurückzuführen sein und auf nichts anderes.« Und die Priester sagten untereinander: »Nie sieht man ihn an unseren Zeremonien teilnehmen, auch unsere Tempel betritt er nicht. Er preist auch nicht die Götter, also muss er ein Ketzer sein, ein böser Einfluss und damit eine Gefahr für die Gemeinschaft. Es wäre gut, wenn wir ihn zu Fall bringen könnten.« Die Sittenstrengen aber sagten: »Er verstößt gegen die Gesetze der Gesellschaft, da er dieses und jenes nicht beachtet, zudem sind viele seiner Schüler

---

10 Das ist immer der Fall, denn die Mächte des Bösen versuchen jedes Mittel, um Hindernisse in den Weg derer zu legen, die eine Kraft zum Guten werden.

Frauen und Mädchen. Da er für seine Unterweisungen kein Geld nimmt und da niemand auf der Welt etwas umsonst tut, können wir ihn wohl mit Sicherheit einen Lüstling nennen, der seine Unsittlichkeit unter dem Deckmäntelchen der Philosophie-Unterweisung verbirgt.« Selbst die Atheisten verurteilten ihn und sprachen: »Er ist ein Scharlatan, ein Betrüger und ein Hochstapler, der, um bekannt zu werden, Wunder vollbringt, die nur Zauberkunststücke sind. Schon die Tatsache, dass er kein Geld annimmt, ist ein Beweis für das, was wir sagen, denn damit wird er noch bekannter, weil er vorgibt, ein Menschenfreund oder Heiliger zu sein. Wenn wir ihn aber fragen, wie er seine Tricks zustande bringt, antwortet er ausweichend: ›Durch die Kenntnis von Naturgesetzen, deren Geheimnis zu enthüllen nicht erlaubt ist.‹ Dadurch zeigt er doch offen, dass die ganze Sache nichts weiter als Betrügerei ist.« Und obwohl ihm seine Freunde treu bleiben, wurden seine Feinde im Laufe der Zeit immer zahlreicher, schleuderten ihm falsche Anschuldigungen und Verleumdungen jeder Art entgegen und versuchten auf jede Weise, ihn zu behindern und zu belästigen.

Antonius aber dachte bei sich: »Mein Glück, das aus der Seele kommt, kann durch die bedauerliche Torheit dieser unwissenden Sterblichen nicht getrübt werden; doch es scheint, dass die Geschichte des alten Weisen eine Art Prophezeiung für mich selbst war, und am Ende werde ich aus dieser Stadt gejagt und durch eine Fügung des Schicksals weiter auf die Reise geschickt, ganz gleich, welches meine Neigungen sein werden – und das schon sehr bald.«

Und so geschah es. Die Priester verschworen sich mit den Ärzten und die Ärzte mit den Atheisten, und diese drei Parteien gingen zur Obrigkeit und verlangten, dass der Scharlatan vor Gericht gestellt und danach ins Gefängnis gesperrt werde oder ganz aus der Stadt zu vertreiben sei. Inzwischen jedoch kamen seine Freunde zu ihm und sagten: »Wir haben erfahren, dass du morgen oder übermorgen festgenommen werden sollst, und bitten dich deshalb, aus der Stadt zu fliehen, solange noch Zeit ist, denn freiwillig zu gehen ist besser, als fortgejagt zu werden.«

Antonius aber antwortete: »Nicht so, ich bin bereit, abzuwarten und verhaftet zu werden; denn wenn ich anders handeln sollte[11], hätten

---
11 Diesen Untergang in den Augen der Welt muss jeder große Eingeweihte erfahren, und

mich meine Meister davon in Kenntnis gesetzt. Doch ich bin dankbar für euren Rat, da er mich vorbereitet und ermahnt, von meinen Freunden Abschied zu nehmen, solange mir das noch möglich ist.«

Am selben Tage noch suchte er Florian den Weisen in dem Wissen auf, dass er hier Anweisung bezüglich des nächsten Abschnittes seiner Reise erhalten würde, denn während der Zeit seines Aufenthaltes in der Marmorstadt war Florian immer insgeheim sein Leiter und Berater gewesen. Als er eintrat, sagte der alte Weise: »Mein Sohn, du hast wohlgetan und viel gute Saat in dieser Stadt gesät und viele Schüler für die Wissenschaft der Seele gewinnen können. Dein Sturz wird, auch wenn er böse erscheint, gute Frucht tragen, denn er wird die echten und aufrichtigen von den schwachen und wankelmütigen Schülern scheiden und zeigen, welche von ihnen bei den ersten Anzeichen von Gefahr ihren Glauben verlieren und fortlaufen. Du selbst aber kannst nun mit Cynara den letzten Abschnitt eurer Reise antreten, da du das Recht erworben hast, die abschließende Einweihung von den Meistern zu empfangen, die, wie du weißt, bei jenem schneebedeckten Gipfel wohnen, den du durch dieses Fenster sehen kannst. Wisse aber, dass der Aufstieg lang und mühsam ist. Wenn du aber dein Äußerstes gibst, wirst du das Ziel erreichen; lasse keinen Gedanken an Aufgeben zu. Der Weg ist nun klar, da der Gipfel immer vor dir liegt; solltest du aber einmal unsicher sein, dann frage nach innen, und du wirst die Antwort erhalten.« Dann sagte Antonius ihm Lebewohl und dankte ihm für seine Unterweisung und die Früchte seiner Weisheit, die er ihm so freigebig geschenkt hatte, woraufhin der alte Mann ihn umarmte, segnete und ihm Frieden wünschte.

Antonius kehrte zu seinem Haus zurück und bereitete mit Cynara die Abreise vor, nicht ohne eine leichte Traurigkeit im Herzen. Und er sagte zu ihr: »Hast du deinem Lehrer Florian Lebewohl gesagt – denn wer weiß, was der morgige Tag uns bringen mag?« Und sie antwortete: »Ich will sogleich gehen.« Aber in dem Augenblick, als sie sich zum Gehen wandte, stand plötzlich Petrius, der Einsiedler, neben ihnen. Ein Licht von unerreichter Schönheit umgab ihn, und seine Augen strahlten Liebe und Wohlwollen aus, wie sie es von ihm kannten, doch nun noch

---

eine der Regeln ist, dass er sich nie so verteidigen sollte, dass er seinen eigenen Charakter rechtfertigte. Selbst Jesus, der größte aller Adepten, musste dies erleben.

verstärkt und unbeschreiblich viel schöner. Eine tiefe Freude, Bewunderung und Liebe erfüllte die Herzen von Antonius und Cynara, und sie hätten sich am liebsten auf der Stelle vor ihm niedergekniet, um ihm zu huldigen, aber er sagte: »Ich bin nur ein Sterblicher, und ich komme, wie ich euch vor nicht allzu langer Zeit versprochen habe. Eure Fähigkeiten der Wahrnehmung sind inzwischen so weit gewachsen, dass ihr mich sehen könnt, fast immer, wenn ihr wollt.« Und dann sagte er: »Und nun hört zu: Morgen wird dich die Obrigkeit der Stadt festnehmen, Antonius, aber ich weiß wohl, dass du deinem Vertrauen treu bleiben und keine Geheimnisse verraten wirst, dich nicht zu rechtfertigen versuchst und auch nicht preisgibst, dass Florian in irgendeiner Weise dein Lehrer gewesen ist. Dein Untergang vor den Augen der Menschen ist deine Erhebung aus der Sicht der Meister, wie auch das Zeichen dafür, dass dein Wirken in der Öffentlichkeit nun vorüber ist, zumindest vorläufig; es bleibt deiner eigenen Entscheidung überlassen, ob du es später wieder aufnehmen wirst. Wisse aber, dass jene, die Schmach um der Sache der Meister und der Menschheit willen erleiden, tausendfach belohnt werden sollen – wie du schon bald erfahren wirst. Mein Segen sei nun mit dir, bis wir uns wiedersehen.« Mit diesen Worten entschwand er ihrer Sicht so plötzlich, wie er erschienen war.

XVIII

Wie vorausgesagt, erschienen am nächsten Morgen Soldaten vor dem Haus, nahmen Antonius fest und brachten ihn auf der Stelle vor Gericht. Cynara folgte ihm; sie hatte sich geweigert, ihn in dieser kritischen und bedeutsamen Stunde allein zu lassen. Eine große Menschenmenge war anwesend, denn die Angelegenheit hatte sich herumgesprochen und das Volk mit Neugier, Erregung und Schadenfreude erfüllt. Antonius aber trat den Richtern und Gaffern unerschütterten Geistes entgegen. Er dachte bei sich: »Ich will dies als Gelegenheit für den Versuch nutzen, etwas Gutes zu tun und so danach streben, dem Beispiel der Großen zu folgen und gleichsam böse Mittel zum guten Zweck verfremden.« Und als er da mit gelassener Miene vor der Menge stand, flüsterten sich einige der Zuschauer zu: »Er ist entweder überhaupt kein Hochstapler oder der König der Hochstapler, wenn er im Augenblick seiner größten Schande noch so viel Würde und Gelassenheit zur Schau stellen kann.«

Als nun alles bereit war, sagte der Ankläger: »Wir bringen gegen dich vor, dass du die Frauen und Mädchen dieser Stadt verdorben hast unter dem Vorwand, sie eine geheime Wissenschaft zu lehren, dass du sie von der wahren Religion fortgelockt und ihre Leichtgläubigkeit missbraucht hast, indem du vorgabst, mit Geistern zu verkehren und Wunder in Gestalt von Krankenheilungen zu vollbringen. Da dies so ist, betrachten wir dich als eine Gefahr für die Gemeinschaft und als einen schlechten Einfluss, dessen uns zu entledigen unsere Pflicht ist, denn das Wohl unserer Bürger liegt uns am Herzen.«

Antonius lächelte und sagte ruhig: »Eure Vorwürfe gegen mich kenne ich bereits – was weiter?« Verblüfft sahen sich die Richter um das Vergnügen gebracht, das sie erwartet hatten, denn der Angeklagte schien nicht die Absicht zu haben, sich zu verteidigen. Sie flüsterten miteinander und wussten kaum, wie sie weiter verfahren sollten, während ein Murren in der Volksmenge anzeigte, dass diese enttäuscht war. Dann sprach wieder der Ankläger: »Solltest du nicht imstande sein, deine Unschuld zu beweisen, dann ist die Strafe der Kerker oder die Verbannung.« Und wieder lächelte Antonius und antwortete gelassen: »So sei es; doch bevor ihr den Beweis meiner Unschuld verlangt, bringt erst die Beweise meiner Schuld.«

Da erhob sich ein Richter und las aus einer Schriftrolle: »Wir haben Boten ausgesandt und festgestellt, dass du in der Stadt, wo du geboren bist, ein schlechtes Leben geführt hast, ein Leben in Verschwendung, Zügellosigkeit und Lasterhaftigkeit jeder Art.« Antonius erwiderte ruhig: »Sind denn die Torheiten und Fehler der Kindheit Maßstäbe für das Verhalten eines Erwachsenen? Und muss, nach eurer Einschätzung, ein Mensch sich mit zehn Jahren immer noch so betragen wie mit zwei, oder mit dreißig so, wie er sich mit zwanzig verhalten hat, oder gar mit siebzig Jahren so, wie im Alter von vierzig?[12] Gibt es denn nicht so etwas wie eine Veränderung und Besserung, ein Herauswachsen aus solchen Dingen im Erwachsenenalter ebenso wie auch schon in der Jugend? Doch wenngleich, was ihr vorbringt, kein Beweis ist,

---

12 Wer meint, eine ausschweifende Jugend stehe der Spiritualität im Wege, möge sich an Franziskus von Assisi erinnern.

sondern nur eine Schlussfolgerung, fahrt fort mit der Aufzählung eurer Beschuldigungen.«

Und der Richter sagte: »Wir haben in Erfahrung gebracht, dass der größere Teil deiner sogenannten Schüler Frauen und Mädchen sind, nicht etwa erwachsene oder junge Männer; das spricht für sich selbst. Als wir dann aber erfahren haben, dass du kein Geld für deine Unterweisungen genommen hast, die verdächtig lange dauerten, lag es auf der Hand, dass du, wenn nicht mit Geld, so doch durch die Gunst unzüchtiger Vergnügungen entlohnt wurdest, denn kein Mensch wendet seine Zeit und Mühe auf, ohne etwas dafür zu verlangen. Nein, das ist offensichtlich, wenn man, wie wir, dein früheres Leben kennt.« Da sagte Antonius ruhig: »Auch dies ist kein Beweis, sondern nur eine Mutmaßung, aber ich bin hier ohne Zweifel im Nachteil, da meine Unschuld ebenso unbeweisbar ist wie meine Schuld. Denn wollte ich alle meine weiblichen Schüler als Zeugen aufrufen, weil ich sicher bin, dass sie die unzüchtigen Handlungen von sich weisen, derer ihr mich beschuldigt, wäre eure Entgegnung doch: ›Diese Zeugenaussagen sind keine Beweise, denn keine Frau würde ihre eigene Schande gestehen.‹ Aber trotzdem könnte mich nichts dazu bringen, Zeugen aufzurufen, denn damit würde ich ihren Ruf in Gefahr bringen, um meinen zu retten. So ist es doch mit dem Klatsch: Selbst wenn ich freigesprochen werden sollte, würden die Leute reden und sagen: ›Seine Zeugen haben gelogen, um ihren Ruf nicht aufs Spiel zu setzen.‹«

Dann sprach der Richter: »Wir sehen, dass du nichts leugnest und ziehen daraus unsere Schlüsse. Doch das ist noch nicht alles, was gegen dich vorliegt, und so will ich nun die weiteren Beschuldigungen vorbringen, und jede einzelne wird deine Schuld untermauern. Denn es ist bekannt, dass du vorgabst, geheime Kräfte zu gebrauchen und damit die Leichtgläubigkeit der Unschuldigen missbrauchtest; du hast so getan, als ob du ihre Krankheit heiltest, wenn jedes Mal die Patienten auch von selbst wieder genesen wären – was sie ja auch taten. Diese Hochstapelei deinerseits war doppelt sträflich, denn sie beraubte die Ärzte ihres ehrlich verdienten Lebensunterhaltes und lockte ihnen ihre Patienten fort; weiterhin war es eine offene Missachtung der hohen medizinischen Wissenschaft.« Antonius erlaubte sich die Andeutung eines ironischen Lächelns und antwortete: »Eine hohe

Wissenschaft ist gekennzeichnet durch Altruismus und Edelmut und strebt vor allem anderen danach, eine Heilung zu bewirken, wenn es sich um eine therapeutische Wissenschaft handelt, und weiterhin der Erleuchtung der Menschheit und der Offenbarung der Wahrheit zu dienen. Ein echter Wissenschaftler ist der, der seine Überzeugungen so handhabt, dass sie den Tatsachen entsprechen, und nicht die Tatsachen so verdreht, dass sie mit seinen Überzeugungen übereinstimmen, wie es eure Ärzte mit mir getan haben. Nachdem sie nämlich entdeckt hatten, dass ich durch Methoden, die ihnen unbekannt sind und damit jenseits der Grenzen ihres Wissens liegen, Heilungen bewirkte, leugneten sie wahrheitswidrig diese Heilungen oder versuchten, sie fort zu erklären, anstatt zuerst ihre eigenen Grenzen zu untersuchen und dann, falls notwendig, zu bekennen.«

Da sagte der Richter ernst: »Die Ärzte zu verleumden, wird dir nichts bringen und deine Schuld nur weiter untermauern, denn deine Aussage stimmt mit der Wahrheit nicht überein. Mehrere Ärzte nämlich kamen zu dir und baten dich, ihnen deine Geheimnisse zu offenbaren, aber du weigertest dich, es zu tun. Und genau aus diesem Tatbestand ziehen wir unsere Schlüsse, und wir sind sicher, dass es gar keine Geheimnisse gab, die du hättest offenbaren können, denn die ganze Sache war Hochstapelei und sonst nichts.« Da erwiderte Antonius freundlich lächelnd: »Dem, der im rechten Geist sucht, bleiben Wahrheit und Wissen nicht vorenthalten, wie auch jenem, der bereit ist, die nötigen Bedingungen zu erfüllen, um Unterweisung zu erlangen. Da eure Ärzte aber schon in völlig falscher Absicht zu mir kamen und sich dann weigerten, die Bedingungen zu erfüllen, die ich stellen musste – was hätte ich anderes tun sollen, als sie unwissend wieder fortzuschicken? Wisset nämlich, dass gewisse Kenntnisse zum Bösen wie zum Guten verwendet werden können, wie man das Feuer gebrauchen kann zur Vernichtung oder zum Wärmen. Meine Art von Wissen aber in die Hände nicht Vertrauenswürdiger zu legen, wäre nicht nur der Gipfel der Torheit, sondern auch eine Gefahr für die Menschheit als Ganzes.«

Wieder begannen die Richter, sich flüsternd zu unterhalten, und auch ein Raunen und Reden aus der Menge war zu hören. Nach kurzer Zeit erhob sich wieder der Ankläger und sagte: »Trotz alledem, was du gerade erklärt hast, gibt es doch einen Weg für dich, deine Schande zu verringern und deinen Ruf wiederherzustellen. Da wir glauben, dass es deine Geheimnisse nicht gibt, du aber das Gegenteil behauptest und ihrer Offenbarung unter dem Vorwand ausweichen willst, sie wäre eine Gefahr für die ganze Menschheit, so teile uns diese Geheimnisse vertraulich mit und beweise dadurch ihre Existenz ohne weitere Umstände. Falls wir sie für wertvoll erachten, wird deine Integrität ohne Zweifel erwiesen sein, wenn nicht, dann wird kein Schaden damit angerichtet.«

Wieder war ein Aufbegehren aus der Menge zu vernehmen, doch der Ankläger erstickte es. Dann brachte Antonius seine Erwiderung vor und sprach: »Was meine Schande oder meinen Ruf betrifft, so bedeuten mir beide nicht das Geringste. Erstere zu verringern, wäre kindisch und der Mühe nicht wert, und was letztere angeht, so ist der Wunsch nach einem guten Ruf doch nur aus Eitelkeit und Egoismus geboren und nichts weiter. Außerdem, hier meinen Ruf vor den Augen der Leute wiederzugewinnen, hieße, ihn vor meinen eigenen Augen zu verlieren und mir zu beweisen, dass mein Herz eitel, egoistisch und nicht vertrauenswürdig ist sowie bereit, die Menschheit in Gefahr zu bringen für den wertlosen Preis der öffentlichen Meinung. Was ihr also verlangt, bin ich nicht bereit zu erfüllen; deshalb fahrt fort mit euren Vorwürfen, wenn ihr noch weitere Beschuldigungen habt.«

Da sagte der Richter: »Wir haben gegen dich vorzubringen, dass du ketzerische und abergläubische Lehren verbreitet und deine Schüler von der einzig wahren Religion fortgelockt hast und vorgabst, mit ihren verstorbenen Verwandten und Freunden zu verkehren, obwohl du die ganze Zeit wusstest, dass so etwas unmöglich ist und damit nicht zu beweisen.« Antonius jedoch entgegnete: »Deine Worte beschuldigen mich des Aberglaubens, doch welcher Aberglaube könnte größer sein als der, der behauptet, dass nichts wahr ist außer dem, was sich beweisen lässt und umgekehrt, dass alles unwahr ist, was sich scheinbar widerlegen lässt? Welcher Sohn könnte beweisen, dass sein Vater nach dem Namen auch tatsächlich sein richtiger Vater ist, da die Tatsache sich viel leichter widerlegen als beweisen lässt?

Ja, es war einmal ein Narr, der sich einbildete, sein Vater dem Namen nach wäre gar nicht sein wirklicher Vater, und als die Ärzte und Freunde ihm Vorhaltungen machten, zerfetzte er diese mit der scharfen Klinge seiner Einwände, so dass sie einer nach dem anderen aufgeben mussten. Denn er behauptete: ›Ich weiß es nur vom Hörensagen, dass der Mann meiner Mutter mein Vater sein soll, und da alle Menschen Lügner sind, ist es wahrscheinlich nicht wahr!‹ Da sagte einer seiner Freunde: ›Aber deine Mutter ist eine tugendhafte Frau und keine Ehebrecherin, und es ist wohlbekannt, dass sie nie einen Liebhaber gehabt hat.‹ Aber der von seiner Logik besessene Narr hielt entgegen: ›Wer ist in der Lage zu sagen, ob sie einen Liebhaber hatte oder nicht, denn jede Frau mit auch nur einem Funken Verstand verkehrt mit ihrem Liebhaber heimlich und nicht auf dem Marktplatz oder auf dem Dach ihres Hauses! Außerdem, selbst wenn sie keinen Liebhaber gehabt hat – wer weiß, ob sie nicht eines Tages allein über die Felder ging und einem Halunken begegnete oder mehreren und man ihr auf der Stelle Gewalt antat?‹ Da sagte ein anderer Freund zu ihm: ›Aber wenn das der Fall wäre, und da sie ja noch am Leben ist, um es zu sagen, hätte sie vermutlich die Obrigkeit in Kenntnis gesetzt und einen Tumult verursacht, so dass Soldaten ausgeschickt worden wären, um diese Schurken zu fangen und vor Gericht zu bringen.‹ Doch der Narr antwortete: ›Nein, denn meine Mutter wäre zu zurückhaltend gewesen, um ihre Schande zu gestehen, und selbst wenn nicht, wäre sie doch besorgt gewesen wegen der Schmach und Kränkung, die ihrem Mann von der Öffentlichkeit entgegengekommen wäre, und hätte es so für das Beste gehalten, still zu bleiben und es zu ertragen, ohne zu klagen.‹ Und auf solche Weise argumentierte der Narr weiter und hatte auf jeden Einwand eine Erwiderung, die nicht zu beantworten war – obwohl sein Vater wirklich sein Vater war. Aber da seine Argumente vollkommen vernünftig waren und vielleicht in einem Fall unter einer Million zugetroffen hätten, so behaupte ich dagegen, sie sind extrem unwahrscheinlich, dass sie kaum der Überlegung wert sind; sie erwuchsen einer Einbildung und weiter nichts.

Aber das wiederum ist genau der Fall mit euren Argumenten in Bezug auf meine Schuld, denn auch sie beruhen auf Einbildung, auf der eingebildeten Kriminalität, die als fixe Idee in euren Köpfen sitzt. Wie im Falle des Narren, so sind die meisten eurer Argumente gebaut auf Vermutungen, die so unwahrscheinlich sind, dass nur ein überaus kritikloser und leichtgläubiger Mensch sie anhören kann. Wisset aber, dass die Leichtgläubigkeit des Skeptikers ebenso groß ist wie die des

Glaubenden, was den vernünftigen Geist in der Tat erstaunen lässt. Der einzige Unterschied ist, dass der Glaubende in Bezug auf die eine Art von Dingen leichtgläubig ist und der Skeptiker auf eine andere, und, um Phänomene zu widerlegen, Erklärungen anbietet, die tausendmal schwieriger zu glauben sind als die Phänomene selbst.«

Als er das sagte, erhob sich ein zustimmendes Murmeln in der Menge, das sofort vom Richter erstickt wurde. Antonius jedoch sprach unbewegt weiter und sagte: »Was also bewiesen und was nicht bewiesen werden kann, ist kein Kriterium für Wahrheit oder Unwahrheit. Erfahrt weiterhin, dass das Denken ebenso unehrlich sein kann wie das Tun, und wer eine unwahrscheinliche und weit hergeholte Erklärung äußert, nur um seine Voreingenommenheit oder Überzeugung zu untermauern, ist ohne den Schatten eines Zweifels ein unehrlicher Denker. Und genau auf diese Weise irrt ihr alle in Bezug auf mich – und sicherlich auch bei der Beurteilung anderer. Ihr habt, was ich den Geist eines Spitzels nenne[13], und denkt Kriminalität und Laster und Böses in all das hinein, was eurem Denken neu und fremd ist, statt zuerst nach liebevolleren und wahrscheinlicheren Erklärungen zu suchen. Und so ignoriert ihr völlig die simple Wahrheit, die in dem einen Wort Nächstenliebe enthalten und zugleich der Schlüssel zu der ganzen Sache ist – da der, der in sich selbst Glück gefunden hat, den Wunsch hat, dass andere auch glücklich sein mögen –, und bringt eine Reihe von unhaltbaren Vermutungen vor und bedenkt mich mit Attributen und Kräften, die ich überhaupt nicht besitze. Denn um der Tatsache Rechnung zu tragen, dass ich von keinem meiner zahlreichen Schüler Geld nehme, stattet ihr mich mit den erotischen Fähigkeiten eines Hahnes aus und lasst dabei geflissentlich außer Acht, dass sich der Lüstling oder Lebemann von anderen Männern unterscheiden lässt, da er deutliche Zeichen in seinem Gesicht trägt als Resultat seiner Exzesse. Um meine Lehren und hellsichtigen Fähigkeiten zu erklären, nennt ihr mich einen Hochstapler und vergesst auch hier, dass Hochstapler sehr gute Gründe für ihr Verhalten zu haben pflegen, nämlich Geld zu bekommen, wonach mir der Sinn überhaupt nicht steht. Und schließlich sagt ihr, dass ich meine Schüler von der wahren Religion fortlocke, indem ich vorgebe, dass ich mit den Seelen von Ver-

---

13 Dies ist identisch mit dem Denken eines Geheimpolizisten, der immer nach einem Vergehen Ausschau hält und so häufig die harmloseste Tat für etwas Kriminelles hält.

storbenen verkehre, was, wie ihr weiter sagt, unmöglich ist, weil es sich überhaupt nicht beweisen lässt. Was aber ist denn die Hauptstütze jeder Religion, wenn nicht der Glaube an die Unsterblichkeit der Seele? Und wenn ich also mit den Verstorbenen verkehre, um den Hinterbliebenen Trost und Aufklärung zu geben, dann helfe ich dazu, die Religion zu beweisen und nicht zu widerlegen; damit lehre ich meine Schüler zu wissen, was sie bisher nur geglaubt haben.«

Wieder wurden etwas Zustimmung und auch Erstaunen aus der Menge laut, während die Richter ihrerseits einige Zeit miteinander tuschelten und feststellten, dass der Angeklagte lästigerweise reich an Argumenten, Logik und Sprachgewalt war.

Schließlich sagte der Ankläger: »Obgleich du die Begabung zu reden hast, kannst du uns doch nicht überzeugen. Wir betrachten dich als einen schlechten Einfluss in unserer Mitte, einen Übertreter unserer geheiligten Traditionen und einen, der andere anstiftet, das Gleiche zu tun. Nach einiger Überlegung sind wir jedoch übereingekommen, Gnade gegen dich walten zu lassen, da wir dich, nachdem wir deine Verteidigungsrede angehört haben, eher als einen Irregeleiteten denn als einen ganz und gar Kriminellen ansehen. Deshalb sind wir willens, das Strafmaß etwas zu mildern: Du sollst nicht eingesperrt, sondern nur aus dieser Stadt verbannt werden, und es ist dir untersagt, sie je wieder zu betreten.«

Antonius aber antwortete freundlich: »Ich weiß die Strafe bereits und werde die Stadt verlassen, was ich jedoch in einer Hinsicht bedauere: Ich empfinde Kummer und Mitleid für meine Feinde, die sich zusammengetan haben, um mich zu Fall zu bringen, denn nach dem Gesetz der Vergeltung, über das ich keine Kontrolle habe, werden sie früher oder später leiden müssen, darüber besteht kein Zweifel. Nicht wegen des Unrechts, das sie mir angetan haben, sondern für das, was sie jenen angetan haben, die wünschten, dass ich in der Stadt bliebe. Wisset nämlich, dass jeder Augenblick des Unglücks, der durch eure Untat über jene gebracht wird, mit Unglück auf eurer Seite bezahlt werden muss.[14] Die Tatsache, dass ich eure Traditionen, Sitten und Konventionen verletzt habe, wird daran nicht das Geringste ändern. Denn Traditionen empfinden keinen Schmerz, wenn sie verletzt

---

14 Dies nennt man in der esoterischen Literatur das Karma-Gesetz.

werden, wohl aber die Herzen der Menschen, die noch nicht durch die Sonne der Wahrheit erleuchtet und unverletzbar geworden sind. Außerdem, wenn ich gegen eure Traditionen verstoßen habe, dann tat ich das, weil sie Altruismus und Nächstenliebe im Wege stehen und verhindern, dass Menschen Aufklärung und Trost zuteil wird.« Dann wandte er sich überraschend zu der Volksmenge und sagte mit entwaffnend freundlichem Lächeln: »Meine Brüder und Schwestern! Morgen verlasse ich für immer diese Stadt, wie ihr gerade gehört habt. Doch bevor ich gehe, werdet ihr es mir nachsehen, wenn ich noch eine kurze Geschichte erzähle?« Lauter Applaus war die Antwort, und manche riefen: »Ja, erzähle uns eine Geschichte!« Er hatte die Sympathie und Anerkennung der Menge gewonnen durch seine Redebegabung und Freundlichkeit.

Und so begann er: »In einer kleinen Stadt in den Bergen lebte einmal vor langer Zeit ein Witwer, der hatte zwei Söhne. Er war – wie gewiss auch viele von euch – der Jagd und den sportlichen Spielen sehr zugetan. Aber eines Tages, als er draußen auf der Jagd war, stürzte er von seinem Pferd und verletzte sich so sehr, dass seine Kameraden eine Trage holen und ihn nach Hause schleppen mussten, wo er den Rest seines Lebens als unheilbarer Invalide verbrachte, der nie mehr gehen, ja sich nicht einmal mehr von seinem Bett bewegen konnte. Aber nie beklagte oder grämte er sich und erwies sich damit als solches Vorbild an Tugendhaftigkeit, dass der Priester, der ihn von Zeit zu Zeit besuchte, sagte: ›Wahrlich, schon der Anblick dieses klaglosen Leidenden ist eine Predigt für sich.‹ Und so vergingen lange Jahre; die Söhne wuchsen heran und waren pflichtbewusst und liebevoll ihrem Vater gegenüber, und es fiel ihnen schwer, ihn häufig allein lassen zu müssen, da sie beide Kaufleute geworden waren und den größten Teil des Tages im Geschäft verbringen mussten.

Und so begab es sich eines Tages – der Kranke kam schon in die Jahre –, dass einige Freunde kamen, um ihn zu besuchen, und sie brachten eine anmutige junge Frau mit freundlichem, liebevollem Herzen mit. Als sie ihn da liegen sah, wurde sie erfüllt von Mitgefühl und Sorge, und sie bat um die Erlaubnis, von Zeit zu Zeit zu ihm kommen zu dürfen, um seine Einsamkeit etwas aufzuheitern und wie eine Pflegerin für ihn zu sorgen.

Und so geschah es. Sie kam und machte die Tage für den alten Mann weniger einsam und glücklicher, versorgte ihn, wie er es brauchte, und tröstete ihn, bis sie ihm gleichsam unentbehrlich geworden war. Da entwickelte der alte Mann aus Dankbarkeit und weil sie freundlich, hübsch und liebenswert war, schließlich eine romantische Zuneigung zu ihr – wie auch sie für ihn, aus Mitleid und Bewunderung für seine Geduld und Herzensgüte.

Aber als die beiden Söhne, die einander brüderlich liebten, erkannten, was geschehen war, sagten sie: ›Das wird nie gut gehen! Was stellt sich unser alter Vater dabei vor, wenn er sich in seinem Alter noch verliebt und so unwürdig verhält? Außerdem werden die Leute darüber reden und beleidigenden Klatsch verbreiten, denn es ist gegen die Konvention, dass ein alter Mann eine junge und anziehende Frau um sich hat, die den ganzen Tag mit ihm allein ist. Aber, was am schlimmsten ist, wer weiß, ob er ihr nicht sein Vermögen vermachen wird, oder einen Teil davon, und uns damit unseres rechtmäßigen Erbes beraubt? Wir müssen diesem unziemlichen und gefährlichen Stand der Dinge unverzüglich ein Ende bereiten!‹ Die beiden Söhne sprachen sich ab und verboten hartherzig der jungen Frau das Haus; der Dienerschaft aber gaben sie strikte Anweisungen, dass sie unter keinem Vorwand einzulassen wäre. Aber als Folge wich sozusagen die Lebenskraft aus dem Herzen des alten Mannes, und aus Kummer, Trauer und Sehnsucht sowie aus Enttäuschung über die Hartherzigkeit seiner Söhne zog er sich eine schwere Krankheit zu, litt unter Qualen aller Art, starb schließlich und ging ins Elysium ein. Erst auf dem Totenbett wurde es ihm – aufgrund der freundlichen Vermittlung eines wohlwollenden alten Priesters, der den beiden Söhnen wegen ihrer Hartherzigkeit und Gefühllosigkeit Vorhaltungen gemacht hatte – erlaubt, seiner Geliebten Lebewohl zu sagen und damit in Frieden sterben zu können.

Aber die Hand des Schicksals, in Gestalt des Gesetzes von Ursache und Wirkung, schlug die beiden Söhne wider und trennte sie, wie sie zuvor andere auseinandergebracht hatten. Der Jüngere von beiden ging kurz darauf zur See und wurde von Seeräubern angegriffen und getötet, der Ältere blieb zurück und trauerte über den Verlust und lebte in Einsamkeit und Traurigkeit, denn der Bruder war der einzige Freund gewesen, den er hatte.«

Antonius hielt einen Augenblick inne und blickte über die Menge, dann fuhr er fort: »Höret nun aber, dass es Zeiten gibt, in denen man sich an die Konventionen halten muss, und Zeiten, ihnen zuwiderzuhandeln, wie im Falle dieser Geschichte und in meinem eigenen Fall. Denn ohne Zweifel haben jene beiden Söhne – obwohl sie taten, was den Sitten ihrer Zeit entsprach – ein schreckliches Vergehen gegen das Gesetz der Liebe begangen, das so schwerwiegend war, dass die Hand des selbst gewirkten Schicksals umgehend zurückschlug. Der alte Mann war durch sein schlimmes und unheilbares Gebrechen schwer genug geschlagen und hatte durch die Seelengröße, mit der er es trug, verdient, dass ihm das Glück dieser späten Liebe geschenkt wurde. So war es also ein Akt besonderer Grausamkeit, gegen die der hilflose Vater sich nicht wehren konnte, dass die habgierigen Söhne ihn dessen beraubten und damit seinen Tod herbeiführten. Denn zu lieben und sich zu verlieben, ist keine Sünde, sondern eine Tugend; diese jedoch zu bestrafen, statt sie zu belohnen, ist ein Verbrechen in den Augen Gottes.«

Nun wandte Antonius sich wieder seinen Richtern zu und sagte ruhig und mit mitleidigem Lächeln: »Ihr, die ihr mich verurteilt habt, habt ebenso ein Verbrechen gegen das Gesetz der Liebe begangen, aber da ich euch nicht übel will und ihr auch nicht die negativen Gefühle von Groll oder Wut in mir erweckt, kann mir euer Vergehen nicht schaden. Trotzdem überdenkt wohl, was ihr getan habt, im Interesse derer, die nachfolgen und vor euch stehen werden, wie ich es am heutigen Tage tue. – Aber nun, Bürger der Marmorstadt, lebt wohl, und möge Frieden mit euch sein!«

Da führten die Soldaten ihn ab, unter der Menge jedoch entstand ein Tumult, denn die Leute sagten: »Er ist zu Unrecht verurteilt; er war kein Hochstapler, sondern ein heiliger und gerechter Mann. Sah er denn nicht edel und eindrucksvoll aus, als er dort stand? War er nicht ein großer Redner?« Und mit solchen und ähnlichen Worten gaben sie ihren Empfindungen Ausdruck, bis die Menge sich auflöste. Antonius aber wurde zurück nach Hause geführt, wo er aufgrund einer besonderen Begünstigung seinen Schülern und Freunden noch Lebwohl sagen durfte, auch wenn manche von ihnen nicht mehr kamen, sondern ihn schon innerlich verlassen hatten, da sie die öffentliche

Meinung fürchteten und deshalb nicht mehr in seiner Nähe gesehen werden wollten.

Als dann alle versammelt waren, sich um ihn geschart und mit bewegten Worten ihrer Treue, Liebe und Bewunderung Ausdruck verliehen hatten, sagte Antonius: »Meine Freunde! Wohl gehe ich nun von euch, aber es gibt andere, die nicht nur so reden können wie ich und noch besser, sondern euch auch unterweisen können und euch Geheimnisse anvertrauen, die ich noch nicht offenbaren durfte. Meine Verurteilung hier ist nur scheinbar schlecht und erweist sich jetzt als gut, denn sie schied die echten Schüler von den falschen und die Standhaften von den Wankelmütigen und Schwachen.« Den Rest des Tages erfüllten philosophische Gespräche und Vereinbarungen bezüglich weiterer Unterweisung durch Petrius oder Florian den Weisen. Als aber die Stunde des Abschieds näherkam, weinten etliche aus Anhänglichkeit und Dankbarkeit in ihrem Abschiedsschmerz nicht nur um Antonius, sondern auch um Cynara.

XIX

Am nächsten Morgen befanden sich unsere beiden Reisenden wieder auf der Straße, diesmal hatten sie die letzte Etappe ihres Weges vor sich. Als sie so die Straße entlanggingen, hängte sich Cynara bei Antonius ein, nannte ihn ihren Helden und fand eine Fülle von Worten der Zärtlichkeit, Liebe und Bewunderung. Begreiflicherweise beschäftigten sie die Ereignisse des Vortages noch einige Zeit. Über manches lachten sie, dann wieder erfasste sie ein Anflug von Trauer und Mitleid für die Beteiligten. »Denn«, sagte Antonius, »wenn es so einfach ist, einen Unschuldigen zu verurteilen, dann ist es auch leicht, Hunderte zu verurteilen. Und obwohl das in meinem Fall nicht das Geringste ausmacht, da ich, wie auch du, das Glück in der Seele habe, von wo keiner es wegnehmen kann, sind andere doch nicht so glücklich und würden unvorstellbar unter einem solchen Unrecht leiden müssen.« Cynara aber antwortete: »Obwohl es wahr ist, was du sagst, sind doch die unschuldig Verurteilten in einer Hinsicht auch nicht ganz unschuldig, denn du hast vergessen, dass sie aufgrund ihrer früheren Vergehen leiden müssen, die – selbst wenn sie sich ihrer nicht mehr zu erinnern vermögen – doch noch ihre Wirkungen nach sich ziehen gemäß dem Gesetz von Ursache und Wirkung. So, mein Geliebter, vergisst du schon deine eigenen Worte von gestern und zeigst Mitleid gegenüber denen, die nur den Weg für ihr Glück ebnen, indem sie ihre alten Schulden abzahlen.« Da küsste Antonius sie und sagte lachend: »O du Ausbund an Weisheit! Du hast immer etwas zur Hand, um meinen Kummer zu vertreiben, du bist wahrlich der Inbegriff des Trostes! Viele könnte wohl das Denken dazu verleiten, den Schmerz vorübergehend zu vergessen, du aber kannst ihn mit unbeirrbarer Sicherheit völlig vertreiben.

Aber ein kleiner Schmerz ist dir noch entgangen; weißt du, welchen ich meine?« Sie aber erwiderte: »Wie sollte ich das wissen?« Da sagte Antonius: »Indem du meine Gedanken liest, wozu du fähig bist, wie ich sehr wohl weiß.« Cynara aber antwortete: »Nein, das wäre ohne deine Erlaubnis nicht recht.« Da sagte Antonius: »Aber ich gebe dir die Erlaubnis.« Da lachte Cynara und blickte ein wenig beschämt, als sie sagte: »Deine Gedanken sind sowohl eine Frage als auch ein Wunsch.« Antonius sagte darauf: »Deine Vermutung ist richtig – wie heißt die Antwort?« Und Cynara sagte: »Ich werde dir eine Antwort am Ende unserer Reise geben, wenn wir wieder zurück in unserer Heimat sind, falls wir je dorthin zurückkehren; aber im Augenblick will ich dir statt dessen einen Kuss geben, um deine Lippen zu schließen.« Nachdem er ihren Kuss nicht ohne Erwiderung empfangen hatte, sagte Antonius: »Als du soeben die Heimat erwähntest, hatte ich plötzlich ein starkes Verlangen, Pallomides wiederzusehen, meinen geliebten Freund. Sein ruhiges, schönes Antlitz stieg vor mir hoch wie ein erhabenes Bild, als spräche er zu mir über diese große Entfernung. Oh, es ist wirklich sehr lange her, seit ich ihn zum letzten Mal sah in seinem Haus am Meer. Aber nun, meine kleine Zauberin, ich glaube, du hast es irgendwie erreicht, sein Bild vor mir entstehen zu lassen, um meine Gedanken von weiteren Fragen abzulenken, nicht wahr?« Sie antwortete: »Nein, nichts dergleichen, aber ohne Zweifel hat dein Freund Pallomides in diesem Augenblick an dich gedacht, und dein Bewusstsein reflektierte wie ein Spiegel sein Antlitz.«

Während dieses Gespräches kamen sie an eine Wegbiegung. Hinter ihr lag ein Hund, der seine Pfote verletzt hatte. Er musste große

Schmerzen haben, denn er heulte und winselte erbärmlich. Als Antonius liebevoll auf ihn zuging, wedelte er mit der Spitze seines Schwanzes und blickte ihn bittend an. Antonius streichelte das Tier beruhigend und sprach mit ihm, während er die Wunde untersuchte; ein großer Splitter war in die Pfote eingedrungen und hatte mit der Zeit eine eiternde Wunde erzeugt. Cynara sagte: »Suche du den Splitter zu entfernen, ich will inzwischen Wasser an der Quelle dort drüben holen und ein heilendes Kraut suchen, das wir auf die Wunde legen können.« Dazu nahm sie aus ihrem Gepäck ein kleines Gefäß mit und ging auf die Wiese. Antonius sah in der Nähe eine stachelige Hecke und fand dort einen langen Dorn. Mit diesem machte er sich ans Werk und sprach dabei beruhigend auf den Hund ein: »Sieh zu, alter Freund, mit dem einen Dorn bekämpfen wir den anderen, so wie wir einen Räuber ausschicken, um den anderen zu fangen.« Der Hund hörte auf zu winseln, als er begriff, dass ihm geholfen werden sollte. Als der Splitter entfernt war, wedelte er dankbar mit dem Schwanz und leckte die Hand seines Wohltäters. Nun kehrte auch Cynara mit dem Heilkraut und dem frischen Wasser zurück. Sie wusch die eiternde Wunde vorsichtig aus, legte das Heilkraut darauf und verband sie schließlich mit einem Leinenstreifen, den sie aus ihrem Bündel genommen hatte. Dann meinte Antonius: »Wir können unseren armen Bruder nicht hier auf der Straße, so weit entfernt von einer Ortschaft, verhungern lassen, und so müssen wir ihn mitnehmen, damit er nicht obdachlos wird, nachdem er sich schon verlaufen hat.« Und er nahm den Leidenden ganz vorsichtig hoch und trug ihn auf seinen Armen.

Als es Abend wurde, kamen die Wanderer nach mancher steilen Wegstrecke in einem Ort hoch oben in den Bergen an. Sie waren hungrig und müde und froren sehr; denn da es Winter war, lag in dieser Höhe bereits Schnee. Antonius hatte die ganze Strecke den Hund getragen und spürte dessen zusätzliches Gewicht. Sie fanden nur ein ärmliches und vernachlässigtes Gasthaus. An diesen abgelegenen Ort kam kaum einmal ein Mensch, um zu übernachten, schon gar nicht im Winter. Doch sie konnten etwas zu essen und zu trinken bekommen und wärmten sich am Holzfeuer, das lustig im Kamin flackerte. Der Wirt war freundlich und sorgte gut für seine Gäste. Es war verständlich, dass er sehr begierig war zu erfahren, was sie zu einer solch unwirtlichen Jahreszeit an diesen Ort geführt hatte. Antonius beantwortete seine Fragen: »Guter Freund, wir suchen ein Kloster in der Nähe oder auf dem Gipfel dieses Berges, und morgen wollen wir bei Tagesanbruch ohne weitere Verzögerung wieder aufbrechen, um uns auf den Weg zu machen.« Der Wirt hob die Hände voll Besorgnis und Schrecken und sagte: »Ihr könnt diesen Gipfel nie erklimmen, schon gar nicht im Winter, und noch dazu, da einer von euch eine Frau ist. Außerdem, was wollt ihr mit jenen seltsamen Mönchen dort droben, die, wie es heißt, alle Arten von Zauberkünsten praktizieren und, soviel wir wissen, keine Besucher empfangen?« Antonius aber erwiderte: »Wir gehen trotzdem, und das ist gewiss unser Ziel, und wenn wir auf dem Wege sterben sollten.« Da rang der Gastwirt die Hände und sagte: »O weh, ihr werdet sicher im Schnee umkommen, oder in eine Schlucht stürzen, oder vor Kälte und Erschöpfung sterben. So werdet ihr in eurer Tollkühnheit in den Tod gehen, und man wird nie mehr von euch hören.« Antonius entgegnete: »Nein, keineswegs, mein Lieber, wir sind weit kräftiger, als du annimmst, und voller Lebensenergie; deshalb habe keine Angst und mache dir unsertwegen keine Sorgen!« Aber der Wirt antwortete: »Ihr seid zu jung und schön, um erfroren im Schnee zu liegen, wo keines Menschen Auge euch je wieder sehen wird und nur die Sterne auf euch herabblicken.« Antonius sagte: »Du hast wirklich ein zartes Herz und sollst für dein Mitgefühl und deine wohlgemeinten Bemühungen, uns abzuschrecken von der weiteren Verfolgung unseres Unternehmens, nicht unbelohnt bleiben. Aber dein Mitgefühl und deine Sorge um uns zu sehen, erweckt unser Mitleid, und das würden wir gerne zerstreuen. Und da wir keinen anderen Weg wissen, gehe hinunter in deinen Keller und bringe eine Flasche deines besten Weines herauf; den wollen wir mit dir trinken, damit du dich etwas weniger melancholisch fühlst.«

Da erhellte sich das Gesicht des besorgten alten Mannes etwas, und er dankte Antonius und schlurfte aus dem Raum, um in den Keller zu gehen. Als er draußen war, sagte Cynara: »Du siehst, die Herren vom linken Weg sind wieder am Werk, um uns zu erschrecken. Aber diesmal versuchen sie es durch Weichherzigkeit, Sorge und Güte, indem sie diesen liebenswerten alten Mann für ihre Zwecke gebrauchen, anstatt sich der Lästermäuler und ungerechten Richter zu bedienen, wie bisher. Denn wahrlich, der Tugendhafte kann ebenso für böse Zwecke eingesetzt werden wie der Schlechte, wenn auch keine Strafe, wie du sagtest, diesen Freund deshalb ereilen wird, denn er ist unschuldig und frei jeder bösen Absicht. Aber ist es mit ihm und seiner Güte nicht wie mit den reinen Wassern eines Flusses, die den Durst so mancher Seele stillen und dabei Gutes tun, aber zugleich auch den Reisenden daran hindern, seinen Weg fortzusetzen und damit Böses tun?« Antonius lächelte seine Geliebte freundlich an: »Aber«, sagte er, »du kleine Moralistin! Dieses Mal hinkt dein Beispiel doch ein wenig, denn was haben die Herren des linken Weges mit dem Fluss zu tun?« Und Cynara antwortete: »Sie stellen es so an, dass der Reisende an eine Stelle kommt, wo weder eine Furt noch eine Brücke ist und die Strömung so stark, dass er Angst hat, den Fluss zu durchqueren.« Da antwortete Antonius lachend: »Du hast wieder einen Punkt gewonnen, und ich will meinen Rückstand gleich mit einem Kuss bezahlen.«

XX

Als die Schlafenszeit nahte, ging Antonius in seine Meditation; nach kurzer Zeit sah er Petrius vor sich, der vor Liebe strahlte. Und der Einsiedler sprach: »Mein Schüler, du hast wohlgetan, und gestern hast du gute Saat gestreut und die Gelegenheit deines Prozesses für eine Rede zum Besten der Volksmenge genutzt. Du hast eine Verteidigungsrede gehalten, die zwar eine solche zu sein schien, aber keine Rechtfertigung bewirkte und auch, gemäß unserer Abmachung, keine Geheimnisse preisgab. Heute Nacht, wenn dein Körper schläft, deine Seele aber bewusst ist, sollst du nun zur Belohnung in Bereiche unsagbarer Schönheit und Glückseligkeit wandern. Doch sei auf der Hut, dass du nicht bei dir denkst: ›Diese unbeschreibliche Freude ist mir genug, warum sollte ich noch weitergehen und mich der letzten Prüfung stellen?‹ Wisse nämlich, dass, solange das Ziel nicht erreicht ist, im Herzen des Menschen immer eine göttliche Sehnsucht sein soll, ein immerwährendes ›Auch das ist noch nicht genug‹. Erst nämlich, wenn das Ende erreicht ist, wird Glückseligkeit zum absoluten und ewigen Bewusstsein, um die Seele nie mehr zu verlassen. Deshalb sei

auf der Hut, wie ich dich hieß, und mein Segen möge dich begleiten!«
Dann verschwand Petrius plötzlich wieder.

In dieser Nacht schlief Antonius fest, doch seine Seele war unbeschreiblich bewusst, wie sein Meister es vorausgesagt hatte. Als aber der Morgen kam, wachte er auf und rieb sich die Augen und fühlte sich so erquickt, wie er es zuvor noch nie gekannt hatte, doch zugleich hatte er die Empfindung, in ein Gefängnis zurückgekehrt zu sein oder in einen Traum- statt in den Wachzustand. Als er aufgestanden war, sich angekleidet hatte und gemeinsam mit Cynara frühstückte, sagte er: »Geliebte, letzte Nacht, als ich schlief, war ich zusammen mit dir in Bereichen der unsagbaren Freude, des Lichtes und der Farben, die mit Worten nicht zu benennen sind. Doch nun sage mir, hast du auch eine Erinnerung an dieses herrliche Erlebnis?« Und sie antwortete: »Ja, das habe ich, und doch kann ich dir nichts über diesen Zustand sagen. Wie du selbst bemerktest, können Worte doch nicht das beschreiben, was alle Erfahrungen übertrifft, die je auf diesem trüben Erdenplan gemacht worden sind. Aber das kann ich dir sagen, dass das Erdenbewusstsein wie ein dunkles Schattenland erscheint, das geboren ist aus Unwirklichkeit und Täuschung, vergleicht man es mit dem Zustand, den wir beide erleben konnten. Nun verstehe ich genau, warum die Mystiker und Philosophen ihre Ekstasen und Visionen in verschiedenen und widersprechenden Begriffen beschreiben und damit die Kritik und Skepsis der Unwissenden hervorrufen; denn jene Mystiker suchten bei dem Versuch, das Unbeschreibliche zu schildern, ihr Heil bei übertrieben erscheinenden Bildern und sprachen von Straßen von Gold und Edelsteinen, die tatsächlich gar nicht existieren, sondern nur eine schwache Bemühung darstellen, eine gewisse Vorstellung von der Herrlichkeit, Großartigkeit und Schönheit zu vermitteln, die in jenen hohen Bereichen zu finden sind.«

Da sagte Antonius: »Geliebte, bist du trotz dessen, was du erlebt hast, willens, weiterzugehen?« Und Cynara antwortete: »Ich bin es, und zwar noch in dieser Stunde.«

Und so versorgten sie sich mit Proviant, denn nun gab es keine Ortschaften mehr auf dem Weg, und nachdem sie sich vergewissert hatten, dass der Hund bei dem freundlichen Wirt bleiben konnte, der sie von Neuem inständig bat zu bleiben, traten sie hinaus in die kalte, klare

Winterluft. Der Hund begriff, dass ihn sein neuer Herr und Wohltäter verließ. Er heulte und winselte ihnen noch nach und versuchte, sich dem sicheren Griff des Wirtes zu entwinden, als er sie gehen sah. Noch eine ganze Weile hörten sie sein Klagen.

Antonius sagte: »Der Hund tut mir wirklich leid. Ich hätte das arme Tier gerne mitgenommen, aber ich fürchte, es würde im Schnee umkommen; und nun muss es sicher denken – wenn es überhaupt denken kann, was ich kaum bezweifele: ›Diese Menschen sind seltsam; erst tun sie einem einen Gefallen, und im nächsten Augenblick sind sie so unfreundlich. Erst tun sie mir Gutes, dass ich sie liebgewinne, und dann gehen sie fort, verschmähen mich und lassen mich ganz allein zurück.‹« Doch Cynara antwortete: »Aber es sind nicht nur Hunde, die so über ihre Herren denken; auch die Menschen sehen so ihre Gottheit oder deren Boten. Wenn es ihnen gutgeht, sagen sie: ›Wie gut und freundlich ist unser Gott‹, und wenn sie Unglück erfahren, dann heißt es: ›Gott hat mich verlassen‹, ohne dabei zu erkennen, dass Letzteres ebenso eine Offenbarung des göttlichen Wohlwollens sein kann wie das Erste. Ja, vielleicht sogar noch mehr, wie auch du dem Hund mehr Liebe erwiesen hast, indem du ihn zurückließest, als ihn mitzunehmen und im Schnee umkommen zu lassen. Der eigentliche Grund für die falsche Vorstellung, welche die Menschen sich von der Gottheit machen, liegt auf der Hand, denn sie sehen immer nur Stücke, nie das Ganze in seiner Gesamtheit, halten einen Teil für gut, den anderen für böse, und hören nie auf zu fragen, warum das so oder so ist. Die Unwissenden sind immer bereit, Gott und den Gesetzen der Natur Vorwürfe zu machen, statt sich selbst zu tadeln, und merken nicht, dass sie, wie auch immer der kosmische Plan geordnet sein mag, immer noch Fehler finden und wähnen, die Dinge hätten zu noch größerem Vorteil geregelt sein können.« Da sagte Antonius: »Wahrlich, deine Übungen haben auch dir die Redekunst gebracht, und angesichts des Umstandes, dass du nur wenige oder überhaupt keine Bücher gelesen hast, offenbart sich die Wahrheit immer deutlicher, dass Redekunst und Inspiration aus dem Herzen kommen und nicht aus dem Gehirn.«

Als er dies sprach, hörten sie plötzlich den Hund hinter sich. Er lief, so gut er es mit drei Beinen im Schnee konnte. Da meinte Cynara: »Schau an, du bist überlistet, und dieses getreue Geschöpf hat sich losgemacht und ist uns nachgelaufen.« Und als der Hund die beiden erreicht hatte, wedelte er mit dem Schwanz sprang und tollte in geradezu ekstatischer Freude herum, zuerst um Antonius, dann um Cynara, so dass keiner von beiden das Herz hatte, ihn zurückzuschicken. Cynara lachte und sagte: »Schau, dieser Hund ist seinem Herrn treuer als der Mensch seinem Gott, denn er sagt: ›Selbst wenn du mich verlassen hast, werde ich doch dich nicht verlassen.‹« Und sie streichelte sein zottiges, struppiges Fell und küsste seinen Kopf.

So stapften sie denn zu dritt den ganzen Tag durch den Schnee, auf den die Sonne mit einer Intensität herabschien, die zwar die Augen blendete, aber das Herz warm werden ließ. Der Aufstieg war sehr mühsam. Wieder und wieder musste Antonius sich des Weges vergewissern. Zu allen Seiten ragten weiße Gipfel gen Himmel. Malvenfarbige und azurblaue Täler gaben die Farbe des Himmels wieder; die Luft prickelte wie der beste Perlwein. Als es Abend wurde, versank die Sonne als große zinnoberrote Scheibe hinter den mächtigen Bergen und ließ die Erde kalt zurück wie ein Herz, dem die Liebe genommen wird, sein Licht und Trost und alles, was das Leben erhält. Von allen Seiten ergriff Eiseskälte die Wanderer. Antonius sagte: »Wir können nichts mehr sehen und sind zu erschöpft, um noch weiterzugehen. Wir müssen mit unseren Händen eine Höhle in den Schnee graben, in der wir uns vor dem eisigen Wind schützen und ruhen können. Hüten müssen wir uns aber einzuschlafen, denn im Schnee zu schlafen, heißt, nie mehr zu erwachen.« Und sie taten, wie er sagte, und ruhten sich eine gute Weile aus, bis der kalte, zynische Mond aufging und sein gespenstisches Licht wie eine Maske verbreitete, die vor dem unergründlich tiefblauen Himmel bewegt wurde. Und wieder machten sie sich auf den Weg und stapften mühsam ein paar weitere Stunden durch den Schnee, bis sie vor Erschöpfung nicht mehr weiter konnten und wieder eine Mulde in den Schnee gruben, wo sie, vor dem eisigen Wind geschützt, ausruhen konnten. Und so ging es die ganze Nacht hindurch. Jede Stunde wurde schwieriger als die vorangegangene, bis sie schließlich das Gefühl hatten, umkommen zu müssen.

Als endlich die Sonne wieder aufging, erhoben auch sie sich, um ihren beschwerlichen Aufstieg fortzusetzen, der mit jedem Schritt mühsam wurde. Der Hund war so müde und erschöpft, dass Antonius ihn wieder auf seine Schultern nehmen musste, denn: »Ich würde eher sterben«, sagte er, »als den Hund hier umkommen zu lassen.« Cynara aber sagte: »Es wird bald so weit sein, dass du uns beide zum Sterben zurücklassen musst, denn es geht nicht mehr lang, dann werde auch ich nicht mehr weiterkönnen.« Mit Entsetzen bemerkte er, dass sie abgezehrt und krank aussah, so dass sein Herz weinte vor Mitleid und Liebe. Und er versuchte, sie mit ermutigenden Worten aufzumuntern und sagte, dass der Weg nicht mehr weit sein könne, da sie schon eine so große Strecke hinter sich hatten. Aber im Laufe des Tages wurde ihre Kraft immer weniger, und Cynara kam kaum noch voran. Und als schließlich die Sonne wieder tiefer sank und die eisige Kälte sich über der Erde ausbreitete, sank sie zu Boden und war außerstande, einen weiteren Schritt zu tun. Antonius war der Verzweiflung nahe und wusste überhaupt nicht mehr, was er tun sollte, denn umzukehren wäre ebenso nutzlos und verhängnisvoll gewesen wie weiterzugehen; Cynara aber zu tragen, war ihm unmöglich, da auch ihn die Kräfte zu verlassen drohten. So begann er, ihre Hände, ihr Gesicht und ihre Glieder warmzureiben, drückte sie an sich und flüsterte ihr liebe Worte zu, während der Hund sich eng an sie kuschelte und Cynaras Gesicht und Hände leckte, so gut er in seiner eigenen Erschöpfung konnte. Cynara flüsterte: »Gehe du allein weiter, mein Geliebter, und lasse mich hier schlafen, denn ich weiß jetzt, was die Meister gemeint haben; das Ziel soll ich wohl nicht in diesem Körper erreichen, sondern auf der anderen Seite des Todes.« Antonius antwortete: »Dann ist auch mir bestimmt, das Ziel jenseits des Todes zu finden, denn dich verlassen könnte ich nicht, selbst wenn das ganze Universum mein Lohn würde.« Sie begann, ihn zu bitten und mit dem letzten Aufflackern ihrer schwindenden Kräfte auf ihn einzureden und sagte: »Wie kann ich mein Glück erlangen, wenn ich weiß, dass du meinetwegen versagt hast?« Und er antwortete: »Mit dir zu sterben, heißt zu triumphieren, nicht zu versagen, denn ich glaube wahrlich, dass dies die letzte Zerreißprobe ist und die letzte Prüfung des Herzens; das Leben aufzugeben, um es in Wirklichkeit zu gewinnen und dieses Gefängnis des Körpers zu verlassen, um für immer frei zu sein.« Cynara antwortete ermattend: »Nicht so, denn du hast noch die Kraft, das Ziel auf Erden zu erreichen, und so scheint es, dass die Meister den Tod nur für mich bestimmt haben und nicht für dich.« Und wieder sprach sie ihm zu, dass er weitergehen und sie im Schnee schlafen lassen sollte. Dann verstummte auf einmal ihre Stimme, ihre Augen schlossen sich und das Gesicht wurde bleich, und Antonius, der seine Lippen an ihre gepresst hatte in seinem qualvollen Bangen, konnte ihren Atem nicht mehr fühlen. Und in seiner Verzweiflung schrie er: »Wird denn nichts auf der Welt sie retten? Wo sind unsere Meister? Wo ist das Glück meiner Seele?« Und für Augenblicke, die ihm wie Stunden erschienen, wurde er von Schluchzen geschüttelt und jammerte: »Jetzt bin ich völlig verlassen und allein.«[15] Sein getreuer vierbeiniger Gefährte leckte ihm die Hände und drückte ihm seine Schnauze ins Gesicht, drängte sich näher an seinen Körper und winselte, wedelte mit dem Schwanz, kläffte wieder und leckte ihm von Neuem über das Gesicht und schmiegte sich noch enger an voller Mitgefühl und Trost, die fast so stark waren wie die Verzweiflung seines Herrn. Doch plötzlich wurde er still, hob seinen Kopf, spitzte die Ohren und lauschte in das Dunkel. Dann bellte er, schnupperte abermals und machte sich auf seinen drei Beinen davon und verschwand hinter einem großen Schneeberg, der den Hang wie ein Turm überragte. Antonius hob seinen Kopf und sah sich verwundert um; hinter dem mächtigen, schneebedeckten Felsblock kamen zwei Gestalten hervor, die der Hund bellend umtanzte, als wollte er ihre Schritte beschleunigen. Sie trugen ein seltsames mönchähnliches Gewand in dunkler Farbe und hatten lange, spitze Bärte. Aber Antonius war zu überwältigt, um mehr wahrzunehmen, als dass es Männer waren. Als sie aber näher kamen, erkannte er ihre Kleidung und wusste, dass sie Mönche der Bruderschaft waren, denn der Mond war jetzt höhergestiegen und beleuchtete die Szene mit seinem fahlen Licht. Als die Männer herangetreten waren, warf Antonius sich in seiner Seelenqual vor ihre Füße und rief: »O ihr Meister, ihr kommt zu spät, denn meine Geliebte ist tot.« Da hob der größere und eindrucksvollere von ihnen Antonius so sanft auf wie eine Mutter ihr Kind und sagte mit unbeschreiblicher Zärtlichkeit aufmunternd zu ihm: »Nein, mein Bruder, sie ist nur ohnmächtig.« Und sogleich brachte der andere eine kleine Phiole hervor, die mit einer dunklen Flüssigkeit gefüllt war. Er hob Cy-

---

15 Diese Seelenangst und Verlassenheit geht in der gesamten mystischen Literatur dem letzten Ziel voraus.

naras Kopf an, öffnete ihre Lippen und träufelte ihr die Flüssigkeit in die Kehle.

Nach wenigen Augenblicken, während derer Antonius sie mit Spannung und Hoffnung beobachtete, öffnete Cynara wieder ihre Augen. Darauf nahm sie der nämliche Bruder hoch auf seinen Arm, als wäre sie ein Kind, und sagte: »Ich nehme sie von hier fort, denn es wäre nicht gut, hier noch länger zu verweilen. Folgt mir, sobald ihr könnt.« Mit diesen Worten entfernte er sich. Antonius aber stammelte: »Meine Glieder versagen ihren Dienst, mir ist schwindelig und ich bin völlig erschöpft.« Da kniete sich der große Mönch neben ihn nieder, strich ihm einen Augenblick über sein Haar und lächelte liebevoll. Dann sagte er: »Deine Not ist vorüber, mein Bruder. Und die schwierigste Prüfung hast du mit nichts Schlimmerem als mit einem erschöpften Leib überstanden, der sich bald wieder erholt haben wird. Doch nun trinke dies, denn es wird dich wiederbeleben, wie dich nichts auf der Welt je zuvor erquickt hat.« Darauf zog auch er eine Phiole hervor und hielt sie Antonius an die Lippen. Er trank davon und lehnte seinen Kopf an den Mönch wie ein ermattetes Kind. Und schon bald darauf fühlte er sich erfrischt und gestärkt, während seine Seele sich unbeschreiblich erleichtert fühlte, so herrlich, dass er nun fast vor Freude geweint hätte, wie er noch kurz zuvor vor Kummer schluchzte. Schließlich sagte er: »Jetzt bin ich bereit und froh, wieder gehen zu können, denn meine Kleider sind gefroren, und ich würde zu gerne unser Ziel erreichen. Es ist doch hoffentlich nicht mehr weit entfernt?«

Der Mönch antwortete: »Nein, es ist gleich in der Nähe, und wir werden in sehr kurzer Zeit schon dort ankommen.« Damit erhob er sich und half Antonius behutsam beim Aufstehen, und sie machten sich auf den Weg. Nach wenigen Schritten hielt Antonius aber plötzlich an und fragte: »Aber der Hund, warum kommt er nicht mit uns?« Und er blickte sich um und sah den getreuen Gefährten regungslos im Schnee liegen. Voller Mitgefühl sagte er da: »O weh, wenn der alte Freund tot ist, würde mir vor Schmerz schier das Herz brechen, aber vielleicht ist er auch nur ohnmächtig und kann wiederbelebt werden.« Auf der Stelle kehrte er um und kniete neben dem Hund nieder, tätschelte und streichelte ihn und versuchte, ihn aufzunehmen, aber vergeblich. Da sagte er zu dem Mönch: »Ich bitte dich, gib mir noch etwas von deinem Lebenselixier, um den armen Hund zu stärken.« Der Mönch jedoch erwiderte: »Was, soll ich mein kostbares Elixier an einen Hund verschwenden?« Da rief Antonius: »Oh, hätte ich doch nicht von dem Trank genommen, dann wäre für dieses arme Geschöpf meine Portion geblieben.« Der Mönch fragte: »Warum verschwendest du deine Trauer an einen, der keinen Schmerz mehr verspürt, da er ohne Bewusstsein ist und damit zufrieden? Außerdem ist es nicht gut, hier noch länger zu bleiben, deshalb komm mit dorthin, wo Wärme, Behaglichkeit und Speise auf dich warten und, noch besser, wo dich deine Geliebte erwartet.« Da rief Antonius: »Nie werde ich kommen und diesen armen treuen Hund hier zurücklassen, bevor ich nicht weiß, dass ihm wirklich gar nicht mehr geholfen werden kann. Und wenn du mir nicht von dem Elixier geben willst, trage ich ihn zum Kloster, um zu sehen, ob die Wärme ihm helfen kann; aber auf keinen Fall werde ich ihn hier im Schnee sterben lassen.« Da sagte der Mönch, und seine Stimme war plötzlich voll Anerkennung und Liebe: »Mein Bruder, du hast wirklich das echte Mitgefühl gelernt[16], und jetzt sehe ich, dass deine Entwicklung den Weg der Barmherzigkeit genommen hat und du als Helfer der Menschheit geeignet bist. Auf jeden Fall aber hätte ich deinen treuen Hund gerettet, nicht nur in deinem Interesse, sondern aus Liebe zu diesem jüngeren Bruder in der Entwicklung.« Und wieder zog er das Fläschchen mit der Leben spendenden Flüssigkeit hervor, gab den Inhalt dem fast sterbenden Tier, nahm dieses selbst vorsichtig auf den Arm und trug es mit sich.

XXI

Nun gingen Antonius und der Mönch – sein Name war Pasimunda –, statt weiter zum Gipfel zu steigen, auf einer langgestreckten Felsterrasse beträchtlich unterhalb der Spitze entlang. Und als sie an das andere Ende kamen, lag, nicht weit von ihrem Pfad entfernt, in einem Tal, vor allen Winden geschützt, das Kloster, beschienen vom weißen Licht des Mondes. Aus seinen kleinen Fenstern drang goldgelb das Licht und wurde vom Schnee zurückgeworfen. Pasimunda sagte: »Siehe,

---

16 Das echte Mitgefühl ist wunderbar geschildert im Mahabharata, in einer Geschichte, die von einem Hund handelt, den Arjuna nicht im Stich lassen will.

das ist unser Ziel. Ruft es dir nicht gleichsam Willkommen entgegen, da jedes Fenster erleuchtet ist wie zu einem Fest? Doch wenn du weiter blickst, kannst du dahinter ein Dorf erkennen, das seine Lichter auf die umliegende Schneedecke wirft; wir sind keineswegs so isoliert, wie du wohl angenommen hattest. Wer nämlich den richtigen Weg kennt, kann die Welt der Menschen ohne irgendwelche Schwierigkeiten erreichen, wie du selbst erfahren wirst, wenn die Zeit gekommen ist, dass du nach Hause zurückkehrst.« Da antwortete Antonius: »Oh, inzwischen ist die ganze Erde mein Zuhause geworden, und ich empfinde mich nicht länger mehr als Bürger irgendeiner Stadt oder Besitzer eines Hauses oder Angehöriger eines Landes. Doch eines Tages werde ich mit Freuden in meine Heimat zurückkehren, um dort einen geliebten Freund wiederzusehen. Ich liebe ihn nämlich nicht nur, sondern schulde ihm sehr viel Dank, mehr, als ich ihm je zurückzahlen kann.« Pasimunda fragte: »Welcher Art war sein Dienst an dir?« Und Antonius antwortete: »Er öffnete mir die Augen für die Große Wissenschaft, und obgleich er mir nur einige Bücher lieh und damit mein Interesse weckte, so hätte ich ohne ihn und seine Freundlichkeit doch mein ganzes Leben vergeudet.« Da sagte Pasimunda: »Nur die Weisen wissen, welche unvorhersehbare Wirkungen aus den nebensächlichsten Freundlichkeiten erwachsen können; doch mir scheint, du wirst bald erfahren, dass deine Schuld noch viel größer ist, als du annahmst. Aber nun gehe vorsichtig, denn der Abhang ist steil und der Weg ist glatt; nimm dich in Acht, dass du nicht fällst.«

Nach kurzer Zeit erreichte Antonius endlich das Ziel seiner Reise. Als er die große Halle des Klosters betrat, die hell erleuchtet war vom Licht vieler Lampen und einem lodernden Holzfeuer, kam ihm Cynara entgegen und umarmte ihn lange und innig. Der Hund, der nun völlig wiederhergestellt war, sprang von Pasimundas Armen herab und um seine Gefährten herum, während die anderen Bewohner des Klosters, die schon versammelt waren und auf die Abendmahlzeit warteten, umherstanden und mit wohlwollenden Blicken zusahen. Dann führte einer der Brüder Antonius in ein Zimmer, wo schon alles zu seiner Behaglichkeit gerichtet war, und bat ihn, sich ein wenig zu eilen, da bald Essenszeit wäre. Antonius wusch sich und zog die warmen, trockenen Kleider an, die für ihn bereitlagen, und beeilte sich, denn er war selbst schon sehr hungrig. Als er schließlich durch den langen, schmalen Korridor zum Refektorium eilte, dachte er bei sich: »Irgendwie habe ich so ein Gefühl, als ob ich an der Schwelle zu einer großen und freudigen Überraschung stehe, jedoch weiß ich nicht, was es sein könnte, denn das ganze Spektrum an Unerwartetem ist gewisslich schon erschöpft – außer den Bereichen des Geistes, die grenzenlos sind und nur in meiner Seele zur Offenbarung gebracht werden können, nicht auf äußeren Wegen.«

Er bog um eine Ecke und kam zum Refektorium, dessen Tür offen stand. Da glaubte er seinen Augen nicht zu trauen: Denn da stand, im Gespräch mit Cynara – Pallomides! Antonius stürzte auf ihn zu, und sie umarmten sich mit dem Hochgefühl zweier lang getrennter Seelen, die einander wiedergefunden hatten; dann sagte Antonius: »Nie hätte ich zu träumen gewagt, dass der Kelch meines Glücks so bis zum Rand gefüllt werden könnte, doch dein unerwarteter Anblick, mein geliebter Freund, hat mir die Wirklichkeit gezeigt, wie nichts anderes auf der Welt es hätte tun können. – Aber, sage mir, wie kamst du hierher?« Pallomides lachte freundlich und sagte: »Nun, häufig ziehe ich mich hierher zurück; diese Stätte nenne ich ebenso mein Heim wie die Villa am Meer.« Da fragte Antonius verwundert: »Dann bist du auch ein Bruder – aber wie lange schon? Und warum wolltest du mich nicht begleiten, als ich dich darum bat?« Pallomides lachte wieder und sagte: »Nun, da ich den Weg, den du gerade vollendet hast, schon lange hinter mir hatte, war es nicht notwendig, die gleiche Reise zu wiederholen, und besonders in deinem Interesse wäre es nicht ratsam gewesen.«

Antonius ahnte plötzlich die Wahrheit und erinnerte sich an die Worte seines Freundes. Er sagte voll Liebe und Ehrfurcht: »Meister, dir verdanke ich alles, und nun glaube ich, dass du es warst, der den alten Weisen, als Bettler verkleidet, zu mir sandte, um mich zu drängen, den Weg zu beschreiten; und du warst die ganze Zeit die unsichtbare Kraft, die gleichsam hinter dem Thron stand und mich zu den verschiedenen Lehrern wies.« Aber dann läutete eine Glocke und rief zum Abendmahl, und Pallomides lächelte nur, statt zu antworten, und führte seinen Schüler liebevoll zur Tafel, an deren oberem Ende er selbst Platz nahm. Cynara saß zu seiner Rechten, Antonius zur Linken, und der Rest der Brüder nahm die vielen Plätze an beiden Seiten der langen Tafel ein. Das Gespräch während des Mahls war freudig und vergnügt, das Lachen der unbeschwerten Mönche klang wie Musik in den Ohren der beiden neuen Gäste. Antonius dachte im Stillen: »Wirklich wundervoll ist die Bescheidenheit der Großen, denn es ist offensichtlich, dass Pallomides das Oberhaupt der Bruderschaft ist, da er den Ehrenplatz einnimmt. So viele Jahre habe ich ihn gekannt, und nie hat er auch nur ein Wort über diese bedeutende Sache verloren.«

Nachdem das Mahl beendet war und die Mönche sich wieder zurückgezogen hatten, blieben Antonius und Cynara mit Pallomides allein. Und Antonius bat: »Meister, sage uns nun, was das alles bedeutet, denn obwohl ich viel ahnen kann, würde ich doch gerne alles aus deinem Munde erfahren.« Pallomides antwortete: »Mein Freund, nenne mich bitte nicht Meister; ich will euch beiden alles erzählen, was ihr wissen wollt. So wisset also, dass eure Reise, obgleich sie sehr real war, zugleich auch eine symbolische Reise gewesen ist, nämlich der Weg der Seele zum göttlichen Wissen, ebenso wie auch der physische Weg hierher zum Ziel. Obwohl ich euch auch in meiner Villa am Meer hätte unterweisen können, so wären ohne diese Reise, ihre Belastungen und bitteren Erfahrungen meine Lehren unfruchtbar geblieben oder hätten erst sehr spät Frucht getragen. Ein langer Weg ist hinterher oft der kürzeste, und zu lehren, wie du, Antonius, es in der Marmorstadt tatest, heißt zu lernen; denn man erlangt dabei Verdienste, die die Öffnung der Tore zu weiterem Wissen gestatten. Hier oben nun ist die Luft rein, kostbar und unverdorben von den dunklen Gedankenschwingungen der Stadt. Hier könnt ihr beide in einer Weise vorankommen, die anderswo unmöglich wäre.

Obwohl es auch einen leichten Aufstieg zu diesem Ort gibt, den ich und meine Brüder nutzen, war doch der schwierigere für dich notwendig als Prüfung und Erfahrung, um dein Herz zu läutern, was du zweifellos selbst erkannt hast. Aber trotz allem ist das letzte Ziel eurer Reise euer eigenes Zuhause, da es fruchtlos wäre, für immer hier oben zu bleiben und es noch einiges Gutes für die Welt zu tun gibt. Diese Heimkehr wird dann wieder sowohl einen wirklichen als auch einen symbolischen Wert haben: Denn so, wie du erst dann deine Reise vollendet haben wirst, so befindet sich auch die ganze Menschheit auf einer solchen Reise. Sie sucht nach Glück und Wissen, so lange, bis sie schließlich lernt, dass diese nur in der eigenen Seele zu finden sind.« Dann sagte Antonius: »Viel habe ich in deinen Büchern gelesen über die Jahre mühsamen Strebens und schrecklicher Entsagungen, die notwendig sind, um die göttliche Einweihung zu erlangen, und wenn ich zurückblicke, dann erscheint mir der Weg doch nicht gar so hart gewesen zu sein, mit Ausnahme jener letzten Not kurz vor dem Ziel, als ich mich ganz und gar verloren wähnte.«

Pallomides antwortete: »Wisse, mein Bruder, dass dein Aufstieg gar nicht in diesem Leben seinen Anfang genommen hat, wie du selbst sehen wirst, wenn du wieder die Rückerinnerung an deine früheren Leben hast. Obwohl der Beginn deines gegenwärtigen Lebens geradezu eingetaucht war in die Freuden der Sinne und weit davon entfernt, ja unvereinbar schien mit dem Weg, so sind die äußeren Erscheinungen doch immer wieder täuschend, und wer am weitesten weg zu sein scheint, ist oft dem Ziel am nächsten. So war es auch bei Cynara der Fall, deiner treuen und selbstlosen Helferin und Freundin. Denn wahrlich, es geschieht unzählige Male, dass der, den die Welt einen Sünder nennt, oft nur wenig, wie um Haaresbreite, vom Heiligen – zumindest von einem potenziellen Heiligen – entfernt ist, und seine Laster sind daher nur gleich dem letzten Aufflackern der erlöschenden Flamme des niederen Selbst, bevor diese stirbt, um nie wieder aufzuleben.« Da machte Pallomides eine Pause und blickte einen Augenblick liebevoll seine beiden Schüler an, dann sagte er: »Nun muss ich mich eine Weile meinen Meditationen zuwenden und euch allein lassen, aber ich werde in Kürze zurückkehren, bevor wir uns zur Nachtruhe begeben.«

Als er den Raum verlassen hatte, nahm Antonius die Hand Cynaras und sagte: »Geliebte, das ist das Ende, und doch ist es ein Anfang, denn bis jetzt waren wir gleich Kindern, die gehen lernten, unfähig zu handeln wegen unserer Beschränkungen, ja sogar unfähig zu fühlen und zu lieben. Denn jetzt weiß ich, dass das, was der Unwissende Liebe nennt, im Vergleich zu dem, was ich nun für dich empfinde, kaum Liebe zu nennen ist. Es ist eine launische Mischung von Begierde und Traurigkeit, Freude, Lust und Eifersucht und vielen anderen unbeständigen Dingen obendrein.« Cynara lächelte und sagte: »Was die

Liebe betrifft, so sprichst du wahr; was das Ende angeht, so mag es für dich so sein, für mich aber noch nicht. Denn wisse, dass ich noch nicht durch die schreckliche Verzweiflung gegangen bin, die vor dem letzten Ziel liegt.« Da blickte Antonius sie mit all seiner Liebe und seinem Mitgefühl an und sagte: »Oh, ich wünschte, ich könnte dir das ersparen, denn die Qual jenes Augenblicks ist unbeschreiblich, wie die Summe aller menschlichen Seelennot zusammen. Aber soll ich dir sagen, wie das kam?«, Und sie antwortete: »Ja, erzähle es mir!« Und er sagte: »Da draußen am Berg dachte ich, du wärest tot.« Und sie drückte seine Hand und blickte ihn an und sagte zunächst kein Wort. Dann aber sprach sie: »Aber wenn ich tot gewesen wäre, wüsstest du sehr wohl, dass es keine Trennung gibt.« Und er antwortete: »Ich weiß es wohl, aber das war meine Prüfung, denn zum letzten Mal überwältigte diese schreckliche Illusion des Getrenntseins meine Seele, und ich wähnte mich völlig verlassen und selbst der Liebe beraubt. Und doch, das will ich dir sagen, ist die Hilfe niemals so nahe, wie wenn sie völlig unerreichbar scheint; denke daran, wenn die Zeit deiner letzten Zerreißprobe gekommen ist. Doch nun beantworte du mir eine Frage.« Und sie fragte: »Was ist dein Anliegen?« – »Hast du gehört, wie der Meister gesagt hat, dass noch etwas für die Welt zu tun sei?« Cynara antwortete: »Ja, das hörte ich!«, und Antonius sprach weiter: »Da die Begrenzungen von Zeit und Raum und Erschöpfung für immer überwunden sind und die Hilfe für die große verwaiste Menschheit die größte Freude jedes Bruders ist, die er aufgrund seiner gesteigerten Fähigkeiten erreicht, muss sich die Arbeit, von der Pallomides sprach, auf die physische Ebene beziehen.« Und sie fragte: »Vielleicht ist es so, aber was dann?« Antonius antwortete: »Da diese Körper nur kurzen Bestand haben im Vergleich zur Ewigkeit und es der Brüder nur wenige sind, die das Werk weiterführen, so dass der Höhepunkt unseres Erdenlebens nur erreicht würde, wenn wir einen Leib für eine erhabene Seele zur Verfügung stellten – darf ich dich um zwei Dinge bitten? Sei mir eine Frau in deiner geliebten und wunderschönen Gestalt – und schenke mir einen Sohn.« Cynara antwortete: »Das will ich.«

Kurze Zeit später kehrten denn die beiden vereint in ihre Heimat zurück, und nach geraumer Zeit wurde ihnen ein Sohn geboren. Wegen der Reinheit ihrer Liebe und der Erhabenheit ihrer Seelen zogen sie eine so hohe Wesenheit an, dass er ein großer Weiser wurde, der die Welt mit seiner göttlichen Philosophie in großem Maße bereicherte. Seine Eltern aber gaben, obwohl sie noch immer jung und schön anzusehen waren, im Herbst ihres Lebens ihre Körper auf und wirken nun gemeinsam in den höchsten Bereichen der Glückseligkeit, bis die Zeit für sie kommt, wiedergeboren zu werden als Helfer für die weitere Erleuchtung der Menschheit.

DER EINGEWEIHTE

Der Erlebnisbericht eines geistigen Suchers, der seine langjährige Schulung durch einen Meister der Weisheit beschreibt. Es gibt kaum ein vergleichbares Werk der modernen esoterischen Literatur, das auf so faszinierende und ungemein packende Art und Weise Leben und Werk eines großen Eingeweihten schildert. Dieses überaus spannende Buch zeigt, dass die „Meister" nicht in unzugänglichen Höhlen im Himalaya leben, sondern im Hier und Jetzt ihr segensreiches Wirken entfalten - wenngleich weithin unbemerkt von ihrer Umgebung. Die großen Wissenden sehen und erkennen die Sorgen, Nöte und Schwächen der suchenden Menschheit, und sie setzen ihre ganze Kraft dafür ein, Licht und Inspiration auf der Erde zu verankern.

Ein Weisheitsbuch, das voller Humor und aus tiefer Erkenntnis heraus jedem ernsthaft suchenden Menschen ein Licht auf seinem eigenen Weg sein wird!

Cyril Scott
DER EINGEWEIHTE
In der neuen Welt
Band 2
Hardcover, 216 Seiten, ISBN 978-3-89427-372-9

Der zweite Band schildert die Erlebnisse des Verfassers mit seinem Meister in den Vereinigten Staaten von Amerika.

Cyril Scott
DER EINGEWEIHTE
Im dunklen Zyklus
Band 3
Hardcover, 168 Seiten

Der dritte Band beschreibt das Wirken der Meister in der Gegenwart und ihre Arbeit an der Verwandlung der Welt.

Cyril Scott (Hrsg.)
Der Junge mit den lichten Augen
Hardcover mit Schutzumschlag
ISBN 978-3-922936-33-6

Der hellsichtige kleine Tagebuchschreiber wird Sie begeistern. Ein herzerfrischendes Buch, das Sie zum Lachen und Weinen bringen wird.